Bausteine des Fiqh

Reihe für Osnabrücker Islamstudien

Herausgegeben von
Bülent Ucar und Rauf Ceylan

Band 10

PETER LANG
EDITION

Wolfgang Johann Bauer

Bausteine des Fiqh

Kernbereiche der ´*Uṣūl al-Fiqh*

Quellen und Methodik der Ergründung islamischer Beurteilungen

PETER LANG
EDITION

Bibliografische Information der Deutschen Nationalbibliothek
Die Deutsche Nationalbibliothek verzeichnet diese Publikation in der Deutschen Nationalbibliografie; detaillierte bibliografische Daten sind im Internet über http://dnb.d-nb.de abrufbar.

Gedruckt mit freundlicher Unterstützung
des Niedersächsischen Ministeriums
für Wissenschaft und Kultur.

Umschlaggestaltung:
© Olaf Gloeckler, Atelier Platen, Friedberg

Umschlagabbildung:
Die Kaaba von Serafedino Ebip (2011),
Anas Schakfeh Stiftung, Wien.
Rechte zum Abdruck nur für diese Auflage.

Lektorat:
Monika Schulz, Hüseyin Ucan, M.A., Ekrem Kocaker

ISSN 2190-3395
ISBN 978-3-631-62999-4

Peter Lang Edition ist ein Imprint der Peter Lang GmbH

Peter Lang – Frankfurt am Main · Berlin · Bruxelles · New York · Oxford · Warszawa · Wien

www.peterlang.de

بسم الله الرحمن الرحيم

والصلاة والسلام على رسول الله محمد وعلى آله وصحبه

Vorwort

Sinnbildlich zusammenfassend für den Inhalt dieses Buches ist das Gemälde *Die Kaaba* auf dem Umschlag gewählt, vom Künstler Serafedino Ebip.

Das Bild des Islams, gemalt auf die Leinwand, welche für die Vorstellung des Gelehrten steht. Seine bunten Farbstriche sind die Bausteine, die Quellen des Bildes. Ihre Komposition auf der Leinwand ist die methodische Anordnung der einzelnen Bausteine zur Formung des Bildes. Einzeln, aus der Nähe betrachtet, mögen die Farbstriche kein Bild erscheinen lassen. Doch in Summe, aus der richtigen Gesamtperspektive, ergibt sich ein wohlkomponiertes, ausgewogenes Bild, das mehr oder weniger dem makellosen realen Bild des Islams bei Gott entspricht, aber auf der Leinwand - dem Verständnis - selbst des begabtesten Malers - des Gelehrten - immer nur ein unvollkommenes, vom Menschen kreiertes Abbild des vollkommenen Realen werden kann.

Dieses Fachbuch „*Bausteine des Fiqh*" soll die Arbeit des Malers - des Gelehrten - in seiner Komposition seines Bildes des Islams und konkret des *Fiqh* – des Islamrechts verständlicher machen. Und so Gott will, ist es für den einen oder anderen deutschsprachigen Leser eine Motivation und ein erster Schritt auf dem Weg, ein die Menschen bereichernder und damit Allah zufriedenstellender Maler des Islams zu werden.

Möge uns Allah das Wahre als wahr erkennen und ihm folgen lassen, und möge Er uns das Falsche als falsch erkennen und davon Abstand nehmen lassen.

Die Grundlage dieses Buches entstand aus dem deutschsprachigen Unterricht in *'Uṣūl al-Fiqh* für die Studierenden der IRPA seit dem Jahr 2007. Dabei haben sie durch ihre kritischen Fragen und Anmerkungen zur Revidierung und Ausreifung der Gedanken und Formulierungen dieses Buches beigetragen. Nicht nur dafür möchte ich meinen lieben Studentinnen und Studenten danken. An dieser Stelle gebührt auch dankende Erwähnung Hüseyin Ucan, Ekrem Kocaker und meiner Schwiegermutter Monika Schulz für das Lektorat und die konstruktiven Anmerkungen, sowie all meinen Professoren und Lehrern für ihre Bemühungen. Möge Allah allen, die direkt oder indirekt beigetragen haben, an Lohn und Erkenntnis mehren.

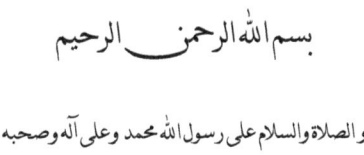

Was in dieser Schrift an Wahrem steckt, so ist es von Allah, durch Sein Licht, und was an Verfehlung darin steckt, so ist es von mir selbst, und alles Lob und aller Dank gebühren Allah, Der das Licht der Erkenntnis, der Rechtleitung und des Wissens schenkt.

Wolfgang J. Bauer

Osnabrück, 2012

Inhaltsverzeichnis

Abkürzungen ... 11
Transliterationstabelle ... 12
Einführung zu *'Uṣūl al-Fiqh* ... 13
Scharia, *Fiqh*, *Fatwā* – allgemeine Begriffsbestimmungen ... 13
Definition und Relevanz der *'Uṣūl al-Fiqh* ... 14
Zusammenhängende Disziplinen ... 15
Kurze Entwicklungsgeschichte und Überblick zu *'Uṣūl*-Werken ... 18
Bereiche der *'Uṣūl al-Fiqh*: ... 28
Über dieses Buch ... 29
Zielsetzung und Methodik ... 29
Thematischer Rahmen und inhaltlicher Aufbau ... 30

1 Einführung zu *al-Ḥukm* – Die Islamrechtsbeurteilung (das Bild) ... 33
1.1 *al-Ḥukm al-taklīfiyy* ... 34
1.2 *al-Ḥukm al-waḍ'iyy* ... 35

2 Quellen der Islamrechtsbeurteilungen (Farben / Bausteine) ... 37
Einführung ... 37
2.1 ***al-Kitāb* (der Koran) / الكِتاب** ... 40
2.1.1 Definition, Erläuterung und generelle Legitimation ... 40
2.1.2 Sicherheit des Beleges ... 42
2.2 ***Sunnah*** die Worte, Handlungen, Billigungen des Propheten (sas) ... 44
2.2.1 Definition ... 44
2.2.2 Generelle Legitimation der *Sunnah* als Schariabeleg ... 45
Anordnung Allahs im Koran ... 45
'Iṣmah – Unfehlbarkeit der Propheten (as) in Religionsbelangen ... 46
Quelle der *Sunnah* ist *Waḥy* – Offenbarung, direkt oder indirekt ... 49
Notwendigkeit der näheren Erläuterung des Korans ... 51
Einwände gegen die *Sunnah* generell und deren Widerlegung ... 52
2.2.3 Arten von *Sunnah* (Prophetenwort, -handlung, -billigung) ... 58
2.2.4 Arten & Authentizitätsklassen der Überlieferungen der *Sunnah* und ihre jeweilige Legitimation als Schariabeleg ... 59
2.2.4.1 *Sunnah mutawātirah – viellinig* überlieferte *Sunnah* ... 60
2.2.4.2 *Sunnah 'Āḥād – einzellinig* überlieferte *Sunnah* ... 60
2.2.5 Arten von Informationen aus der *Sunnah* ... 67
2.3 ***'Idjmā'* / الإجْماع** (Gelehrtenkonsens) ... 68
2.3.1 Definition ... 68
2.3.2 Säulen des *'Idjmā'* – أركان الإجماع ... 70
2.3.3 Legitimität / Beweiskraft (*Ḥudjdjiyyah* / حُجِّيَّة) des *'Idjmā'* ... 70

2.3.4 Möglichkeit von *'Idjmā'* ... 73
2.3.5 Arten von *'Idjmā'* ... 74
A) *'Idjmā' ṣarīḥ* - klar bekannt gegebener *'Idjmā'* ... 74
B) *'Idjmā' sukūtiyy* – schweigend angenommener *'Idjmā'* ... 74
2.4 ***Qiyās* / الْقِياس** (Analogiebildung) ... 75
2.4.1 Allgemeine Definition und Erläuterung: ... 76
2.4.2 Legitimität / Beweiskraft (*Ḥudjdjiyyah* / حُجِّيَّة) des *Qiyās* ... 77
2.4.2.1 Belege der Bestätiger des *Qiyās* ... 78
2.4.2.2 Einwände der Negierer von *Qiyās* und ihre Widerlegung ... 81
2.4.3 Säulen (*'Arkān* / أَرْكَان) des *Qiyās* ... 82
2.4.3.1 *'Aṣl* / الأَصْل ... 82
2.4.3.2 *Far'* / الفَرْع ... 82
2.4.3.3 *Ḥukm al-Aṣl* / حُكْمُ الْأَصْل ... 82
2.4.3.4 *al-'Illah* / العِلَّة ... 84
2.4.3.4.1 Definition ... 84
2.4.3.4.2 Unterscheidung zwischen *Ḥikmah* (Weisheit), *'Illah* (Wirkungsursache) und *Sabab* (äußerer Grund) einer Beurteilung: ... 85
2.4.3.4.3 Bedingungen der *'Illah – Shurūṭ al-'Illah* / شُرُوط العلة ... 88
2.4.3.4.4 Arten von *'Illah* in Hinsicht auf ihre Berücksichtigung durch den Schariageber – *'Aqsām al-'Illah* / أقْسَام العلة ... 89
2.4.3.4.5 Ergründungsformen (Wege zur Erkennung) der *'Illah – Masālik al-'Illah* / مَسَالِكُ الْعِلَّة ... 93
2.4.3.4.6 Arten von *Idjtihād* bezüglich der *'Illah* ... 96
2.4.3.5 *Qiyās al-shabah* /قِياسُ الشَّبَه – Auf Ähnlichkeit basierender *Qiyās* ... 98
2.5 ***al-Maṣlaḥah al-mursalah* – unerwähnter Nutzen** ... 99
2.5.1 Einführung ... 99
2.5.1.1 Arten von *Maṣlaḥah* in Hinsicht auf ihre Notwendigkeit ... 99
2.5.1.2 Arten von Nutzen – *Maṣāliḥ* in Hinsicht auf ihre Berücksichtigung durch den Schariageber ... 100
2.5.2 Legitimität / Beweiskraft der *Maṣlaḥah Mursalah* / *Istiṣlāḥ* ... 101
2.6 ***al-Istiḥsān* / الاِسْتِحْسان – Juristische Präferenz** ... 104
2.6.1 Definition und Erklärung ... 104
2.6.2 Mögliche maßgebliche Belege für *Istiḥsān* ... 105
2.6.3 Legitimität / Beweiskraft des *Istiḥsān* ... 107
2.7 ***Shar' man qablanā* – Scharia der früheren Propheten** ... 108
2.8 ***Qawl al-Ṣaḥābī* – die Aussage eines Prophetengefährten** ... 111
2.9 ***al-'Urf* – Gewohnheitsrecht** ... 113
2.10 ***al-Istiṣḥāb* / الاِسْتِصْحاب – Annahme der Kontinuität** ... 115
al-'Ibāḥah al-'aṣliyyah & al-Barā'ah al-'aṣliyyah ... 115
2.11 ***Sadd al-dharī'ah*** – Unterbindung von Rechtsmissbrauch ... 116

3 Regeln der Ausdrucksweisen / sprachliche *'Uṣūl*-Regeln 119
Einführung 119
3.1 ***al-Dalālāt* od. *Ṭuruq al-dalālah* – Ausdrucksweisen des Textes** .. 121
3.1.1 A) *al-Manṭūq* / المنطوق – das *Ausgesprochene* 121
3.1.1.1 A.a) *al-Ḥaqīqah* – Ausdruck eigentlichen Sinn 121
3.1.1.2 A.b) *al-Madjāz* – Ausdruck im übertragenen Sinn 122
3.1.2 B) *al-Mafhūm* / المفهوم – das *unausgesprochen Verstandene* 124
3.1.2.1 B.a) *Dalālah al-luzūm – Notwendig Verstandenes* 125
3.1.2.1.1 B.a.a) *Zwingend Verstandenes – Dalālah al-iltizām* 125
3.1.2.1.2 B.a.b) *Verlangt Verstandenes – Dalālah al-iqtiḍā'* 126
3.1.2.1.3 B.a.c) *Angedeutet Verstandenes – Dalālah al-'ishārah* 127
3.1.2.2 B.b) *Mafhūm al-muwāfaqah – übereinstimmend Verstand. (Dalālah al-naṣṣ)* 127
3.1.2.3 B.c) *Mafhūm al-mukhālafah – gegenteilig Verstandenes (Dalīl al-khiṭāb)* 129
3.2 ***Klarheit und Unklarheit der Ausdrucksweisen*** 133
3.2.1 Einführung und Erläuterung: 133
3.2.2 Tabelle über Klarheit & Unklarheit (mit Hanafiten) 134
3.2.3 Erläuterung der Klarheits- und Unklarheitskategorien 135
A) *Naṣṣ* / نَصّ – *eindeutiger Ausdruck* 135
B) *Ẓāhir* / ظاهِر – *vordergründiger Ausdruck* 135
C) *Mudjmal* / مُجْمَل – *unklarer Ausdruck* 137
3.3 **Umfassendheit / Ausmaß (*Shumūl*) der Ausdrucksweisen** 138
3.3.1 A) *al-'Āmm* – der *umfassende* (generische) *Ausdruck* 138
3.3.1.1 Definition und Einführung 138
3.3.1.2 Formen des umfassenden *'Āmm*-Ausdrucks – صِيَغُ الْعُمُوم 140
3.3.1.3 Grad der Gewissheit der umfassenden Bedeutung und Möglichkeit der Spezifizierung eines *'Āmm*-Ausdrucks 144
3.3.1.3.1 Einführung 144
3.3.1.3.2 Spezifizierung (*Takhṣīṣ*) & Unterschied zur Teilabrogation... 145
3.3.1.3.3 *Ḥukm al-'Āmm* – Rechtswirkung 145
3.3.1.4 Arten von Spezifizierungsbelegen – *dalīl al-takhṣīṣ* 149
3.3.1.4.1 verbundener Beleg (*dalīl muttaṣil*) 149
3.3.1.4.2 getrennter Beleg (*dalīl munfaṣil*) 151
3.3.1.5 Einzelne Normen in Bezug auf den *'Āmm*-Ausdruck: 152
3.3.2 B) *al-Khāṣṣ* – der *spezifische* (nicht-umfassende) *Ausdruck* 154
3.3.2.1 Erläuternde Einführung: 154
3.3.2.2 *Ḥukm al-Kāṣṣ* – Rechtswirkung 155
A) *al-Muṭlaq* / المُطْلَق – der *uneingeschränkte Ausdruck*, ... 156
B) *al-Muqayyad* / المُقَيَّد – der *eingeschränkte Ausdruck*, ... 156
3.3.2.3.1 *Ḥukm al-Muṭlaq wa al-Muqayyad* / Rechtswirkung 157

3.4 **Ausdruck der Anordnung (*'Amr*) und Untersagung (*Nahy*)** 161
3.4.1 A) Ausdruck der Anordnung – *Ṣīghah al-'Amr* 162
3.4.1.1 Die wichtigsten Ausdrucksformen der Anordnung 162
3.4.1.2 Rechtswirkung des Ausdrucks der Anordnung 163
3.4.1.2.1 Mögliche Bedeutungen 164
3.4.1.2.2 Wiederholte & sofortige Ausführung (*tikrār / fawr*)? 165
3.4.2 B) Ausdruck der Untersagung – *Ṣīghah al-Nahy* 166
3.4.2.1 Wichtigste Ausdrucksform der Untersagung 166
3.4.2.2 Rechtswirkung des Ausdrucks der Untersagung 166
3.4.2.2.1 sofortige und andauernde Unterlassung. 167
3.4.2.2.2 Untersagung > Ungültigkeit der Handlung? 167

4 **Widersprüchlichkeit zwischen Schariabelegen und Auflösung** 169
4.1 Widersprüchlichkeit von Schariabelegen – *Ta'āruḍ al-'Adillah* 169
4.1.1 Definition von *Ta'āruḍ* und Differenzierung 169
4.1.2 Tabelle zur Möglichkeit des Auftretens von Widersprüchlichkeit.. 171
4.2 Mögliche Schritte zur notwendigen Auflösung 172
Arten der Schritte zur Auflösung scheinbarer Widersprüchlichkeit 172
4.2.1 **A) *al-Djam'* – Zusammenführen (in Einklang bringen)** 172
4.2.2 **B) *al-Tardjīḥ* – Bevorzugung / Stärkung** 174
Natur des stärkende Aspektes / Beleges (*Muradjdjiḥ* / المرجِّح) 174
4.2.2.1 Von Seiten des Inhalts (*Matn*) des Textes 174
4.2.2.2 Von Seiten der Überlieferung des Textes (*Rāwī & Sanad*) 175
4.2.2.3 Von Seiten eines äußeren Arguments 176
4.2.3 **C) *al-Naskh* – Abrogation des zeitlich Vorangegangenen** 177
4.2.3.1 Definition und Bedingungen für *Naskh* 177
4.2.3.1.1 Bedingungen für *Naskh* 178
4.2.3.1.2 Was nicht von Abrogation betroffen sein kann 178
4.2.3.1.3 Abrogation kann nicht festgelegt werden durch 179
4.2.3.2 Belege für *Naskh* und seine Sinnhaftigkeit 179
4.2.3.3 Arten von *Naskh* 180
4.2.3.4 Wege zur Erkennung von *Naskh* 181
4.2.4 D) *al-Tawaqquf* 182
Reihenfolge der möglichen Schritte zur Auflösung 182

Literaturverzeichnis 183

Abkürzungen

- *Ḥadīth-Sammlungen und Ḥadīth-Forscher:*

Ah: \`Aḥmad ibn Ḥanbal
AD: \`Abū Dāwūd
Bu: al-Bukhārī
Ha: al-Ḥākim
IHi: Ibn Ḥibbān
IKh: Ibn Khuzaymah
IM: Ibn Mādjah
Ma: Mālik ibn Anas
Mu: Muslim
Na: al-Nasā\`ī
Ti: al-Tirmidhī
Alb: al-Albānī
Arn: al-Arna\`ūṭ
Dha: al-Dhahabī

- *Bewertung der Authentizitätsklasse:*

s: *ṣaḥīḥ* („gesund“ / richtig; hochwahrscheinlich authentisch)
hs: *ḥasan(un) ṣaḥīḥ* („gut, gesund“)
h: *ḥasan* („gut“ / akzeptabel; wahrscheinlich authentisch)
d: *ḍa'īf* („schwach“; ungewiss oder unwahrscheinlich authentisch)
mawḍū': („erfunden“; nachweislich erlogen)

- *Klammerindex:*

❮Koranvers❯
{Prophetenausspruch}
»wörtliches Zitat«
innerhalb eines Zitates: „weiteres Zitat“

- *Übersetzungen:*

(Im Regelfall wird die Übersetzung des Korans von Bubenheim und Elyas verwendet.)
e. Übers.: eigene Übersetzung von Koranpassagen
mod. Übers.: vom Verfasser dieses Buches modifizierte Übersetzung von Koranpassagen
Übers. Asad / Asad: Übersetzung von Asad (aus dem Englischen von Kuhn und von Denffer)
Übersetzte Überlieferungen und Zitate werden allgemein nicht als solche speziell deklariert.

Übersetzungen von Überlieferungen stammen grundsätzlich vom Verfasser dieser Arbeit. Ist bei übersetzten Zitaten kein spezieller Übersetzer angeführt, stammen diese ebenfalls vom Verfasser dieses Buches.

- *weitere Abkürzungen:*

(sas), Abkürzung von: „*ṣallā Allāh ʿalayh wa sallam* – Möge Gottes Segen und Heil über ihm sein" oder (as), Abkürzung für: „*ʿalayh(im) al-salām* – über ihm (ihnen) möge der Frieden (Gottes) sein". Dies sind Formeln, welche zum Ausdruck des Respekts und der Ehrerbietung eines Muslims gegenüber den Propheten (as) bei deren Erwähnung genannt werden sollen.

In dieser Arbeit werden vom Verfasser, auch in Zitaten, ausschließlich die entsprechenden Abkürzungen verwendet.

Sind Jahreszahlen nicht weiter gekennzeichnet, sind sie gemäß dem Julianischen bzw. Gregorianischen Kalender angegeben. Jahresangaben nach Hidschra-Zeitrechnung ist verkürzt ein kleines „h" nachgestellt.

Transliterationstabelle:

(Die Transkription erfolgt in Anlehnung an die gängige englische Transkription zwecks erleichternder Vereinheitlichung.)

Arabische Konsonanten:

ء	ʾ	د	*d*	ض	*ḍ*	ك	*k*
ب	*b*	ذ	*dh*	ط	*ṭ*	ل	*l*
ت	*t*	ر	*r*	ظ	*ẓ*	م	*m*
ث	*th*	ز	*z*	ع	ʿ	ن	*n*
ج	*dj*	س	*s*	غ	*gh*	ه	*h*
ح	*ḥ*	ش	*sh*	ف	*f*	و	*w*
خ	*kh*	ص	*ṣ*	ق	*q*	ي	*y*

Vokale, Diphthonge.:

kurz:	ـَ	*a*	ـِ	*i*	ـُ	*u*		
lang:	ـَا	*ā*	ـِي	*ī*	ـُو	*ū*		
Diphthonge:	ـَوْ	*aw*	ـَيْ	*ay*	Regelform:		ـِيّ	*iyy*
	verkürzte Form bei Eigennamenendung:						ـِيّ	*ī*

Einführung zu *'Uṣūl al-Fiqh*

Scharia, Fiqh, Fatwā – allgemeine Begriffsbestimmungen:

Vor dem Eintauchen in die Thematik des *'Uṣūl al-Fiqh* bedarf es eingangs der Klärung mehrerer grundlegender Begriffe, welche trotz ihrer Gängigkeit nicht selten verwechselt oder missverstanden werden: *Scharia*, *Fiqh* und *Fatwā*.

Scharia (*sharī'ah*) bedeutet sprachlich: „Der Ort, von welchem direkt die Quelle des nicht versiegenden Wassers erschließbar ist, ohne Hilfsmittel zu benötigen."[1] Im islamischen Kontext ist damit generell gemeint: „Was Allah Seinen Dienern an Religion vorschreibt"[2]. Dies könnte als („islamisches") Gottesrecht übersetzt werden, da es die reine Religion beim und vom unfehlbaren, einen Gott / Allah bezeichnet und Er diese durch Sein Buch, den Koran, und Seinen Propheten Muḥammad (sas) mitteilt.[3]

„*Fiqh*" birgt sprachlich die Bedeutung von „Verstehen" und ist im islamischen Zusammenhang praktisch gesehen der menschliche fehlbare Teil des Verstehens oder des Verständnisses der unfehlbaren göttlichen *Scharia* aus ihren Quellen, auch wenn der Anspruch oder besser gesagt das Beabsichtigte ist, der *Scharia* exakt zu entsprechen. Aus letzter Hinsicht finden beide Begriffe auch synonyme Anwendung.

Als Fachbegriff der Islamwissenschaft kann *Fiqh* definiert werden als: „Das Wissen über die praktischen, aus ihren spezifischen Belegen erlangten Schariabeurteilungen". Diese Beurteilungen sind mehr oder weniger aus der *Scharia* erlangt, im Gegensatz zu rein rationalen Beurteilungen, und entsprechen dieser (*Scharia*) mit höherer oder niedrigerer Gewissheit, entsprechend der Klarheit und Sicherheit ihrer spezifischen Belege. Sie betreffen praktische, handlungsorientierte Fragestellungen, ohne jene der Glaubensüberzeugungen (*'Aqā'id*) und

1 Yūsuf al-Qaraḍāwi, *Madkhal li-dirāsah al-sharī'ah al-'islāmiyyah* (Kairo: Maktabah wahbah, 1990), 7; in gleichartigen Bedeutungen in *Lisān al-'arab* s. v. (شرع).

2 al-Qaraḍāwī, 7; 'Aḥmad Yūsuf, *al-Fiqh al-'islāmiyy taṭawwuru-h – 'uṣūlu-h – qawā'idu-h al-kulliyyah* (Kairo: Maktabah al-Naṣr, 1992), 17.

3 Vgl. Quṭb Muṣṭafā Sānū, *Mu'djam muṣṭalaḥāt 'uṣūl al-fiqh / 'arabiyy- 'inklīsiyy / Concorance of Jurisprudence Fundamentals Terminology* (Damaskus: Dar Al-Fikr, 2000), 248-249; Wolfgang Bauer, „The Theory of General Higher Objektives of Sharī'ah by Al-Ṭāhir Ibn-'Āshūr and its Additions and Differences to the Theory of Al-Shāṭibī" (MA-Diss., Loughborough University (GB), 2006).

reinen, nicht handlungsverbundenen Charaktereigenschaften (*Sulūk*).[4] Kurz kann es als allgemeines „Islamrecht" übersetzt werden. Zusätzlich muss hier auf den weiten Rahmen des *Fiqh* (Islamrechts) hingewiesen werden. Es ist nicht auf die Organisation und Regelung des allgemeinen, zwischenmenschlichen Lebens wie etwa Familien- oder Handelsrecht beschränkt, sondern behandelt auch rituell Gottesdienstliches wie Gebet oder Pilgerfahrt und selbst auch oft Feinheiten des menschlichen, auch rein persönlichen Verhaltens, wie mit der rechten Hand zu essen und mit der linken sich nach der Notdurft zu reinigen.[5]

„*Fatwā*", Pl. „*Fatāwā*" sind konkrete Islamrechtsgutachten / -verdikte von Rechtsgelehrten und Rechtsgelehrtinnen[6] zu konkreten Fragestellungen, welche sie basierend auf den Islamrechtsquellen und der studierten konkreten Situation geäußert haben.[7]

Definition und Relevanz der *'Uṣūl al-Fiqh* – Islamrechtsgrundlagen / Grundlagen der Islamrechtsergründung:

„*'Aṣl*", Pl. „*'Uṣūl*" bedeutet sprachlich: „Unterstes, Grundlage" einer Sache und wird verwendet für „Wurzel; (Baum-)stamm; Ursprung, Quelle; Grundlage".[8] „*'Uṣūl*" des *Fiqh* beschreibt sprachlich somit seine Grundlagen, auf denen es beruht. Als Fachwissenschaft kann *'Uṣūl al-Fiqh* definiert werden als: **„die übergeordneten Regeln, durch welche der *Mudjtahid*** (zum Extrahieren islamischer Beurteilungen Befähigter) **zum Verständnis der Texte von Koran und *Sunnah*** (Prophetenwort und Prophetenverhalten) **gelangt**" oder dadurch „[...] **zur Extrahierung der Schariabeurteilungen aus ihren spezifischen**

---

4 ʿAbd Allah al-Djudayʿ, *Taysīr 'ilm 'uṣūl al-fiqh* (Leeds (GB): Al Juday Research & Consultations, Beirut: Mu'assasah al-rayyān, 4. Aufl. 2006), 11 f.; vgl. Yūsuf, 26 ff.; Tariq Ramadan, *Der Islam und der Westen* (Köln: MSV – Verlag, 2000), 91 ff.

5 Vgl. Rüdiger Lohlker, *Islamisches Recht* (Wien: Facultas.wuv, UTB, 2012),11 f, 14-17.

6 Ich ersuche um Nachsicht, dass in weiterer Folge dieser Arbeit aus untersuchungsökonomischen Gründen auf eine gendergerechte Schreibweise verzichtet wird, wenn gemäß dem allgemeinen Sprachgebrauch klar hervorgeht, dass mit der Formulierung im Maskulin beide Geschlechter gemeint sind.

7 Sano, 312. Die Äußerungen in den Einzelfragen des *Fiqh* bestehen im Grunde aus solchen „*Fatāwā* (*Fatwas*)", jedoch wird der Fachbegriff benutzt für zur jeweiligen Zeit geäußerte Rechtsgutachten zu anstehenden Rechtsfragen, welche nicht oder nicht ausreichend in bereits bestehenden *Fiqh*-Werken behandelt wurden. (Vgl. Rüdiger Lohlker, *Schari'a und Moderne* (Stuttgart: Deutsche Morgenländische Gesellschaft, Steiner, 1996), 7; Hilmar Krüger, *Fetwa und Siyar* (Wiesbaden: Harrassowitz, 1978), 40 f.)

8 Vgl. 'Aḥmad al-Fayyūmī, *al-Miṣbāḥ al-munīr* (Kairo: Dār al-ḥadīth, 2000) s. v. (أصل); *Lisān al-ʿarab* s. v. (أصل).

Quellen gelangt".[9] Sie beschäftigt sich mit den Belegen selbst, den Arten und Charakteristiken der Beurteilungen im Allgemeinen und dem Herleiten der Beurteilungen aus den Belegen. Die Regeln der *'Uṣūl* sind im Gegensatz zu den kommenden Islamrechtsprinzipien (*al-Qawā'id al-fiqhiyyah*) feste Grundregeln und eine ausnahmslose Methodik für die Extrahierung der Islamrechtsbeurteilungen aus ihren Quellen. So stellt z. B. die von den meisten Gelehrten vertretene *'Uṣūl*-Regel: „Die Befehlsform bedeutet Verpflichtung, solange es keinen Zusammenhang gibt, welcher ihr eine andere Bedeutung zuschreibt" eine bindende Grundregel im Verständnis des Textes von Koran und *Sunnah* dar.

Zweck der *'Uṣūl al-Fiqh* ist es, die *Scharia*, welche Allah durch den Koran und Seinen Propheten (sas) darlegt, daraus möglichst korrekt verstehen zu können und dafür die korrekten Regeln und Methodiken zu evaluieren und klarzulegen. Diese bewerten dann die grundsätzliche Legitimität von Aussagen und Schlüssen über die Religion im Allgemeinen und des *Fiqh* im Speziellen. Diese Methodiken und Regeln werden wiederum in erster Linie durch den Koran, die Prophetenpraxis und allgemein den Sprachgebrauch zur Offenbarungszeit legitimiert. Unterschiede in diesen Regeln und Methodiken wirken sich oft direkt als unterschiedliche Schlüsse im *Fiqh* aus, was somit die praktische Relevanz dieses Fachbereiches kennzeichnet.

Zusammenhängende Disziplinen:

In der Ergründung des *Fiqh* spielen vor allem auch zwei weitere Disziplinen eine Rolle: *Maqāṣid al-Sharī'ah* und *al-Qawā'id al-fiqhiyyah*. Ursprünglich oft im Rahmen der *'Uṣūl al-Fiqh* darauf Bezug genommen, haben sie sich zu eigenen Disziplinen entwickelt. Im Rahmen dieses Buches sollen sie hier nur kurz vorgestellt werden.

Maqāṣid al-Sharī'ah – Maximen (übergeordnete / höhere Ziele) der Scharia:

„*Maqāṣid*", Sing. „*maqṣad*" bedeutet sprachlich das Angestrebte, physisch oder geistig; Absicht; Zweck.[10] Fachspezifisch definiert al-Raysūnī *Maqāṣid* (*al-sharī'ah*) als: »**the purposes which the Law was established to fulfil for the benefit of humankind**«.[11] Sie werden auch bezeichnet als: „*Maqāṣid al-Shāri'*"

9 Sānū, 70 (Übers.); vgl. Ṭahā al-'Alwānī, *'Uṣūl al-fiqh al-'islāmī* (Riad: International Islamic Publishing House (IIPH), 2. erw. Aufl. 1995), 13 f.

10 *Lisān al-'arab* s. v. (قصد); *al-Miṣbāḥ al-munīr* s. v. (ق ص د); al-Ḥussaynī, *Tādj al-'arūs*, I, 32.

11 Ahmad al-Raysuni, Übers. Nancy Roberts, *Imam al-Shatibi's Theory of the Higher Objectives and Intents of Islamic Law* (London, Washington: IIIT, 2005), xxiii: „Die

(die Ziele des Schariagebers / Allahs) und „*al-Maqāṣid al-shar'iyyah*" (Islamrechtsmaximen).[12]

Weitgehendst ist man sich einig, dass Allah mit der Verordnung Seiner *Scharia* die Erfüllung bestimmter Maximen bezweckt, welche im Interesse und Nutzen der Schöpfung und im Speziellen der Menschen stehen. Alle Islamrechtsbeurteilungen dienen der Verwirklichung dieser Maximen (übergeordneten Ziele). Bei der Extrahierung der Beurteilungen und ihrer korrekten praktischen Anwendung müssen diese Maximen Beachtung finden, um nicht den eigentlichen Zweck der Beurteilungen zu verfehlen.[13]

Entstehung:

Obwohl die Berücksichtigung dieser Maximen teilweise in der Islamrechtsprechung der Prophetengefährten und auch späteren Gelehrten erkennbar ist, wurde erst später über diese Maximen explizit im Rahmen von *'Uṣūl*-Werken geschrieben, und erst beginnend mit al-Ṭāhir ibn ʿĀshūr (1879-1973)[14] kommt die Erachtung von *'Ilm Maqāṣid* (*al-Sharīʿah*) als eigene Wissenschaftsdisziplin auf. Unter den ersten bedeutenden Gelehrten, welche die Maqāṣid al-Sharīʿah erwähnen, sind 'Abū Ḥāmid al-Ghazālī (gest. 505h / 1111) in *al-Mustaṣfā*, ʿIzz al-Dīn (al-ʿIzz) Ibn-ʿAbd al-Salām (gest. 660h / 1262) in seinem Werk *Qawāʿid al-'aḥkām fī maṣāliḥ al-'anām* und Shihāb al-Dīn Qarāfī (gest. 684h / 1285) in *al-Furūq*. Der bedeutendste Autor in diesem Bereich war al-Shāṭibī (gest. 790h / 1388), der in seinem Werk *al-Muwāfaqāt* einen Meilenstein in diesem Wissenschaftszweig legte.[15] In der heutigen Zeit ab Ibn ʿĀshūr hat die Thematik an Signifikanz gewonnen und wurde weiterentwickelt und ausgebaut.

Ziele, für deren Verwirklichung das Recht zum Nutzen der Menschheit etabliert wurde".

12 Ebda, xxi, xxii.

13 Vgl. Taha al-Alwani, Einführung zu *Imam Al-Shatibi's Theory of the Higher Objectives and Intents of Islamic Law* von al-Raysuni, xii; al-Ṭāhir ibn ʿĀshūr, *Maqāṣid al-sharīʿah al-'islāmiyyah* (Amman: Dār al-Nafā'is, 2. Aufl. 2001), 148, 183-188; 'Abū 'Isḥāq al-Shāṭibī, *al-Muwāfaqāt fī 'uṣūl al-sharīʿah* (Beirut: Dār al-kutub al-ʿilmiyyah), II, 4.

14 Ibn ʿĀshūr, 94, 172; al-Tahir ibn Ashur, Übers. Mohamed el-Tahir, Ibn Ashur – *Treatise on Maqāṣid al-Shariʿah* (London, Washington: IIIT, Petaling Jaya (Malaysia): Islamic Book Trust, 2006), xiii.

15 Vgl. Khayr al-Dīn al-Ziriklī, *al-'Aʿlām* (E-Book, al-Maktabah al-shāmilah Vers. II), VII, 22 (al-Ghazālī); IV, 21 (al-ʿIzz); I, 94 f. (al-Qarāfī); III, 152 (al-Shāṭibī).

al-Qawāʿid al-fiqhiyyah – Islamrechtsprinzipien:

Qawāʿid fiqhiyyah (sing. *qaʿidah*) bedeutet: islamrechtliche Grundlagen, Fundamente, Grundprinzipien, Normen, und beschreibt fachspezifisch: **„Allgemeine Normen im *Fiqh*, unter denen sich viele Einzelrechtsbeurteilungen sammeln“**[16]. Es sind allgemeine Prinzipien, die als „Mehrheitsnormen“ zu verstehen sind und nicht ausnahmslos auf alle Fälle zutreffen müssen.

So gilt das Islamrechtsprinzip *„lā Ḍarar wa lā ḍirār* / لا ضَرَر و لا ضِرار – Kein initiales Schädigen und kein Schädigen als Schadenserwiderung“ grundsätzlich für beinahe alle oder die meisten Einzelrechtsbeurteilungen – *Furūʿ* (wörtl.: Zweige / Verzweigungen). Beispielsweise trifft aber einen Verurteilten persönlicher Schaden mit seiner Bestrafung durch die Exekutive. Dieser wird aber in Kauf genommen, um den größeren Schaden in der Ausbreitung von Verbrechen bei Nicht-Belangung zu dämmen. Diese *Fiqh*-Prinzipien (*Qawāʿid fiqhiyyah*) betreffen immer direkte Handlungen des *Mukallaf*[17] und behandeln Einzelrechtsbeurteilungen. Dennoch gelten sie meist als allgemeiner oder themenbereichsspezifischer Maßstab, an denen man sich in der Islamrechtsfindung bei konkreten Fällen orientiert. Manche derartige Prinzipien sind jedoch nur rechtsschulspezifisch.[18]

Entstehung:

Die Existenz dieser Normen zieht sich teilweise als allgemeines oder themenbereichspezifisches Charakteristikum durch die Islamrechtsprechung der Gelehrten seit jeher. Sie wurden später als allgemeine Richtlinien zur Hilfestellung in der adäquaten Islamrechtsfindung bei auftretenden Einzelrechtsfragen formuliert. Ab dem zweiten Jahrhundert n. H. finden einzelne derartige Formulierungen in Werken immer zahlreicher Erwähnung. Als erster, der ein Werk ausschließlich diesen Prinzipien widmet, wird der hanafitische Gelehrte 'Abū al-Ḥasan al-Karkhī (gest. 340h / 952) angesehen. In seinem Werk *'Uṣūl al-Karkhī* erwähnt er 39 Prinzipien. Danach folgten immer mehr Gelehrte unterschiedlicher Rechtsschulen seinem Beispiel, über diese Thematik eigene Werke zu verfassen. Unter den bedeutendsten Werken dieses Wissenschaftszweiges sind: bei Hanafiten: *al-'Ashbāh wa al-naẓā'ir* von Ibn Nudjaym Zayn al-ʿĀbidīn (gest. 970h / 1563); bei Malikiten: *'Anwār al-burūq fī 'anwāʿ al-furūq* von al-Qarāfī (gest. 684h /

16 al-Djudayʿ, *Taysīr ʿilm ʿuṣūl al-fiqh*, 13; vgl.: Muḥammad al-Būrnū, *Mawsūʿah al-qawāʿid al-fiqhiyyah* (Beirut: Mu'assasah al-Risālah, 2003), I, 20-24; Yūsuf, 279 f.

17 Vor Allah mündig und verantwortlich für seine Taten und Allah zum Gehorsam verpflichtet, durch seine vorausgesetzten Eigenschaften: geschlechtsreif – *bāligh*, geistig gesund – *ʿāqil*. Vgl. Sānū, 440.

18 Vgl. al-Būrnū, I, 27 f.; al-Djudayʿ, *Taysīr ʿilm ʿuṣūl al-fiqh*, 13 f., 194, 204 f.

1285); bei Schafiiten: *Qawā'id al-'aḥkām fī maṣāliḥ al-'anām* von 'Izz al-Dīn ibn 'Abu al-Salām (gest. 660h / 1262); bei Hanbaliten: *al-Qawā'id* von 'Abd al-Raḥmān ibn Radjab (gest. 795h / 1393).[19]

Kurze Entwicklungsgeschichte und Überblick über einige wichtige Werke der *'Uṣūl al-Fiqh*

Die Islamrechtswissenschaften haben sich erst im Laufe der Zeit zu dem heutigen Stand entwickelt und sind nicht in dieser Form von Beginn an gelehrt und verschriftlicht worden. Dennoch müssen auch schon der Prophet (sas) selbst und seine Gefährten die Religion auf Basis von bestimmten Methodiken und Mustern verstanden haben.[20]

Es hatten sich bereits beginnend unter den Prophetengefährten und speziell ab der zweiten Generation zwei generelle Richtungen im Textverständnis abgezeichnet. Vor allem im Irak waren es die *'Ahl al-Ra'y*,[21] welche ein vernunftorientierteres Verständnis der Texte und der Ursachen der Beurteilungen einschlugen, und in Medina und Mekka die *'Ahl al-Ḥadīth*,[22] welche sich eher auf die wörtliche Bedeutung von Texten des Korans und erläuternden Überlieferungen des Propheten (sas) stützten. Generell war die Argumentation der *'Ahl al-Ḥadīth* mit *'Aḥādīth* ohne weitere vernunftbasierte Argumentation - im Gegensatz zu den *'Ahl al-Ra'y* - häufiger, was unterschiedliche Gründe hatte. Mit dem Ableben des Propheten (sas) versiegte die direkte Quelle der Islamrechtsergründung, wobei die Fragestellungen sich fortlaufend mehrten und teilweise veränderten. Dieser Umstand führte dazu, dass schon die Prophetengefährten und vor allem die Gelehrten nach ihnen zur islamkonformen Antwortfindung vermehrt auf erweiterte islamkonforme Methoden zurückgreifen mussten und sich nicht mehr auf direkte Antworten im Koran oder der *Sunnah* stützen konnten.[23] Dies geschah vor allem in den Gebieten, wo die Umstände sich mehr von den ursprüng-

---

19 Yūsuf, 289-296; vgl. al-Ziriklī, IV, 193 (al-Karkhī); III, 64 (Ibn Nudjaym); I, 94 f. (al-Qarāfī); IV, 21 ('Izz al-Dīn); III, 295 (Ibn Radjab).

20 Vgl. Muḥammad 'Abū Zahrah, *'Uṣūl al-fiqh* (Kairo: Dār al-fikr al-'arabī: 2004), 13.

21 *'Ahl al-Ra'y* (Leute / Vertreter der Vernunft / Meinung). Von den Prophetengefährten sind vor allem 'Umar ibn al-Khaṭṭāb und 'Abdullāh ibn Mas'ūd, welchen 'Umar als Lehrer nach Kufa schickte, in ihrem Textverständnis und der Herleitung mit stärkerer Sinnorientierung aufgefallen. (Mannā' al-Qaṭṭān, *Tārīkh al-tashrī' al-'islāmiyy* (Kairo: Maktabah wahbah, 4. Aufl. 2009), 246 f.)

22 *'Ahl al-Ḥadīth* (Leute / Vertreter des *Ḥadīth*). Von den Prophetengefährten sind vor allem 'Abdullāh ibn 'Umar und Zayd ibn Thābit, die beide in Medina lehrten, als hierzu tendierend bekannt. (al-Qaṭṭān, *Tārīkh al-tashrī' al-'islāmiyy*, 248)

23 Vgl. 'Abū Zahrah, 14; Khallāf, 16 f.

lichen in Medina unterschieden und gleichzeitig auch die Anzahl an gelehrten Prophetengefährten und zuverlässigen Überlieferern geringer war und in Folge als verlässlich bekannte Überlieferungen der *Sunnah* in geringerem Ausmaß zur Verfügung standen. Doch auch frühe Gelehrte aus Medina und Mekka, welche sich vermehrt auf *'Aḥādīth* stützten, verstanden diese durchaus eher vernunftorientiert als nach der wörtlichen Bedeutung. Bekannt sind dafür Rabīʿah (al-Ra'y) ibn Farrūkh (gest. 136h / 753), ein Lehrer von Imam Mālik, wie auch dieser selbst. Anzumerken ist auch, dass Koran und *Sunnah* für beide Ausrichtungen die Grundlage darstellten, sowie auch bei fehlender Antwort in diesen Quellen beide auch *Ra'y* („Meinung") - vernunftbasierte weitere Methoden - verfolgten.[24]

Aufgrund steigender Dispute über Meinungsverschiedenheiten und auch Abweichungen im *Fiqh* und die jeweiligen Herangehensweisen, haben Gelehrte begonnen, ihre methodischen Grundlagen (*'Uṣūl*) für deren korrekte Ergründung auszuformulieren und niederzuschreiben, bis es sich als eigene Wissenschaftsdisziplin etablierte.[25] Das früheste, uns erhaltene Werk darüber ist *al-Risālah* von Muḥammad ibn 'Idrīs al-Shāfiʿī (verst. 204h / 820).[26] Er lebte und lernte in Mekka, Medina, Irak und zog später nach Ägypten.[27] Diejenigen Gelehrten, welche allgemein seiner Methodik und seinen Auffassungen folgten, werden als die Vertreter der nach ihm benannten schafiitischen Rechtsschule bezeichnet.

Al-Nuʿmān 'Abū Ḥanīfah aus Kufa (Irak) (gest. 150h / 767)[28] hatte kein derartiges Werk über seine Methoden hinterlassen, jedoch seinen Schülern manche seiner Regeln klargelegt. Im Nachhinein wurde dann versucht, seine gesamte Methodik aus seinen *Fatāwā* (Islamrechtsgutachten / -verdikten) zu rekonstruieren.[29] Der methodische Grundzugang in der Entwicklung der hanafitischen *'Uṣūl* geht vom praktischen *Fiqh* von 'Abū Ḥanīfah aus und versucht diese dann theoretisch zu formulieren und legitimieren. Antworten auf spätere Fragestellungen nach 'Abū Ḥanīfah werden dann jedoch basierend auf der extrahierten

---

24 Siehe für mehr Details: Mannāʿ al-Qaṭṭān, *Tārīkh al-tashrīʿ al-'islāmiyy*, 246-250; ʿAbd al-Salām Ballādjī, *Taṭawwur 'ilm 'uṣūl al-fiqh wa tadjdīduh* (Beirut: Dār ibn Ḥazm, 2010) 49 ff.

25 Vgl. Khallāf, 17; Yūsuf, 50 f., 55-63, 71 f.; Christopher Melchert, „The Formation of the Sunnī Schools of Law", in *The Formation of Islamic Law*, ed. Wael Hallaq, von *Formation of the Classical Islamic World*, ed. Lawrence Conrad (Hants (GB): Ashgate Publishing Limited, 2004), 361 f.

26 Ebda, 84, 120; Ḥamzah al-Nashratī, *Nāṣir al-sunnah – al-'imām al-shāfiʿī* (Kairo: al-Maktabah al-qayyimah), 385; Melchert, 352.

27 Yūsuf, 84 f.

28 Ebda, 71; Shams al-Dīn ibn Khallikān, *Wafayāt al-'aʿyān* (Beirut: Dār ṣādir), III, 201, 205; Melchert, 352.

29 Vgl. Yūsuf, 73 f., 77; Sānū, 188 f.

Methode ergründet. Generell behielt der hanafitische Zugang zum *'Uṣūl* einen starken praktischen Bezug zum *Fiqh* und entwickelte sich weniger abstrakt theoretisierend als die schafiitische *'Uṣūl*-Methode. Aus diesen Gründen wird die hanafitische Methode auch als die (*'Uṣūl*-)Methode der *Fuqahā'* (*Fiqh*-Gelehrten) – *manhadj al-fuqahā'* bezeichnet, wie auch als (*'Uṣūl*-)Methode der Hanafiten – *manhadj al-'aḥnāf*.[30] Als wichtigste frühe Werke der nach ihm benannten hanafitischen Schule zählen *'Uṣūl al-Karkhī* von 'Abū al-Ḥasan al-Karkhī (gest. 340h / 951) und *al-Fuṣūl fī al-'uṣūl* von 'Abū Bakr al-Rāzī al-Djaṣṣāṣ (gest. 370h / 980).[31]

Die Gelehrten der Rechtsschulen der Malikiten, benannt nach Mālik ibn 'Anas aus Medina (gest. 179h / 795)[32] und der späteren Hanbaliten, benannt nach 'Aḥmad ibn Ḥanbal aus Bagdad (gest. 241h / 855)[33] verfolgten in der Entwicklung und Formulierung ihrer *'Uṣūl*, ähnlich der Schafiiten, vorrangig eine theorielastige Methodik.[34] Ausgehend von einer argumentierten Theorie (*'Uṣūl*) werden die *Fur'ū'*, die praktischen „Zweig"-Fragen des *Fiqh*, ergründet, ohne sich zu sehr an eine konkrete *Fiqh*-Meinung des Imams der Rechtsschule gebunden zu fühlen. In einigen wichtigen Kernaspekten der *'Uṣūl*-Methodik stimmen sie auch weitgehend mit den Schafiiten überein. Auf Grund dieser stärkeren Theorielastigkeit in Entwicklung, Thematik und Diskurs, wie auch der Tätigkeit vieler ihrer Autoren in der theologischen Scholastik[35], wird in der *'Uṣūl*-Wissenschaft ihre Methode insgesamt auch als (*'Uṣūl*-)Methode der *Mutakallimūn – manhadj al-mutakallimīn* bezeichnet, sowie als (*'Uṣūl*-)Methode der Mehrheit – *manhadj al-djumhūr*.[36]

Es ist jedoch zu beachten, dass *Mutakallimūn* im *'Uṣūl al-Fiqh* nicht notwendiger Weise auch Vertreter oder Befürworter der *Mutakallimūn* / Scholasti-

---

30 'Abū Zahrah, 20, 22.

31 Ebda, 24.
Zu ihren ersten Autoren einzelner Themen dieser Disziplin zählt 'Īsā ibn 'Abān (gest. 221h / 835). Vgl. al-Ballādjī, 76.

32 Yūsuf, 78; Ibn Khallikān, *Wafayāt al-'a'yān*, II, 300 f.; Melchert, 352.
Zu ihren ersten Autoren dieser Disziplin zählt 'Ismā'īl al-Djahḍamī (gest. 282h / 896). Vgl. al-Ballādjī, 76.

33 Yūsuf, 89, 92; Ibn Khallikān, *Wafayāt al-'a'yān*, I, 40 f.; Melchert, 352.
Zu ihren ersten Autoren dieser Disziplin zählt 'Abū 'Abdillāh al-Warrāq (gest. 403h). Vgl. al-Ballādjī, 79.

34 Wobei die Hanbaliten ähnlich den Hanafiten stärker versuchten ihr *'Uṣūl* basierend auf den Auffassungen von 'Aḥmad ibn Ḥanbal zu errichten und dies argumentativ zu verifizieren. Vgl. al-Ballādjī, 123 ff, 133.

35 Phasenweise war der *'Uṣūl*-Diskurs mancher Gelehrter sehr stark scholastisch beeinflusst und bestimmt und fern von praktischem Bezug.

36 'Abū Zahrah, 20 f.; Khallāf, 18; vgl. Sānū, 158 f., 188 f., 384 f.

ker in der Theologie[37] sind, und umgekehrt Hanafiten im *'Uṣūl al-Fiqh* nicht grundsätzlich keine *Mutakallimūn* in der Theologie wären.[38]

In späteren Entwicklungen versuchten Gelehrte unterschiedlicher Rechtsschulen den theoretisierenden Zugang der *Mutakallimūn* mit dem am *Fiqh* angewandten und von ihm abgeleiteten Zugang der Hanafiten zu verbinden.[39]

Die gebildeten sunnitischen Hauptrechtsschulen sind sich intern in den meisten Kernfragen der *'Uṣūl* weitgehend einig, was jedoch nicht bedeutet, dass keine Meinungsverschiedenheiten innerhalb einer Rechtsschule auch im *'Uṣūl* existieren.

Die Richtung der Zahiriten beschränkt sich tatsächlich rein auf die wörtliche Bedeutung des Korans und der *Sunnah*, ohne der Vernunft durch sinnorientiertes Verständnis eine Rolle beizumessen. Dadurch lehnen sie all jene Belege ab, die auf sinnorientiertem Verständnis (der Texte) fußen. Ihr Gründer ist der ursprünglich schafiitische Dāwūd al-'Aṣbahānī al-Ẓāhirī (gest. 270h / 884) und ihr bekanntester Vertreter 'Ibn Ḥazm al-'Andalūsī (gest. 456h / 1064) vor allem mit seinem *'Uṣūl*-Werk *al-'Iḥkām fī 'Uṣūl al-'aḥkām*, das trotz seiner speziellen Ausrichtung generell für diese Disziplin von Nutzen ist. Als eigene Schule hat sich diese Richtung nie durchgesetzt.[40]

---

37 Schulen scholastischer Theologie - *'Ilm al-Kalām* (von denen die ersten beiden zu *'Ahl al-Sunnah wa al-Djamā'ah* gezählt werden) sind:

Aschariten (***al-'Ash'ariyyah* / الأشعرية** od. *al-'Ashā'irah* / الأشاعرة), meist Schafiiten und auch Malikiten im *Fiqh*, benannt nach 'Abū al-Ḥasan al-'Ash'arī (gest. 340h), welcher selbst auch zu manchen Themen des *'Uṣūl al-Fiqh* schrieb;

Maturiditen (***al-Māturidiyyah* /** الماتريدية), meist Hanafiten im *Fiqh*; ihr Initiator, dessen Namen diese *Kalām*-Richtung trägt, ist 'Abū Manṣūr al-Māturīdī (gest. 333h; Hanafit), welcher selbst auch im *'Uṣūl al-Fiqh* schrieb;

Mutaziliten (***al-Mu'tazilah* / المعتزلة**), von denen sich viele auch in die *'Uṣūl al-Fiqh* einbrachten, wie schon mit einzelnen Thematiken 'Ibrāhīm al-Nazzām (gest. 231h). Von ihren wichtigsten Werken im *'Uṣūl ist al-Mu'atamad fī 'uṣūl al-fiqh* von 'Abū al-Ḥusayn Muḥammad al-Baṣrī (gest. 436h /1044). Vgl. Ballādjī, 102, 126; 'Abū Zahrah, 22.

38 Vgl. Sānū, 384 f.

39 Vgl. Khallāf, 18, f.; 'Abū Zahrah, 25; Tabelle in Ballādjī, 126-129, 126 f.: von den ersten Gelehrten, welche in dieser Art schrieben waren: 'Abū Muẓaffar al-Sam'ānī (gest. 489h; ursprünglich Hanafit dann Schafiit) mit seinem Werk *Qawāṭ' al-'adillah fī al-'uṣūl*, 'Abū al-Walīd al-Bādjī (gest. 474h; Malikit) und 'Abū Isḥāq al-Shīrāzī (gest. 476h; Schafiit) mit *al-Tabṣirah fī 'uṣūl al-fiqh*, in dem er nur Meinungsverschiedenheiten behandelt.

40 Vgl. Ballādjī, 119 f.

Die ersten Schriften der Zwölferschiiten[41] im *'Uṣūl al-Fiqh* erschienen im fünften Jahrhundert nach Hidschra und waren stark von den theoretisierenden, rein vernunftzentrierten Ansätzen der Mutaziliten geprägt. Das erste vollständige Werk ist *al-Dharī'ah 'ilā 'Uṣūl al-sharī'ah* von al-Sayyid al-Murtaḍā (gest. 436h / 1044), welcher die Grundlagen darin von seinem Lehrer al-Shaykh al-Mufīd (gest. 413h / 1022) überliefert. Das wichtigste Werk für sie ist *'Uddah al-'Uṣūl* von al-Shaykh al-Ṭūsī (gest. 460h / 1067). In späterer Folge verstärkte sich ihr philosophischer Ansatz. Zusätzlich zu den Termini unterscheiden sie sich vor allem in den Quellen. So haben die Äußerungen und Praxis ihrer unfehlbaren Imame (welche sich aber auch manchmal unterschieden) bindenden Charakter gleichartig denen des Propheten (sas) und werden gemeinsam mit de-

---

41 **Richtungen der Schiiten**:

Die **Übergruppe der Imamiten** haben gemeinsam, dass sie die ständige Existenz unfehlbarer, von Allah bestimmter Imame nach dem Propheten Muḥammad (sas) unter den Nachfahren von al-Ḥusayn ibn 'Alī als unumstößlichen (dogmatisch) theologischen Bestandteil erachten. Über die Anzahl und konkrete Personifizierung der Imame scheiden sich jedoch die Geister unter den Imamiten in großem Maße, wobei man sich bezüglich der ersten sechs noch allgemein einig ist. Der jeweils als Letzter bestimmte Imam wird als nicht gestorben, sondern nur als versteckt erachtet und auf seine Rückkehr gewartet.

Die Zwölferschiiten (***al-'Ithnā'ashariyyah* / الإثناعشرية**) oder *al-Imāmiyyah al-'Ithnā'ashariyyah* / الإمامية الإثناعشرية) sind die heute verbreiteteste Gruppe der Schiiten. Diese Richtung glaubt an zwölf derartige Imame, wie auch manch andere Gruppen, welche aber speziell benannt werden. Als ihr letzter Imam ist Muḥammad al-Mahdī al-Muntaẓar bestimmt, welcher seit dem Zeitraum 260h bis 275h als verschwunden, nicht verstorben gilt.

Die Ismailiten (***al-'Ismā'īliyyah* / الإسماعيلية**) oder auch genannt **Batiniten** (***al-Bāṭiniyyah* / الباطنية**). Sie erachten an Stelle von Mūsā al-Kāẓim das Imamentum in Dja'far al-Sādiq's anderem Sohn Ismā'īl weiterlaufend.

Siehe Yaḥyā Hāshim Farghal, *al-Firaq al-'islāmiyyah fī al-mīzān* (Kairo: Dār al-'afāq al-'arabiyyah, 2007), 80 f.

Die Zaiditen (***al-Zaydiyyah* / الزيدية**) bildeten sich aus den Anhängern von Zaid ibn 'Alī ibn al-Ḥusayn (gest. 123h). Sie sind die von den anderen unterschiedlichste schiitische Richtung mit gleichzeitig den größten Parallelen zu den Sunniten. Vor allem Anfangs bestanden keine theologischen Unterschiede zu den Sunniten, so wurde zwar die Vorzüglichkeit von 'Alī vor anderen erachtet, jedoch die Zulässigkeit der Leitung durch 'Abū Bakr, 'Umar und 'Uthmān bestätigt und Prophetengefährten im Gegensatz zu den Imamiten generell hoch geachtet und ihre Überlieferungen anerkannt. Die Zaiditen sahen das Kalifat dem Geeignetsten unter allen Nachkommen von 'Alī und Fatima zustehend ohne jedoch ihnen Unfehlbarkeit zuzusprechen oder einen jeweils (dogmatisch) theologisch bestimmten Imam festzulegen. In späterer Folge fand teilweise eine theologische Annäherung an die Imamiten statt.

Vgl. ebda,72-79.

nen des Propheten (sas) als *Sunnah* bezeichnet. Überlieferungen der Prophetengefährten über die Propheten-*Sunnah* werden aber fast ausnahmslos als Quellenbeleg abgelehnt.[42] Weitere unterschiedliche Auffassungen sind im zweiten Kapitel zu den Belegen zu finden.

Im vierten und fünften Jahrhundert nach Hidschra erlebte die *'Uṣūl*-Wissenschaft generell wichtige Weiterentwicklungen und Umstrukturierungen. Der *'Uṣūl*-Diskurs wurde auch mehr oder weniger stark von der scholastischen Theologie (*'Ilm al-Kalām*) und der wissenschaftlichen Logik (*Manṭiq*) beeinflusst. Aus dieser Phase gingen die wichtigsten klassischen umfassenden *'Uṣūl*-Werke der Schafiiten und Hanafiten hervor. Auch Malikiten und bereits auch schon Hanbaliten wirkten damals im *'Uṣūl*-Bereich, jedoch sind speziell von Hanbaliten der ersten Zeit keine Schriften erhalten.[43] Darauffolgend entstanden oder reiften auch umfassende schulspezifische Werke weiterer Schulen wie speziell der Hanbaliten und Schiiten. Andererseits vermehrten sich aber auch Bestrebungen, rechtsschulübergreifende, verbindende Werke zu verfassen.[44]

Im weiteren Verlauf traten unterschiedliche Tendenzen im sunnitischen Diskurs und in der Art ihrer zahlreichen Werke auf. Unter den *'Uṣūl*-Werken finden sich inhaltlich erweiternde Werke, (alle) Meinungen innerhalb einer Rechtsschule oder auch Rechtsschul-übergreifend sammelnde und vergleichende Werke, aber auch zusammenfassende, in Gedichtform verfasste und weiter erklärende Werke. Zunächst gab es ab dem sechsten Jahrhundert nach Hidschra keine wesentlichen inhaltlichen Entwicklungen, und die Bemühungen beschränkten sich hauptsächlich auf Erklärungen und Kommentare des Vorhandenen, was den Wert dieser nicht schmälern soll. Die Tore des *'Idjtihād* (eigenständigen Anstrengungen zur Islamrechtsergründung) im *Fiqh* wurden nach und nach aus unterschiedlichen Gründen geschlossen, und man beschränkte sich auf die Ergebnisse der früheren großen *Mudjtahidūn* der Rechtsschulen, wodurch das *'Uṣūl al-Fiqh* seine praktische Relevanz zur Islamrechtsergründung verlor.[45] Als Art Reaktion in dieser längeren statischen Phase im *Fiqh* tauchten erneuernde, wiederbelebende Bemühungen einzelner Gelehrter auf wie Ibn Taymiyyah und er-

42 Vgl. Ballādjī, 116 ff.; 'Abū Zahrah, 25. Muḥammad Riḍā al-Muẓaffar, *'Uṣūl al-fiqh* (Ghom (Iran): Manshūrāt al-'azīzī, 2007), 314: "ما فقهاء الإمامية بالخصوص فلما ثبت لديهم أن المعصوم من آل البيت يجري قوله مجرى قول النبي من كونه حجة على العباد واجب الاتباع فقد توسعوا في اصطلاح " السنة " إلى ما يشمل قول كل واحد من المعصومين أو فعله أو تقريره، فكانت السنة باصطلاحهم: " قول المعصوم أو فعله أو تقريره "", siehe weiter 314-319, 321 f., 333 f. al-Shaykh al-Ṭūsī, *'Uddah al-'uṣūl* (Mu'assasah 'āl al-bayt l(i)-l-ṭibā'ah wa al-nashr), I, 336 f.

43 Ballādjī, 90 ff.

44 Ebda, 116-128.

45 Ebda, 132-135, 142 ff.; 150 f.

neuernd im *'Uṣūl* vor allem 'Abū 'Isḥāq al-Shāṭibī (gest. 790h / 1388) mit seinem Werk *al-Muwāfaqāt* und anderen. Al-Shāṭibī's Bewegungen fanden zunächst jedoch wenig bis keine Resonanz.[46]

Hauptsächlich ausgelöst von den größeren politischen, gesellschaftlichen und wirtschaftlichen Wandlungen in der muslimischen Welt ab der Kolonialzeit und durch die stetigen Änderungen und veränderten Anforderungen wurde nicht nur der Diskurs im *'Uṣūl al-Fiqh* beeinflusst und (re)animiert. Als Initiator der erneuernden Wiederbelebung im *'Uṣūl al-Fiqh* und *'Idjtihād* kann der jemenitische Gelehrte Muḥammad al-Shawkānī (gest. 1250h / 1834) erachtet werden.[47] Ab dem 20. Jhdt. begannen auch manche vergleichende Bemühungen mit „weltlichen", westlich geprägten Rechtsmethodiken.[48] Weiter verstärkten sich, beginnend mit al-Ṭāhir ibn ʿĀshūr, wieder erneuernde Versuche in Verbindung mit den *Maqāṣid* (Maximen) der *Scharia*, um in der *'Uṣūl*-Methodik den geänderten Anforderungen auf Basis der religiösen Grundlagen gerecht zu werden. Einige, die Materie vereinfachende, rechtsschulübergreifende, argumentativ abwiegende Bücher wurden von zeitgenössischen Gelehrten verfasst, mit der Absicht, die Materie Studenten und an den Grundlagen Interessierten verständlich zu machen und sie darin einzuführen. Weiters wurde begonnen, umfassende Studien zu einzelnen *'Uṣūl*-Thematiken oder Schwerpunkten zu veröffentlichen.[49] Akademische Arbeiten zum *'Uṣūl al-Fiqh* sind heute häufig dieser Art.

Wichtige Werke der 'Uṣūl al-Fiqh in den vier sunnitischen Hauptrechtsschulen:[50]

- hanafitische Werke:

al-fuṣūl fī al-'Uṣūl von 'Abū Bakr al-Rāzī al-Djaṣṣāṣ (gest. 370h / 980)

'Uṣūl al-Bazdawī von Fakhr al-'Islām al-Bazdawī (gest. 482h / 1089): Dieses Werk in klassisch hanafitischer Methode zeichnet sich durch seine Klarheit und Prägnanz aus.

Kashf al-'asrār ʿan 'Uṣūl fakhr al-'islām al-bazdawī von ʿAlā' al-Dīn al-Bukhārī (gest. 730h): erweiternde Erläuterung von *'Uṣūl al-Bazdawī*.

'Uṣūl al-Sarakhsī von 'Abū Bakr Muḥammad al-Sarakhsī (Shams al-'A'immah) (gest. 490h? / 1096): in seiner Art ähnlich dem Werk von al-Bazdawī, jedoch umfassender und detaillierter.

---

46 Vgl. ebda, 135 f.; 149 f.

47 Ebda, 152.

48 Wie ʿAbd al-Wahhāb Khallāf (gest. 1956) in seinem Werk *'Ilm 'uṣūl al-fiqh*.

49 Vgl. Ballādjī, 151 f., 161 f., 168-179.

50 Vgl. 'Abū Zahrah, 22-26; Kallāf, 18 f.; al-Ballādjī, 74-79, 91-97, 106-115, 126-132; 138-161; al-Ziriklī, *al-'A'lām*.

al-Manār fī 'Uṣūl al-fiqh von Ḥāfiẓ al-Dīn 'Abū Barakāt al-Nasafī (gest. 710h / 1310).

al-Wadjīz fī 'Uṣūl al-fiqh von Yūsuf ibn Ḥusayn al- Karā[a]māsitī (gest. 906h): prägnante klare Darstellung der hanafitischen *'Uṣūl.*

Mishkāt al-'Anwār fī 'Uṣūl al-manār (auch genannt: *Fatḥ al-Ghaffār bi-sharḥ al-anwār*) von Ibn Nudjaym Zayn al-Dīn (gest. 970h / 1563): ist von den besten Erläuterungen des *al-Manār.*

- schafiitische Werke:

al-Burhān fī 'Uṣūl al-fiqh von 'Abū al-Ma'ālī al-Djuwaynī 'Imām al-Ḥaramayn (gest. 478h / 1085; Ascharit): schwieriges theoretisierendes Werk, darin behandelt und untersucht er die unterschiedlichen, theoretisierenden Ansichten und begründet eigene Schlüsse.

al-Mustaṣfā von 'Abū Ḥāmid al-Ghazālī (gest. 505h / 1111): Dieses Werk ist generell eines der wichtigsten in dieser Disziplin. Trotz seiner Tiefgründigkeit ist es klar und prägnant formuliert, wobei der Autor seine eigenen Schlüsse darstellt und sich nicht bis dahin gängigen schafiitischen Auffassungen verpflichtet. Eine wertvolle Zusammenfassung ist *al-Ḍarūrī fī 'Uṣūl al-fiqh* auch genannt *Mukhtaṣar al-mustaṣfā* von 'Abū al-Walīd ibn Rushd al-Ḥafīd (gest. 595h / 1198; Malikit).

al-Maḥṣūl von Fakhr al-Dīn al-Rāzī (606h / 1210): dieses Werk ist klassisch theoretisierend, wichtige frühere Werke der *Mutakallimūn* sammelnd und erklärend und inhaltlich erweiternd. Zu seinen wichtigsten Erklärungen mit wertvollen Erweiterungen in unterschiedlichen Auffassungen auch der anderen Rechtsschulen zählt *Nafā'is al-'Uṣūl fī sharḥ al-maḥṣūl* von al-Qarāfī (gest. 684h / 1285; Malikit).

al-'Iḥkām fī 'Uṣūl al-'aḥkām von Sayf al-Dīn 'Abū al-Ḥasan al-'Āmidī (gest. 631h / 1233; Hanbalit dann Schafiit): Dieses Werk ist ähnlich dem vorherigen in der Methode, jedoch sprachlich einfacher.

al-Minhādj (Minhādj al-wuṣūl fī ma'rifah al-'Uṣūl) von al-Bayḍāwī (gest. 685h): Dies ist eine der wichtigsten Zusammenfassungen von *al-Maḥṣūl* von al-Rāzī.

Nihāyah al-sūl fī sharḥ minhādj al-'Uṣūl von Djamāl al-Dīn al-'Isnawī (gest. 772h / 1370): Dieses Werk zählt zu den besten Erläuterungen des *Minhādj* und zeichnet sich auch durch seinen praktischen Bezug zum schafiitischen *Fiqh* aus.

al-Tamhīd fī takhrīdj al-furū' 'alā al-'Uṣūl von Djamāl al-Dīn al-'Isnawī.

al-Baḥr al-muḥīṭ fī 'Uṣūl al-fiqh von Badr al-Dīn al-Zarkashī (gest. 794h / 1392): Dieses Werk zeichnet sich durch seine umfassende Sammlung nicht nur des schafiitischen *'Uṣūls* aus. Es ist eine Art analysierende Enzyklopädie. Zusätzlich formuliert und argumentiert er auch seine eigenen Auffassungen.

- malikitische Werke:

al-Tamhīd fī 'Uṣūl al-fiqh und *al-Taqrīb wa al-irshād* von 'Abū Bakr al-Bāqillānī (gest. 403h /1013; Ascharit): klar strukturiert; darin behandelt er auch einzelne mit dem *'Uṣūl* verwobene Fragen des *'Ilm al-Kalām*, die Mutaziliten widerlegend.

'Iḥkām al-fuṣūl fī 'aḥkām al-'Uṣūl von 'Abū al-Walīd al-Bādjī (gest. 474h / 1081).

Tanqīḥ al-fuṣūl fī 'ilm al-'Uṣūl von Shihāb al-Dīn al-Qarāfī (gest. 684h / 1285): Dieses Werk zeichnet sich auch durch einen praktischen Bezug zum malikitischen *Fiqh* aus.

Taqrīb al-wuṣūl 'ilā 'ilm al-'Uṣūl von Ibn Djuzayy al-Kalbī al-Ghranāṭī (gest. 741h / 1340): Dieses zusammenfassende Werk zeichnet sich durch seine einführende Einfachheit aus.

Miftāḥ al-wuṣūl von al-Sharīf al-Tilimsānī (gest. 771h / 1370): Auch dieses Werk zeichnet sich durch seine Einfachheit und prägnante Formulierung aus.

- hanbalitische Werke:

al-'Uddah fī 'Uṣūl al-fiqh von 'Abū Ya'lā ibn al-Farrā' (gest. 458h / 1066).

al-Wāḍiḥ von Ibn 'Aqīl (gest. 513h / 1119).

Rawḍah al-nāẓir wa djannah al-munāẓir von Muwaffiq al-Dīn ibn Qudāmah al-Maqdasī (gest. 620h / 1223).

al-Muswaddah fī 'Uṣūl al-fiqh von drei Autoren: Madjd al-Dīn ibn Taymiyyah (Großvater) (gest.: 652h / 1254), 'Abd al-Ḥalīm ibn Taymiyyah (Vater) (gest. 682h), 'Aḥmad Taqī al-Dīn ibn Taymiyyah (Enkel) (gest. 728h / 1328), praktischer Bezug zum hanbalitischen *Fiqh*.

al-Mukhtaṣar fī 'Uṣūl al-fiqh von 'Alā' al-Dīn ibn al-Laḥḥām (gest. 803h / 1401), welches sich durch seine einführende Einfachheit und Prägnanz auszeichnet.

al-Taḥbīr sharḥ al-taḥrīr von 'Alā' al-Dīn al-Mardāwī (gest. 885h): detailliert.

Sharḥ al-kawkab al-munīr (Mukhtaṣar al-taḥrīr) von Ibn al-Nadjdjār al-Futūḥī (gest. 972h / 1564).

- Speziell vergleichende und verbindende Werke Gelehrter unterschiedlicher Rechtsschulen:

- Frühere Werke:

al-Tabṣirah fī 'Uṣūl al-fiqh von 'Abū 'Isḥāq al-Shīrāzī (gest. 476h / 1083; Schafiit): Darin behandelt er nur Meinungsverschiedenheiten im *'Uṣūl* mit ihren unterschiedlichen Argumentationen; und

al-Luma', in dem er einige seiner früheren Meinungen revidiert.

Badī' al-niẓām al-djāmi' bayn al-kitāb al-bazdawī wa 'iḥkām al-'āmidī von Muẓaffar al-Dīn ibn al-Sā'ātī al-Baghdādī (gest. 694h / 1295; Hanafit): Darin wird zwischen den Büchern *'Uṣūl al-Bazdawī* und *'Iḥkām* von al-'Āmidī verglichen und verbunden.

al-Tawḍīḥ von Ṣadr al-Sharī'ah al-'Aṣghar al-Bukhārī (gest. 747h / 1346; Hanafit), Erläuterung von *Tanqīḥ al-'Uṣūl* von Ibn al-Ḥādjib: Er fasst zusammen, vergleicht und verbindet zwischen den Büchern *'Uṣūl al-Bazdawī*, *al-Maḥṣūl* von al-Rāzī und *al-Mukhtaṣar* von Ibn al-Ḥādjib.

Djam' al-djawāmi' von Tādj al-Dīn al-Subkī (gest. 771h / 1370; Schafiit): schwierigere Lektüre.

al-Muwāfaqāt fī 'Uṣūl al-sharī'ah von 'Abū 'Isḥāq al-Shāṭibī (gest. 790h / 1388; Malikit), welches sich durch seine erneuernden, wiederbelebenden und weitsichtigen Bemühungen auszeichnet und in gut verständlicher Sprache verfasst ist.

al-Taḥrīr von Kamāl al-Dīn ibn Humām (gest. 861h / 1457; Hanafit) und dessen Erläuterung *Taysīr al-taḥrīr* von Muḥammad 'Amīr Bādshāh (gest. 972h? / 1565?).

Musallam al-thubūt von Muḥibb Allah ibn 'Abd al-Shakūr al-Bahārī al-Hindī (gest. 1119h / 1707; Hanafit): genau sammelndes, sehr nützliches Werk.

- Spätere vereinfachende und teilweise wiederbelebende Werke:

'Irshād al-fuḥūl 'ilā taḥqīq al-ḥaqq min 'ilm al-'Uṣūl von Muḥammad al-Shawkānī (gest. 1250h / 1834; ursprünglich Zaidit[51], verfolgt jedoch eigenen *'Idjtihād* und orientiert sich an dem ursprünglichen theologischen Verständnis der frühen Sunniten): den *'Idjtihād* wiederbelebend und erneuernd, konzentriert auf Fragestellungen mit Relevanz für die *'Uṣūl* und den *'Idjtihād.*

'Uṣūl al-fiqh von al-Shaykh al-Khuḍarī Bik, Muḥammad al-Bādjūrī (gest. 1345h / 1927): zusätzlich zur kritischen Sachlichkeit in den angeführten *'Uṣūl*-Regeln führt er auch jeweils erläuternde angewandte Beispiele aus dem *Fiqh* an. Er widmet sich, beeinflusst von al-Shāṭibī, auch speziell den *Maqāṣid al-Sharī'ah* und misst ihnen eine zentrale Rolle bei.

---

51 Siehe zu Zaiditen (*Zaydiyyah*) unter Fußnote 41 ab S. 22: Richtungen der Schiiten.

Tashīl al-wuṣūl 'ilā 'ilm al-'Uṣūl von Muḥammad 'Īd al-Miḥlāwī (gest. 1920) die zeitgenössischen, hier häufig zitierten Werke von 'Abd al-Wahhāb Khallāf (1888-1956), Muḥammad 'Abū Zahrah (1898-1974), 'Abd al-Karīm Zaydān (geb. 1917), Wahbah al-Zuḥaylī (geb. 1932) und 'Abdullāh ibn al-Djuday' (geb. 1959).

Bereiche der *'Uṣūl al-Fiqh*:

In der *'Uṣūl*-Literatur werden meist folgende Standardbereiche in unterschiedlicher Aufteilung behandelt:

1) ***al-Ḥukm* – die Schariabeurteilung / Islamrechtsbeurteilung** (das zu Ergründende / das Bild). Darunter befinden sich die Frage nach den Arten der Beurteilungen, dem Urheber der Beurteilungen – *al-Ḥākim*, dem Adressierten mit den (umzusetzenden) Beurteilungen und den Bedingungen für dessen Verantwortlichkeit zur Umsetzung – *al-Maḥkūm 'alayh*, sowie ähnliche Fragestellungen.
2) ***al-'Adillah* – die Belege / Quellen der Schariabeurteilungen** (Quellen zur Ergründung / die Farben)
3) **Sprachliche *'Uṣūl*-Regeln** zur Ergründung aus den Offenbarungsbelegen Koran und *Sunnah* (die Methodik zur Ergründung / zum korrekten Auftragen der Farben)
4) ***al-Ta'āruḍ*** – Widersprüchlichkeit zwischen Schariabelegen und ihre Auflösung (Überlappung der Farben)
5) ***Idjtihād* und *Taqlīd*** – Eigenständige geistige Ergründung von islamischen Beurteilungen aus ihren Quellen und das Folgen von Gelehrten in ihren Ergründungen ohne eigenständige Untersuchungen (Maler oder Betrachter des Gemäldes). Hierbei werden die Bedingungen, Felder und Detailfragen von *Idjtihād* und *Taqlīd* behandelt.

Die theoretischen Kernbereiche bei der Ergründung von Islamrechtsbeurteilungen sind die Bereiche 2-4. Erster und letzter Bereich haben nicht direkt mit dem Ergründungsvorgang an sich zu tun.[52]

---

52 Von al-Ghazālī im *al-Mustaṣfā* beschrieben als: 1. die Frucht – *al-thamarah*, 2. Geber der Frucht – *al-muthmir*; 3. Art und Weise der Fruchtgewinnung – *kayfiyyah al-istithmār*, 5. der Fruchtgewinner / der *Mudjtahid* – *al-mustathmir*.

Über dieses Buch

Zielsetzung und Methodik

Es gibt zahlreiche hervorragende Bücher zu den *'Uṣūl al-Fiqh* in arabischer Sprache, doch ist in europäischen Sprachen das Angebot dazu äußerst rar.

Dieses Buch ist primär als Fach- und Lehrbuch zu den Kernbereichen der *'Uṣūl al-Fiqh* konzipiert. Es soll verständlich machen, wie *Fiqh* ergründet bzw. konstruiert wird. Was sind seine theoretischen Grundlagen, seine Quellen, und nach welchen Methodiken werden diese verstanden und kombiniert?

Weiter sollen mögliche unterschiedliche Zugänge zu diesen Kernbereichen veranschaulicht werden, mit Schwerpunkt auf den vier sunnitischen Hauptrechtsschulen. Bei den Quellen werden jedoch auch andere Auffassungen wie die der Zahiriten (*Ẓāhiriyyah*) oder Zwölferschiiten angeführt. Ziel ist es nicht das ganze Spektrum unterschiedlicher Meinungen in allen Detailfragen aufzulisten, vielmehr sollen die wesentlichen Unterschiede nachvollziehbar verständlich gemacht werden.

Vor allem im Bereich der Hauptquellen des *Fiqh* soll dieses Buch auch die wesentlichen Argumentationen für und wider ihre Legitimität veranschaulichen.

Dieses Buch soll einerseits für die Komplexität einer korrekten Ergründung des *Fiqh* und einen gegebenen möglichen Pluralismus darin sensibilisieren und von vorschnellen Schlüssen und Verurteilungen abhalten. Andererseits soll es aber auch helfen, bodenständige islamische Argumentationen von bodenlosen Extremen jeglicher Art unterscheiden zu können.

Es kann nicht erwartet werden auf Grundlage dieses Buches eigenständig *Fiqh* ergründen zu können. Unterschiedliche Argumentationen von Gelehrten im *Fiqh* sollen dadurch jedoch nachvollziehbarer werden und Stärken und Schwächen darin erkennbarer werden. So möge es aber durchaus ein erster Schritt sein auf dem Weg zur Befähigung zum eigenständigen Ergründen des *Fiqh* aus seinen Quellen (*'Idjtihād*). Wobei auch durch die Lektüre dieses Buches erkennbar wird, dass unter anderem die weitreichende Kenntnis des Arabischen zum Erreichen dieses Ziels grundlegend und unumgänglich ist.

Die Informationen für dieses Buch sind vorwiegend aus unterschiedlichen zeitgenössischen Fachbüchern in Arabisch ausgewählt und teilweise aus klassischen Werken ergänzt. Die konkreten Quellen finden sich jeweils in den Fußnoten verzeichnet.

Längere Passagen aus diesem Buch habe ich bereits in den Einführungen zu den unterschiedlichen Bereichen in meiner Dissertation veröffentlicht, welche im Peter Lang Verlag in der Reihe Osnabrücker Islamstudien mit dem Titel

„Aishas Grundlagen der Islamrechtsergründung und Textinterpretation“ 2012 erschienen ist. Aufgrund der Länge, Häufigkeit und auch Abänderungen wird auf die konkrete Kennzeichnung dieser Passagen verzichtet.

Obwohl ein Studium des Buches mit einer spezialisierten Lehrperson anzuraten ist, ist durch die veranschaulichenden Beispiele das Buch auch für ein Selbststudium geeignet.

Thematischer Rahmen und inhaltlicher Aufbau

Aus der Zielsetzung dieses Buches ergibt sich die Beschränkung auf die oben genannten Kernbereiche der *'Uṣūl al-Fiqh* zur Ergründung von Islamrechtsbeurteilungen.

Da das zu Ergründende der *Ḥukm* – die Islamrechtsbeurteilung ist, soll eine kurze Einführung der Beschreibung dieser Thematik gewidmet werden. Demnach sind die in diesem Buch abgehandelten Thematiken wie folgt:

1 Einführung zu *al-Ḥukm* – die Islamrechtsbeurteilung (das zu Ergründende), mit seinen zwei Überkategorien *al-Ḥukm al-taklīfiyy* und *al-Ḥukm al-waḍʿiyy*

2 *al-'Adillah* – die Belege / Quellen der Islamrechtsbeurteilungen (Quellen zur Ergründung)
- 2.1 Koran / *al –Kitāb*
- 2.2 *Sunnah* (Prophetenwort, -praxis, -billigung)
- 2.3 *'Idjmāʿ* (Gelehrtenkonsens)
- 2.4 *Qiyās* (Analogiebildung)
- 2.5 *al-Maṣlaḥah al-mursalah* – unerwähnter Nutzen / gesicherter Nutzen, welcher von den Schariatexten weder belegt noch negiert wird
- 2.6 *al-Istiḥsān* – Juristische Präferenz (durch begründete Billigkeit)
- 2.7 *Sharʿ man qablanā* – *Scharia* der früheren Propheten
- 2.8 *Madhhab al-Ṣaḥābī* – Rechtsmeinung / „Weg“ eines Prophetengefährten (*Ṣaḥābī*)
- 2.9 *al-ʿUrf* – Gewohnheitsrecht, (gültiges Gewohnheitsrecht – *al-ʿĀdah al-muḥkamah*)
- 2.10 *al-Istiṣḥāb* – Annahme der Kontinuität
- 2.11 *Sadd al-dharīʿah* – Unterbindung von Rechtsmissbrauch / Rechtsumgehung

3 Sprachliche *'Uṣūl*-Regeln (zur Ergründung aus Offenbarungsbelegen (Koran und *Sunnah*))
- 3.1 Ausdrucksweisen des Textes (*al-Dalālāt* oder *Ṭuruq al-dalālah*)

3.2 Klarheit und Unklarheit der Ausdrucksweisen (*wuḍūḥ al-dalālāt wa ʿadami-h*)
3.3 Umfassendheit / Ausmaß (*Shumūl*) der Ausdrucksweisen:
A) *al-ʿĀmm* – der *ʿĀmm*(*umfassende*)-*Ausdruck*
B) *al-Khāṣṣ* – der *spezifische* (ausgesonderte / nicht-umfassende) *Ausdruck*
3.4 A) und B) Ausdruck der Anordnung (*ʾAmr*) und Untersagung (*Nahy*)

4 *al-Taʿāruḍ* – Widersprüchlichkeit zwischen Schariabelegen und ihre Auflösung

1 Einführung zu *al-Ḥukm* – Die Islamrechtsbeurteilung / die islamische Beurteilung (das Bild)

الْحُكْمُ الشَّرْعِيّ

Der *Ḥukm* – die Schariabeurteilung ist die Beurteilung oder Bestimmung des Schariagebers / Allahs bezüglich der Handlungen des vor Gott verantwortlichen Menschen oder im Zusammenhang damit: im Kern das, was der Schöpfer vom Menschen möchte.

Sprachlich bedeutet *Ḥukm* hauptsächlich Beurteilung, Urteil, Bestimmung.[53]

Fachspezifisch bezeichnet es:

„Die Ansprache des Schariagebers [Allahs] im Zusammenhang mit den Handlungen des [vor Gott] verantwortlichen / mündigen [Menschen] – *Mukallaf*, in Form von Verlangen oder Freistellen oder Festlegen."

„Die Ansprache des Schariagebers" meint Sein direktes Wort im Koran oder Seine indirekte Mitteilung bezüglich Seines Willens durch die *Sunnah* (die eigenen Aussagen, Handlungen und Billigungen des Propheten (sas)) oder andere Schariabelege (siehe im entsprechenden Kapitel 2);

„verantwortlichen / mündigen [Menschen]" bezieht sich auf den geschlechtsreifen, geistig zurechnungsfähigen Menschen, welcher dadurch vor Gott verpflichtet und für seine Handlungen verantwortlich ist;

„in Form von Verlangen (*Iqtiḍā* / *Ṭalab*) oder Freistellen (*Takhyīr*)" beschreibt die Forderung Gottes, etwas zu vollziehen, zu unterlassen oder frei zu wählen;

„Festlegen (*Waḍ'*)" bezeichnet die Festlegung Gottes von einer Sache als Grund (*Sabab*), Bedingung (*Sharṭ*) oder Hindernisgrund (*Māni'*) für letztere zwei (Verlangung oder Freistellung) oder der Gültigkeit (*Ṣiḥḥah*) einer Handlung oder eines Rechts.[54] (Siehe zur Erläuterung das Beispiel im Anschluss unter 1.2 *al-Ḥukm al-waḍ'iyy*.)

---

53 *Lisān al-'arab*, (حكم); Madjd al-Dīn al-Fayrūz'ābādī, *al-Qāmūs al-muḥīṭ* (Beirut: Dār 'iḥyā' al-turāth al-'arabī, 1997), (حكم).

54 Khallāf, 100-104; al-Djuday', 17 f.; Wahbah al-Zuḥaylī, *'Uṣūl al-fiqh al-'islāmiyy* (Damaskus: Dār al-fikr, 15. Aufl. 2007), I, 46 ff.; vgl. Amir Zaidan, *Fiqhul-'ibaadaat – Einführung in die Modalitäten der rituellen Handlungen*, Band 4 aus *Die Islamologische Enzyklopädie* (Wien: IBIZ, 2009), 26.

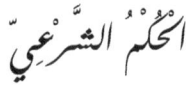

Wie aus der Definition verständlich, wird der *Ḥukm* in zwei Bereiche eingeteilt, den *Ḥukm al-taklīfiyy* – Klassifizierung der Handlung des verantwortlichen / mündigen Menschen (*Mukallaf*) bezüglich des von ihm Verlangten, und den *Ḥukm al-waḍʿiyy* – Arten der Beurteilungen im Zusammenhang mit dem Menschen. Beide sollen im Anschluss näher erläutert werden.

Unter dieses Themenfeld fallen auch die Bedingungen zur Verantwortlichkeit (*al-Taklīf*) vor Gott und ihre Arten – *al-Maḥkūm ʿalayh* (für wen die Beurteilung gilt); und die Bedingungen im Vorgeschriebenen, damit man dafür verantwortlich gemacht werden kann – *al-Maḥkūm fīh* (die Angelegenheit, in welcher bestimmt wird). Auch dass Allah der einzig legitime Urheber der Scharia, der Schariageber – *al-Shāriʿ* / *al-Ḥākim* ist und inwieweit Seine Beurteilungen auf alleiniger Basis des Verstandes bestimmbar sind, wird manchmal darunter behandelt, obwohl dies eher dem Fachgebiet der Scholastik (*ʿIlm al-Kalām*) zuzuordnen ist.

1.1 *al-Ḥukm al-taklīfiyy*

Dies bezeichnet die Klassifizierungen der Handlung des verantwortlichen / mündigen Menschen (*Mukallaf*) bezüglich des von ihm Verlangten. Das Verlangte kann entweder die Erfüllung einer Handlung oder ihre Unterlassung sein. Weiters fällt darunter auch die Freistellung von beidem. Die Handlungen sind je nach Nachhaltigkeit der Aufforderung und Zulässigkeit der Unterlassung eingeteilt in:

1) *wādjib* / وَاجِب oder *farḍ* / فَرْض – Pflicht, ohne Zulässigkeit der Unterlassung.
2) *mandūb* / مَنْدُوب – empfohlen, erwünscht, mit Zulässigkeit der Unterlassung. (Dies wird als Fachbegriff des *Fiqh* (Islamrechtswissenschaft) auch „*sunnah*" genannt, nicht zu verwechseln mit dem gleichlautenden Fachbegriff des *ʾUṣūl al-Fiqh* als zweiten Schariabeleg nach dem Koran.)
3) *mubāḥ* / مُبَاح – gestattet, freigestellt mit grundsätzlicher Gleichwertigkeit von Handlung und ihrer Unterlassung.
4) *makrūh* / مَكْرُوه – verpönt, mit Zulässigkeit der Handlung.
5) *ḥarām* / حَرَام – verboten, ohne Zulässigkeit der Handlung.

Es existieren zahlreiche Details zu den Beurteilungskategorien wie die Festsetzung von zeitlichen, gereihten, wählbaren oder personellen Rahmen für Beurteilungen und weitere Unterscheidungen, welche aber nicht Thema dieses Buches sind.[55]

1.2 *al-Ḥukm al-waḍʿiyy*

Allgemein kann dies beschrieben werden als Arten der Beurteilungen Allahs im Zusammenhang mit dem Menschen. Es ist die Festlegung Gottes von einer Sache als Grund (*Sabab*), Bedingung (*Sharṭ*) oder Hindernisgrund (*Māniʿ*) für einen *Ḥukm al-taklīfiyy* (Verlangung oder Freistellung) oder für die Gültigkeit (*Ṣiḥḥah*) einer Handlung oder eines Rechts.

Sind für eine (verlangte) Handlung der Grund (*Sabab*) vorhanden, alle Bedingungen (*Shurūṭ*) erfüllt und Hindernisgründe (*Mawāniʿ*) inexistent, dann ist diese somit von Allah als gültig (*ṣaḥīḥ*) gewertet. Sind eines oder mehrere davon nicht der Fall, so gilt es als (*fāsid* / *bāṭil*) ungültig, nichtig.

Erläuterndes Beispiel:

Der von Allah festgelegte Grund (*Sabab*) für die Verpflichtung zum rituellen Frühgebet ist der Eintritt des Morgengrauens. Als Bedingung (*Sharṭ*) für die Gültigkeit dieses Gebetes hat Allah unter anderem die rituelle Reinheit (in Form von *Wuḍū'* – kleine rituelle Waschung,...) festgelegt, als auch die Inexistenz von einem Hindernisgrund (*Māniʿ*) wie beispielsweise die Menstruation oder das Berauschtsein.

Ist alles von Allah dafür festgelegte gegeben, so hat Er dafür die Gültigkeit (*Ṣiḥḥāh*), hier des Gebetes, festgelegt. Fehlt etwas davon, ist von Ihm die Ungültigkeit (*Fasād* / *Buṭlān*) des Gebetes festgelegt.

Weiter wird zu diesem Themenbereich auch gezählt, wenn Allah eine von der Regelbeurteilung abweichende Erleichterung (*Rukhṣah*) festlegt, aufgrund bestimmter berücksichtigter erschwerender Umstände, wie z. B. die Erlaubnis vom Verzehr von verendetem Tier (*Maytah*) bei akut drohendem Hungertod. Ist keine Erleichterung vorgesehen, so nennt man dies *ʿAzīmah*.

55 Für weitere Details dazu in deutscher Sprache siehe beispielsweise: Amir Zaidan, *Einführung in Usulul-fiqh* (2006); *Usuulul-fiqhi wa qawaa'iduh*, Band 7 aus *Die Islamologische Enzyklopädie* (Wien: IBIZ, 2011).

2 Quellen der Islamrechtsbeurteilungen / islamischen Beurteilungen

(Farben des Bildes oder Bausteine des *Fiqh*)

المَصَادِرُ التَّشْرِيعِيَّةُ لِلْأَحْكَام

Auch bezeichnet als:

Grundlagen der Islamrechtsbeurteilungen – أُصولُ الأحْكَام

Schariabelege – *al-'Adillah al-Shar'iyyah* / الأدلة الشرعية

Einführung

Dieses Kapitel befasst sich mit den legitimen Quellen, um allgemein Allahs Botschaft an die Menschen und speziell Seine praktischen Anleitungen für uns zu ergründen. Dies umfasst zwar auch die zu verinnerlichenden religiösen Überzeugungen (*'Aqā'id*), welche nur direkt aus den Offenbarungsquellen (Koran und *Sunnah*) erfahren werden können. Ein breiteres Spektrum an Quellen findet jedoch im Bereich der praktischen Handlungen (*Fiqh*) Berücksichtigung und stellt einen klassischen Kernbereich des *'Uṣūl al-Fiqh* dar.

Der arabische Fachbegriff dafür „*Dalīl* / دَليل (Pl. *'Adillah* / أَدِلَّة)“ bedeutet sprachlich: „Leiter zu einer Sache, physisch oder sinnhaft, zu Gutem oder Schlechtem“. Fachspezifisch kann *Dalīl* folgendermaßen definiert werden:

»Mit dem, durch dessen rechte Betrachtung eine praktische Schariabeurteilung belegt wird, mit definitiver (*qaṭ'iyy* / قَطْعِي) oder wahrscheinlicher (*ẓanniyy* / ظَنِّي) Sicherheit.«[56]

Aus dieser Definition von Khallāf wird verständlich, dass diese Belege an sich zwar Aufschluss über Gottes Anweisungen geben können, jedoch nur deren korrekte Betrachtung und Analyse auch das Erwünschte preisgibt. Was wieder-

---

56 Khallāf, 20: "ما يستدل بالنظر الصحيح فيه على حكم شرعي عملي على سبيل القطع أو الظن"; vgl. al-Zuḥaylī, I, 402; *Lisān al-'arab* s. v. (دلل).

um bedeutet, dass durch menschliche Fehler in dieser Betrachtung falsche Schlüsse aus den Quellen gezogen werden können, welche nicht dem entsprechen, was Allah bezweckt und von den Menschen möchte. Ferner wird darin auch darauf hingewiesen, dass diese Belege in ihrer Sicherheit (seitens der Authentizität oder Klarheit) unterschiedlich gewiss sind, was im Falle einer Ungewissheit des Beleges nicht selten zu Verständnisunterschieden und Meinungsverschiedenheiten führt. Trotzdem gibt es generell auch in diesen Fällen einen Rahmen für legitime Argumentationen, mögliche Schlüsse und Auslegungen.

Anzumerken ist noch, dass die Schariabelege unter diesem Themenbereich als genereller Beleg (*Dalīl 'idjmāliyy*) im Sinne von allgemeinen legitimen Quellen für Schariabeurteilungen und nicht als spezifischer Beleg (*Dalīl tafṣīliyy*) für einzelne Schariabeurteilungen zu spezifischen Fragestellungen behandelt werden.[57]

Übersicht der allgemein anerkannten und umstrittenen Quellen:

Allgemein anerkannte Schariabelege (grundsätzliche Anordnung nach Priorität):

1) *al-Kitāb* / الكِتاب – der Koran
2) *al-Sunnah* / السُّنَّة – die Aussagen, Handlungen und stillschweigenden Billigungen des Propheten (sas)
3) *al-'Idjmā'* / الإجْماع – Einigung aller *Mudjtahidūn* (zur Ergründung Befähigten) im gleichen Zeitraum, in einer Islamrechtsfrage
4) *al-Qiyās* / القِياس – (Analogiebildung) analogische Übertragung von einer im Text erwähnten Schariabeurteilung (*Ḥukm*) auf eine gleichwertige nicht im Text erwähnte Angelegenheit

Umstrittene Schariabelege:

5) *al-Maṣlaḥah al-mursalah* / المَصْلَحَة المُرْسَلَة – unerwähnter Nutzen / gesicherter Nutzen, welcher von den Schariatexten weder belegt noch negiert wird
6) *al-Istiḥsān* / الإسْتِحْسان – Juristische Präferenz (durch begründete Billigkeit)
7) *Shar' man qablanā* / شَرْعُ مَن قَبْلَنا – *Scharia* der früheren Propheten
8) *Madhhab al-Ṣaḥābī* / مَذْهَبُ الصَّحَابِيِّ – Rechtsmeinung / „Weg“ des (eines) Prophetengefährten (*Ṣaḥābī*)
9) *al-'Urf* / العُرْف – Gewohnheitsrecht
10) *al-Istiṣḥāb* / الإسْتِصْحاب – Annahme der Kontinuität
11) *Sadd al-dharī'ah* / سَدّ الذَّرِيعَة – Unterbindung von Rechtsmissbrauch / Rechtsumgehung

Wie zuvor in der Einführung zum *Ḥukm* angeschnitten, ist Allah der alleinige *Shāri'* / *Ḥākim* (Schariageber), dem man sich alleinig, vollkommen unterwirft

57 Vgl. Sano, 207, 209.

und alleinig dient.[58] Das bedeutet, dass Ihm der alleinige ursprüngliche Gehorsam gebührt, und der Gehorsam anderem gegenüber aus Seiner Anordnung dazu entspringt, egal ob es sich um Schariabelege oder Personen und Institutionen wie Eltern, Verantwortliche oder Vertragspartner handelt.

Im Endeffekt beruht die Legitimität aller Belege auf dem Koran (*Kitāb*), dem Wort Allahs, denn der Koran verpflichtet zum Gehorsam gegenüber der *Sunnah*, und aus diesen beiden, welche die Offenbarung Allahs zur Grundlage haben, entspringt die Legitimität für die weiteren Belege. So wird beispielsweise mit folgendem Vers argumentiert, dass Allah anordnet, Ihm, dem Propheten, dem *'Idjmāʿ* und dem *Qiyās* zu folgen (auch wenn manches davon aus anderen, später angeführten Belegen klarer hervorgeht):

﴿يَٰٓأَيُّهَا ٱلَّذِينَ ءَامَنُوٓا۟ أَطِيعُوا۟ ٱللَّهَ وَأَطِيعُوا۟ ٱلرَّسُولَ وَأُو۟لِى ٱلْأَمْرِ مِنكُمْ ۖ فَإِن تَنَٰزَعْتُمْ فِى شَىْءٍ فَرُدُّوهُ إِلَى ٱللَّهِ وَٱلرَّسُولِ إِن
كُنتُمْ تُؤْمِنُونَ بِٱللَّهِ وَٱلْيَوْمِ ٱلْءَاخِرِ ۚ ذَٰلِكَ خَيْرٌ وَأَحْسَنُ تَأْوِيلًا﴾

﴿O die ihr glaubt, gehorcht Allah und gehorcht dem Gesandten und den Befehlshabern [/ denen die Angelegenheit obliegt] unter euch [/ die mit Autorität betraut worden sind (Asad)]! Wenn ihr miteinander über etwas streitet [/ uneinig seid (Asad)], dann bringt es vor [bringt es zurück zu] Allah und den Gesandten, wenn ihr wirklich an Allah und den Jüngsten Tag glaubt. Das ist am besten und am ehesten ein guter Ausgang.﴾ (4:59)

„gehorcht Allah“: ist *al-Kitāb* (der Koran); „dem Gesandten“: ist die *Sunnah*; „(denen die Angelegenheit obliegt)“: ist in Religionsangelegenheiten die Gesamtheit der *Mudjtahidūn* (die zur Ergründung Befähigten), d. h. *'Idjmāʿ*; „(bringt es zurück zu) Allah und den Gesandten“: bedeutet nach dem Tod des Propheten (sas) auch, dass, wenn es keinen direkten *Ḥukm* (Schariabeurteilung) im *Kitāb* oder der *Sunnah* darüber gibt und man sich deshalb darüber uneins ist, man durch *Qiyās* (Analogiebildung) zu dem Erwähnten den entsprechenden *Ḥukm* ableiten soll.

Im Anschluss folgt die detailliertere Abhandlung und Erläuterung der angeführten Belege mit ihrer Legitimation.

58 Dies fällt unter *Tawḥīd al-'ulūhiyyah* – Allahs Ausschließlichkeit in der Anbetungswürdigkeit und Anbetung.

2.1 *al-Kitāb* (der Koran) / الكِتاب

2.1.1 Definition, Erläuterung und generelle Legitimation als Schariabeleg:

Al-Kitāb bedeutet sprachlich „das Buch", womit ausschließlich der Koran ohne andere frühere Offenbarungsschriften gemeint ist, welcher unter anderem wie folgt beschrieben werden kann:

Die arabischen Worte Allahs, herabgesandt auf Seinen Gesandten Muḥammad (sas), aufgezeichnet im *Muṣḥaf* (in Buchform gebunden), beginnend mit Sure al-Fātiḥah und abschließend mit Sure al-Nās, *mutawātir* (*viellinig*) überliefert, mündlich als auch schriftlich, vor jeglicher Veränderung bewahrt.[59]

Der *Muṣḥaf* ist die gebundene Buchform des Korans, welche unter Anordnung des dritten Kalifen ʿUthmān, aus den bei Ḥafṣah (Prophetengattin und Tochter des zweiten Kalifen ʿUmar) verwahrten Koranschriftblättern übertragen, vervielfältigt und als schriftliches Standardexemplar angefertigt wurde. Unter sunnitischen Muslimen herrscht der Konsens, dass dies den vollständigen, bis heute unveränderten Korantext beinhaltet.[60]

Die mutawātir (viellinige) Überlieferung bildet die Grundlage für die definitive Authentizität des Korans.

Überlieferungen gelten nur dann als definitiv authentisch (*qaṭʿiyy al-thubūt*), wenn diese *mutawātir* (*viellinig*) überliefert sind. Dies bedeutet, dass in deren lückenloser Überlieferungskette (*Sanad*) in jeder Überliefererebene (*Ṭabaqah*) die Anzahl der voneinander unabhängigen Überlieferer so groß ist, dass es gewöhnlich unmöglich ist, dass alle Überlieferer falsch liegen.[61] Die Anzahl der nötigen unabhängigen Überlieferer ist nicht wirklich numerisch festgelegt. Vielmehr ist die maßgebliche Grenze dann erreicht, wenn es gewöhnlich nicht

59 Vgl. al-Djudayʿ, *Taysīr ʿilm ʿuṣūl al-fiqh*, 105-109; Khallāf, 23 f.; Mannāʿ al-Qaṭṭān, *Mabāḥith fī ʿulūm al-qurʾān* (Kairo: Maktabah wahbah, 11. Aufl. 2000), 15 f.

60 Vgl. al-Qaṭṭān, *Mabāḥith fī ʿulūm al-qurʾān*, 124-127. Es existiert heute weltweit auch nur eine Schriftbildversion des Korans. Die unterschiedlichen anerkannten Rezitationsarten (*Qirāʾāt*) stimmen grundsätzlich im Schriftbild (*Rasm*) überein.

61 Vgl. M. ʿAdjdjādj al-Khaṭīb, *ʾUṣūl al-ḥadīth* (Beirut: Dār al-fikr, 1999), 301; ʿAbd Allāh al-Djudayʿ, *Taḥrīr ʿilm al-ḥadīth* (Leeds (GB): Al Juday Research & Consultations, 2003), I, 42 f.; Maḥmūd Ṭaḥḥān, *Taysīr muṣṭalaḥ al-ḥadīth* (Riad: Maktabh al-maʿārif, 9. Aufl. 1996), 19 f.; Ferid Heider, *Einführung in die Hadithwissenschaften* (Berlin, Karlsruhe: DIdI, 2007), 105 ff.

mehr möglich ist, dass die überlieferte Information falsch ist. Als klar veranschaulichendes Beispiel ist mir folgendes in Erinnerung geblieben, von dem mir jedoch die Quelle entfallen ist, das ich aber dennoch erwähnen möchte. Dass der erste Weltkrieg wirklich stattgefunden hat, wissen wir mit definitiver Gewissheit (obwohl die danach Geborenen es nicht selbst wahrgenommen haben), denn die Anzahl der unabhängigen Überlieferer / Zeitzeugen ist so groß, dass es unmöglich ist, dass sie sich irrten oder auf eine Lüge einigten. Alleine auf Grund dieser Tatsache würde kein vernünftiger Mensch behaupten, dass diese Information falsch / nicht authentisch sein könnte. Für diese Gewissheit ist es nicht mehr nötig, die Verlässlichkeit einzelner Überlieferer oder die Vollständigkeit einzelner Überlieferungsketten (*Sanad*) zu überprüfen, was eine reale *Mutawātir*-Überlieferung ausmacht. Diese Art der definitiven Gewissheit der Authentizität ist auch schon bei weniger verbreiteten Informationen erfüllt als dem erwähnten Beispiel und wird generell auch für den Korantext beansprucht. Auch manche Überlieferungen aus der *Sunnah* werden als *Sunnah mutawātirah* bezeichnet (siehe zur näheren Erläuterung S. 60).

Nicht als Koran gelten demnach:

Ḥadīth (autonome Prophetenaussagen), *Ḥadīth qudsiyy* (eingegebene, auf Allah referierte Prophetenaussagen, dem Sinn nach von Allah, jedoch im Wortlaut des Propheten (sas)), denn der Koran stammt im Sinn und Wortlaut von Allah;

Tafsīr (Koranexegesen) und Übersetzungen der Bedeutung in andere Sprachen;

Qirā'āt 'āḥād – Rezitationsarten, welche nicht *mutawātir* (*viellinig*) überliefert sind. Diese werden entweder als *Ḥadīth 'āḥād* (*einzellinige* Überlieferung) behandelt, falls sie verlässlich auf einen Prophetengefährten zurückgehen, oder sie werden als *Tafsīr* dieses Prophetengefährten (also als *Qawl al-Ṣaḥābiyy* / قَوْلُ الصَّحابي – Aussage des Prophetengefährten) behandelt.[62]

Bsp.: Von der Rezitationsart von Ibn Mas'ūd wird überliefert, dass darin in Bezug auf Sühne für einen nicht erfüllten Schwur vorkommt: „[…] der hat drei aufeinander folgende Tage zu fasten – فصيام ثلاثة أيام متتابعات […]“ (Ha, II, 303, # 3091; Dha: s)[63], mit der Beifügung von „aufeinander folgende – متتابعات“ in

62 al-Djuday', *Taysīr 'ilm 'uṣūl al-fiqh*, 106-109; vgl. al-Qaṭṭān, *Mabāḥith fī 'ulūm al-qur'ān*, 16, 18-21.

63 أَخْبَرَنَا أَبُو عَبْدِ اللَّهِ مُحَمَّدُ بْنُ يَعْقُوبَ الْحَافِظُ، ثنا مُحَمَّدُ بْنُ عَبْدِ الْوَهَّابِ بْنِ حَبِيبٍ الْعَبْدِيُّ، ثنا جَعْفَرُ بْنُ عَوْنٍ، أَنْبَأَ أَبُو جَعْفَرٍ الرَّازِيُّ، عَنِ الرَّبِيعِ بْنِ أَنَسٍ، عَنْ أَبِي الْعَالِيَةِ، عَنْ أُبَيِّ بْنِ كَعْبٍ رَضِيَ اللَّهُ عَنْهُ، أَنَّهُ كَانَ " يَقْرَؤُهَا: «فَمَنْ لَمْ يَجِدْ فَصِيَامُ ثَلَاثَةِ أَيَّامٍ مُتَتَابِعَاتٍ» هَذَا حَدِيثٌ صَحِيحُ الْإِسْنَادِ، وَلَمْ يُخَرِّجَاهُ "

Sure (5:89). Dies wird jedoch als *Tafsīr* (Exegese) von Ibn Mas'ūd bewertet, da nicht explizit überliefert wird, dass er dies vom Propheten (sas) hörte.[64]

Generelle Legitimation als Schariabeleg:

Die Legitimation des Korans an sich wird im Allgemeinen damit begründet, dass er direkt von Allah stammt und *mutawātir* (*viellinig*) und somit mit *qaṭ'iyy al-thubūt* (definitiver Authentizität) überliefert ist (siehe vorherigen Abschnitt zur *mutawātir*-Überlieferung). Seine sichere Herkunft von Allah wird vor allem durch die verschiedenen Arten des *'I'djāz* (Unnachahmbarkeit) begründet. Allahs Existenz und Souveränität wird wiederum durch Seine Zeichen (*'Āyāt*) in der Schöpfung und auch im Koran belegt, welche auf Ihn hinweisen und den Verstand und das Herz zu Ihm leiten. Beides wird vor allem in Werken zu *'Aqīdah* (zu verinnerlichende Inhalte der Glaubensüberzeugung) behandelt und ist nicht Thema des hier behandelten Fachbereiches.

2.1.2 Sicherheit des Beleges:

al-Kitāb (der Koran) ist seitens seiner Authentizität zwar definitiv sicher, da er *mutawātir* (*viellinig*) überliefert ist.

Jedoch weist ein Beleg aus dem *Kitāb* nur definitiv sicher auf einen *Ḥukm* (Islamrechtsbeurteilung) hin, wenn der entsprechende Ausdruck auch definitiv sicher (klar) in seiner Bedeutung ist.

Der koranische Text (sowie auch der Text der Sunnah) ist in Hinblick auf seine Sicherheit in der Bedeutung von zweierlei Art:

A) qaṭ'iyy al-Dalālah / قَطْعِيُّ الدَّلَالَة – definitiv sicher in seiner Bedeutung

Dies ist der Fall, wenn ein Ausdruck nicht mehr als eine Bedeutung haben kann und keine andere Auslegung erlaubt, wie z.B. im Vers:

﴿وَلَكُمْ نِصْفُ مَا تَرَكَ أَزْوَاجُكُمْ إِن لَّمْ يَكُن لَّهُنَّ وَلَدٌ ۚ فَإِن كَانَ لَهُنَّ وَلَدٌ فَلَكُمُ الرُّبُعُ مِمَّا تَرَكْنَ ۚ مِن بَعْدِ وَصِيَّةٍ يُوصِينَ بِهَا أَوْ دَيْنٍ [...]﴾

﴿Und euch steht die Hälfte von dem zu, was eure Gattinnen hinterlassen, wenn sie keine Kinder haben. Wenn sie jedoch Kinder haben, dann steht euch ein Viertel von dem zu, was sie hinterlassen. (Das alles) nach (Abzug) eines (etwaigen) Vermächtnisses, das sie festgesetzt haben, oder einer Schuld. [...]﴾ (4:12).

64 Siehe al-Djuday', *Taysīr 'ilm 'uṣūl al-fiqh*, 107.

Das Wort „*niṣf* / نِصْف – Hälfte" ist definitiv klar in seiner Bedeutung und kann nicht mit etwas anderem ausgelegt werden wie: „ein Viertel" oder „zwei Drittel".

Diese definitiv eindeutigen Ausdrücke kommen seltener vor.

B) ẓanniyy al-Dalālah / ظَنِّيُّ الدَّلالة *– Wahrscheinlich sicher in seiner Bedeutung:*

Dies ist der Fall, wenn ein Ausdruck mehr als eine Bedeutung haben kann, auch wenn er in einer Bedeutung vordergründig ist aber eine andere Auslegung erlaubt, was häufig vorkommt.

Beispielsweise deutet im genannten Vers der Ausdruck „*mā* / ما – was eure Frauen hinterlassen haben" an sich vordergründig auf die gesamte Hinterlassenschaft als Berechnungssumme der Hälfte hin. An späterer Stelle im Vers wird jedoch spezifiziert, dass nur der Anteil der Hinterlassenschaft nach Abzug eines Vermächtnisses (*Waṣiyyah*) oder Schulden gemeint ist. Da „*waṣiyyah* / وَصِيَّة – Vermächtnis" im Vers uneingeschränkt erwähnt wurde weist er vordergründig darauf hin, dass ein Vermächtnis jeden Anteils zulässig von der Hinterlassenschaft vermacht und abgezogen werden darf. Es könnte aber auch sein, dass Allah damit nur ein Vermächtnis über einen beschränkten Anteil meint und als zulässig bestimmt (was auch durch die *Sunnah* klargelegt wird).

Diese Aspekte der Textanalyse werden im nächsten Kapitel „Sprachliche *'Uṣūl*-Regeln" ausführlich behandelt.

2.2 *Sunnah* / السُّنَّة – die Worte, Handlungen und Billigungen des Propheten (sas)

2.2.1 Definition

al-Sunnah bedeutet sprachlich: gewohnte Handlungsweise, beständige Art und Weise etwas zu tun, ob gut oder schlecht.[65]

Als Fachbegriff der *'Uṣūl*-Wissenschaft meint man damit:

»**Was vom Propheten** [Muḥammad] **(sas)** [ab seinem Prophetentum] **geäußert wurde außer dem Koran, an Wort (*Qawl* / قول), Handlung (*Fi'l* / فعل) oder stillschweigender Billigung (*Taqrīr* / تقرير)**«.[66]

„Wort (*Qawl*)" bezeichnet die Aussagen von Muḥammad (sas) als Prophet, ab dem Zeitpunkt der ersten Offenbarung, und „Handlung (*Fi'l* / *'Amal*)" seine Handlungen, welche von seinen Gefährten wahrgenommen wurden. „Stillschweigende Billigung (*Taqrīr*)" meint sein als Zustimmung wahrgenommenes Schweigen zu den Äußerungen und Praktiken seiner Gefährten und Gefährtinnen.[67]

Die Aussagen und das Verhalten des Propheten Muḥammad (sas) in Handlung und Billigung ab seinem Prophetentum gelten generell als zweite Quelle zur Ergründung der Botschaft Gottes nach dem Koran, da er als Gesandter mit der gelebten Verkündung der Religion betraut wurde.

An dieser Stelle soll ausdrücklich darauf hingewiesen sein, dass hier die Verwendung des Begriffs „*Sunnah*" nicht mit dessen Verwendung als Fachbegriff des *Fiqh* (Islamrechtswissenschaft) in der Bedeutung von *mandūb* – zur Durchführung Empfohlenes, Erwünschtes verwechselt werden darf. *Sunnah* als zu berücksichtigende Quelle bedeutet weder, dass alles daraus auch empfohlen ist durchzuführen, noch dass sie als Quelle nicht bindend, sondern zu berücksichtigen nur empfohlen ist.

Als Fachbegriff der *Ḥadīth*-Forschung wird *Sunnah* mit einem ausgedehnteren Bezugsrahmen folgendermaßen definiert: »*Sunnah* ist alles, was vom Propheten (sas) überliefert wird an Aussprüchen, Handlungen, stillschweigenden

65 Vgl. s. v. (سنن) *Lisān al-'arab*; *al-Qāmūs al-muḥīṭ*; *al-Miṣbāḥ al-munīr*; al-Djuday', *Taysīr 'ilm 'uṣūl al-fiqh*, 117.

66 al-Djuday', *Taysīr 'ilm 'uṣūl al-fiqh*, 117: "ما صدر عن رسول الله صلى الله عليه وسلم غير القرآن من قول أو فعل أو تقرير"; vgl. Khallāf, 36; al-Zuḥaylī, I, 432.

67 Vgl. Khallāf, 36 f.; al-Zuḥaylī, I, 432.

Bestätigungen (Billigungen), körperlichen und charakterlichen Eigenschaften, und Lebensweg vor und ab seiner Gesandtschaft.«[68]

2.2.2 Generelle Legitimation der *Sunnah* als Schariabeleg – *Ḥudjdjiyyah al-Sunnah* / حجية السنة

2.2.2.1 Belege für die Legitimation der *Sunnah* generell als Schariabeleg:

Wie bereits in der Einführung erwähnt, leitet sich die Legitimation der *Sunnah* als Schariabeleg in erster Linie vom Koran selbst ab.

Anordnung Allahs im Koran zum Gehorsam gegenüber dem Propheten (sas) (der *Sunnah*)

﴿ مَّن يُطِعِ ٱلرَّسُولَ فَقَدۡ أَطَاعَ ٱللَّهَۖ وَمَن تَوَلَّىٰ فَمَآ أَرۡسَلۡنَٰكَ عَلَيۡهِمۡ حَفِيظٗا ﴾

﴿Wer dem Gesandten gehorcht, der gehorcht Allah, und wer sich abkehrt, - so haben Wir dich nicht als Hüter über sie entsandt.﴾ (4:80)

﴿ [...] وَمَآ ءَاتَىٰكُمُ ٱلرَّسُولُ فَخُذُوهُ وَمَا نَهَىٰكُمۡ عَنۡهُ فَٱنتَهُواْ [...] ﴾

﴿[…] Was nun der Gesandte euch gibt, so nehmt; und was er euch untersagt, dessen enthaltet euch. […]﴾ (59:7)

﴿ قُلۡ إِن كُنتُمۡ تُحِبُّونَ ٱللَّهَ فَٱتَّبِعُونِي يُحۡبِبۡكُمُ ٱللَّهُ وَيَغۡفِرۡ لَكُمۡ ذُنُوبَكُمۡۚ وَٱللَّهُ غَفُورٞ رَّحِيمٞ ﴿٣١﴾ قُلۡ أَطِيعُواْ ٱللَّهَ وَٱلرَّسُولَۖ فَإِن تَوَلَّوۡاْ فَإِنَّ ٱللَّهَ لَا يُحِبُّ ٱلۡكَٰفِرِينَ ﴿٣٢﴾ ﴾

﴿Sag: Wenn ihr Allah liebt, dann folgt mir. So liebt euch Allah und vergibt euch eure Sünden. Allah ist Allvergebend und Barmherzig. Sag: Gehorcht Allah und dem Gesandten. Doch wenn sie sich abkehren, so liebt Allah die Ungläubigen nicht.﴾ (3:31,32)

﴿ يَٰٓأَيُّهَا ٱلَّذِينَ ءَامَنُوٓاْ أَطِيعُواْ ٱللَّهَ وَأَطِيعُواْ ٱلرَّسُولَ وَأُوْلِي ٱلۡأَمۡرِ مِنكُمۡۖ فَإِن تَنَٰزَعۡتُمۡ فِي شَيۡءٖ فَرُدُّوهُ إِلَى ٱللَّهِ وَٱلرَّسُولِ إِن كُنتُمۡ تُؤۡمِنُونَ بِٱللَّهِ وَٱلۡيَوۡمِ ٱلۡأٓخِرِۚ ذَٰلِكَ خَيۡرٞ وَأَحۡسَنُ تَأۡوِيلًا ﴾

﴿O die ihr glaubt, gehorcht Allah und gehorcht dem Gesandten […]﴾ (4:59)

---

68 ʿAdjdjādj al-Khaṭīb, 19: "كل ما أثر عن الرسول صلى الله عليه وسلم من قول، أو فعل، أو تقرير، أو صفة خلقية أو خلقية، أو سيرة سواء أكان ذلك قبل البعثة كتحنثه في غار حراء، أم بعدها"; vgl. Mannāʿ al-Qaṭṭān, *Mabāḥith fī ʿulūm al-ḥadīth* (Kairo: Maktabah wahbah, 2001), 15.

Diese Anordnung ist an zahlreichen Stellen im Koran in ähnlichen Formen zu finden.

Die Behauptung, auf Basis des reinen Monotheismus / *Tawḥīd* allein Allah zu folgen und nicht irgendeinem Geschöpf und somit auch nicht dem erschaffenen menschlichen Propheten, hat keine Grundlage. Wie aus den erwähnten Versen klar ersichtlich ist, wird der Gehorsam gegenüber Allah (Seinem Wort im Koran) nicht verwirklicht, ohne Seinem Propheten (der *Sunnah*) gegenüber gehorsam zu sein, da Allah im Koran selbst zum Gehorsam gegenüber dem Propheten (sas) verpflichtet.

ʿ*Iṣmah* / عصمة الأنبياء / Unfehlbarkeit der Propheten (as) im *Dīn* (Religionsangelegenheiten)

Ein weiterer, auch durch den Koran bestätigter Aspekt ist die Unfehlbarkeit des Propheten Muḥammad (sas) und der Propheten (as) allgemein in religionsrelevanten Angelegenheiten im weiten Sinne, zumindest ab ihrer Gesandtschaft.

Da der Prophet (sas) in Religionsangelegenheiten von Allah vor Fehlern bewahrt ist, kann und muss alles, was vom Propheten (sas) diesbezüglich stammt an Wort, Handlung und Billigung, als korrekte Quelle der Religion und der Islamrechtsbeurteilungen im Speziellen angenommen werden.

Ein Absprechen dieser Unfehlbarkeit zielt darauf ab, durch eine Eventualität der Fehlerhaftigkeit des Vorgehens des Propheten (sas), diesem Vorgehen (der *Sunnah*) generell die Verlässlichkeit und somit die Legitimität als Schariabeleg abzusprechen.

Als Beleg für diese Unfehlbarkeit in Religionsangelegenheiten werden meist folgende zwei Verse zitiert:

﴿ وَمَا كَانَ لِنَبِيٍّ أَن يَغُلَّ ۚ وَمَن يَغْلُلْ يَأْتِ بِمَا غَلَّ يَوْمَ ٱلْقِيَـٰمَةِ ۚ ثُمَّ تُوَفَّىٰ كُلُّ نَفْسٍ مَّا كَسَبَتْ وَهُمْ لَا يُظْلَمُونَ ﴾

﴿Und es ist nicht vorstellbar, daß ein Prophet betrügen sollte [»Indem er seine eigene Meinung Gott zuschreibt […]«] – denn wer betrügt, der wird seinem Betrug am Tag der Auferstehung gegenübergestellt werden, da jedem Menschen voll für das zurückgezahlt werden wird, was immer er getan hat, und keinem wird Unrecht geschehen.﴾ (3:161, Übers. und Kommentar: Asad)

﴿ يَـٰٓأَيُّهَا ٱلرَّسُولُ بَلِّغْ مَآ أُنزِلَ إِلَيْكَ مِن رَّبِّكَ ۖ وَإِن لَّمْ تَفْعَلْ فَمَا بَلَّغْتَ رِسَالَتَهُۥ ۚ وَٱللَّهُ يَعْصِمُكَ مِنَ ٱلنَّاسِ ۗ إِنَّ ٱللَّهَ لَا يَهْدِى ٱلْقَوْمَ ٱلْكَـٰفِرِينَ ﴾

﴾O du Gesandter, übermittele, was zu dir (als Offenbarung) von deinem Herrn herabgesandt worden ist! Wenn du es nicht tust, so hast du Seine Botschaft nicht übermittelt. Allah wird dich vor [[od.:] von] den Menschen schützen. Gewiß, Allah leitet das ungläubige Volk nicht recht.﴿ (5:67)

Die Bereiche dieser Unfehlbarkeit bedürfen näherer Unterscheidung und Erläuterung:

- Bewahrung vor bewusstem Ungehorsam gegenüber Allahs Beurteilungen = Sünden jeglicher Art (von *Shirk* bis zu „kleinen" Sünden)
- Bewahrung vor bewussten bei Allah unerwünschten, verpönten Handlungen (*makrūh*)
- Bewahrung vor unkorrigierten unabsichtlichen Fehlern und Fehlverständnis in:
  - der Botschaft (Religion) und ihrer vollständigen Verkündung. Siehe den oben zitierten Vers (5:67).
  - Entscheidungen:

Die Quelle der Entscheidungen der Propheten (sas) sind zweierlei:

1) *Waḥy* / direkte Offenbarung:

﴿ وَمَا يَنطِقُ عَنِ ٱلْهَوَىٰٓ ۝٣ إِنْ هُوَ إِلَّا وَحْىٌ يُوحَىٰ ۝٤ ﴾

﴾und er redet nicht aus (eigener) Neigung. Es ist nur eine Offenbarung, die eingegeben wird.﴿ (53:3-4)

2) *Idjtihād* / eigene geistige Anstrengung zur Beurteilungs- / Entscheidungsfindung:

War die auf eigenem *Idjtihād* des Propheten basierende Entscheidung nicht die bestmögliche Entscheidung, kam unmittelbar die Korrektur durch direkte Offenbarung / *Waḥy* (damit keine Unklarheit über die beste Vorgehensweise besteht).

Bsp.: Als der Prophet (sas), beschäftigt mit der Einladung von Leitern der Götzendiener zum Islam, seinem fragenden blinden Gefährten ʿAbdullāh ibn 'Umm al-Maktūm in diesem Moment keine Aufmerksamkeit schenkte, wurde daraufhin die Korrektur dieses zwar verständlichen aber bei Allah nicht vorzüglichsten Verhaltens als Gotteswort im Koran (80:1-10) offenbart.

Nur durch „Fehler" wie diese (auch wenn sie sehr selten vorkamen), wurde ersichtlich, auf welche beste Art und Weise man sich bei Fehlern verhalten sollte. Der Prophet (sas) suchte keine Ausreden um sich zu rechtfertigen. Er vertuschte den Tadel auch nicht, sondern verkündete auch diese Verse. Er suchte nicht nach Fehlern bei anderen, sondern sah seinen Fehler ein und korrigierte ihn sofort und fortdauernd. Er war nicht ungehalten gegenüber der Person, wegen der er getadelt wurde, sondern brachte ihr fortwährend spezielle Achtung entgegen.[69] Somit liegt darin auch eine Klarlegung der religiös korrekten Vorgehensweise nach einem Irrtum oder Fehlverhalten.

Da diese „Fehler“ aber nicht vorsätzlich / bewusst geschahen, sind sie auf jeden Fall auch nicht als Sünde bewertbar.[70]

Ergab der *Idjtihād* jedoch die bestmögliche (bei Allah korrekte) Entscheidung und sandte Allah daher keine Korrektur herab, so ist das Allahs Bestätigung dieser Vorgehensweise (*taqrīr*) und somit indirekte „Offenbarung“.

- Möglichkeit des Vergessens mit rechtzeitiger Korrektur:

Auch hierin lieg eine Weisheit des Schöpfers, indem Er dadurch das religiös richtige Verhalten bei Vergessen klarlegt.

Bsp.: Als der Prophet (sas) bei einem Gebet mit vier Gebetseinheiten (*Rak'ah*) versehentlich nur zwei betete, fragte ihn Dhū al-yadayn: »„Ist das Gebet verkürzt worden oder hast du vergessen?“ Da sagte der Prophet (sas): {Spricht Dhū al-yadayn Wahres?} Da sagten die Leute: „Ja!“ Da stand der Gesandte Allahs (sas) auf und betete zwei weitere [Gebetseinheiten], dann sprach er den Abschluss-*Salām*, dann warf er sich zwei Mal wie bei seiner Niederwerfung (*Sudjūd*) nieder oder länger.« (Bu, I, 144, # 714).[71]

---

69 Vgl. Ti, V, 432, # 3331 / Alb: ′isnād ṣaḥīḥ; gleichartig bei IHi, II, 293, #535: s / Arn: ′isnād ṣaḥīḥ; und Ha, III, 735, # 6671: s; Musnad ′Abī Ya'lā, V, 431, # 3123.
سنن الترمذي:
عن عائشة قالت : أنزل { عبس وتولى } في ابن أم مكتوم الأعمى أتى رسول الله صلى الله عليه وسلم فجعل يقول يا رسول الله أرشدني وعند رسول الله صلى الله عليه وسلم رجل من عظماء المشركين فجعل رسول الله صلى الله عليه وسلم يعرض عنه ويقبل على الآخر ويقول أترى بما تقول بأسا فيقال لا ففي هذا أنزل
مسند أبي يعلى:
عن قتادة [عن أنس رضي الله عنه] : في قوله { عبس وتولى } [عبس : 1] جاء ابن أم مكتوم إلى النبي صلى الله عليه وسلم وهو يكلم أبي بن خلف فأعرض عنه فأنزل الله { عبس وتولى } قال : فكان النبي صلى الله عليه وسلم بعد ذلك يكرمه

70 Vgl. Koran (2:286) und (33:5):
﴿ [...] وَلَيْسَ عَلَيْكُمْ جُنَاحٌ فِيمَآ أَخْطَأْتُم بِهِۦ وَلَٰكِن مَّا تَعَمَّدَتْ قُلُوبُكُمْ ۚ وَكَانَ ٱللَّهُ غَفُورًا رَّحِيمًا ﴾

71 Vgl. Bu, I, 144, # 714, und ähnlich an weiteren Stellen; Mu, I, 404, # 573:
صحيح البخاري:
عَنْ أَبِي هُرَيْرَةَ: أَنَّ رَسُولَ اللَّهِ صَلَّى اللهُ عَلَيْهِ وَسَلَّمَ انْصَرَفَ مِنَ اثْنَتَيْنِ، فَقَالَ لَهُ ذُو اليَدَيْنِ: أَقَصُرَتِ الصَّلاَةُ، أَمْ نَسِيتَ يَا رَسُولَ اللَّهِ؟ فَقَالَ رَسُولُ اللَّهِ صَلَّى اللهُ عَلَيْهِ وَسَلَّمَ: «أَصَدَقَ ذُو اليَدَيْنِ» فَقَالَ النَّاسُ: نَعَمْ، فَقَامَ رَسُولُ اللَّهِ صَلَّى اللهُ عَلَيْهِ وَسَلَّمَ، فَصَلَّى اثْنَتَيْنِ أُخْرَيَيْنِ، ثُمَّ سَلَّمَ، ثُمَّ كَبَّرَ، فَسَجَدَ مِثْلَ سُجُودِهِ أَوْ أَطْوَلَ
Mu, I, 402, # 572: عَنْ عَبْدِ اللَّهِ قَالَ صَلَّى بِنَا رَسُولُ اللَّهِ صَلَّى اللَّهُ عَلَيْهِ وَسَلَّمَ خَمْسًا فَقُلْنَا يَا رَسُولَ اللَّهِ أَزِيدَ فِي الصَّلَاةِ قَالَ وَمَا ذَاكَ قَالُوا صَلَّيْتَ خَمْسًا قَالَ إِنَّمَا أَنَا بَشَرٌ مِثْلُكُمْ أَذْكُرُ كَمَا تَذْكُرُونَ وَأَنْسَى كَمَا تَنْسَوْنَ ثُمَّ سَجَدَ سَجْدَتَيْ السَّهْوِ

Auch aus diesem und ähnlichen Fällen des Vergessens lernt man, wie man sich dann richtig verhalten und das Gebet korrigieren kann.

- Möglichkeit von Unwissenheit und Fehlverständnis in manchen rein diesseitsbezogenen Fragestellungen ohne religiöse Relevanz:

Bsp.: Als der Prophet (sas) in Medina Dattelbauern sah, wie sie am Stamm hochkletterten um die weiblichen Dattelpalmen zu bestäuben, sagte er verwundert darüber: {Ich denke nicht, dass dies etwas bringt.} Daraufhin unterließen sie dies und fuhren eine schlechte Ernte ein. Der Prophet (sas) merkte dann an: {Ich drückte eine Vermutung aus, so haltet mir nicht die Vermutung vor. Aber wenn ich euch über Allah etwas berichte, so nehmt es [an], denn wahrlich, ich sage nichts Unwahres über Allah, erhaben und gewaltig ist Er.} In einer weiteren Überlieferung sagt er auch: {Ihr kennt euch besser in euren (rein) diesseitigen Angelegenheiten aus}.[72]

Der Großteil der sunnitischen Gelehrten erachtet diese beschriebene Unfehlbarkeit der Propheten (as) nicht erst ab ihrer Gesandtschaft sondern auch schon davor als gültig.

Im Koran und in der *Sunnah* erwähnte offenbare Fehler der Propheten (as) fallen entweder in den Bereich von Vergesslichkeit oder unabsichtlichem Fehler im *Idjtihād* eines Propheten, mit nachträglicher Klarlegung des Fehlers durch Allah. In jedem Fall ist es aber vor Allah keine eigentliche Sünde, da nicht vorsätzlich falsch gehandelt wurde.

Quelle der *Sunnah* ist *Waḥy* – Offenbarung, direkt oder indirekt

Wie bereits unter *'Iṣmah* / Unfehlbarkeit erwähnt, sind die Grundlagen, auf welchen der Prophet (sas) seine Aussagen, Handlungen und Billigungen aufbaut von zweierlei Art.

Entweder ihre Grundlage ist - ähnlich dem Koran - auch direkte Offenbarung (*Waḥy*) von Gott in ihren unterschiedlichen Formen, wie durch Inspiration (*'Ilhām*), wahrhaftige Träume (*Ru'yah ṣādiqah*), Anweisung eines ihm erscheinenden Botenengels oder auch direkte Gottesrede (*Kalām warā' ḥidjāb*), oder

72 Mu, IV, 1835, # 2361: عَنْ مُوسَى بْنِ طَلْحَةَ، عَنْ أَبِيهِ، قَالَ: مَرَرْتُ مَعَ رَسُولِ اللهِ صَلَّى اللهُ عَلَيْهِ وَسَلَّمَ بِقَوْمٍ عَلَى رُءُوسِ النَّخْلِ، فَقَالَ: «مَا يَصْنَعُ هَؤُلَاءِ؟» فَقَالُوا: يُلَقِّحُونَهُ، يَجْعَلُونَ الذَّكَرَ فِي الْأُنْثَى فَيَلْقَحُ، فَقَالَ رَسُولُ اللهِ صَلَّى اللهُ عَلَيْهِ وَسَلَّمَ: «مَا أَظُنُّ يُغْنِي ذَلِكَ شَيْئًا» قَالَ فَأُخْبِرُوا بِذَلِكَ فَتَرَكُوهُ، فَأُخْبِرَ رَسُولُ اللهِ صَلَّى اللهُ عَلَيْهِ وَسَلَّمَ بِذَلِكَ فَقَالَ: «إِنْ كَانَ يَنْفَعُهُمْ ذَلِكَ فَلْيَصْنَعُوهُ، فَإِنِّي إِنَّمَا ظَنَنْتُ ظَنًّا، فَلَا تُؤَاخِذُونِي بِالظَّنِّ، وَلَكِنْ إِذَا حَدَّثْتُكُمْ عَنِ اللهِ شَيْئًا، فَخُذُوا بِهِ، فَإِنِّي لَنْ أَكْذِبَ عَلَى اللهِ عَزَّ وَجَلَّ»

Mu, IV, 1836, # 2363: عَنْ عَائِشَةَ، وَعَنْ ثَابِتٍ، عَنْ أَنَسٍ، أَنَّ النَّبِيَّ صَلَّى اللهُ عَلَيْهِ وَسَلَّمَ مَرَّ بِقَوْمٍ يُلَقِّحُونَ، فَقَالَ: «لَوْ لَمْ تَفْعَلُوا لَصَلُحَ» قَالَ: فَخَرَجَ شِيصًا، فَمَرَّ بِهِمْ فَقَالَ: «مَا لِنَخْلِكُمْ؟» قَالُوا: قُلْتَ كَذَا وَكَذَا، قَالَ: «أَنْتُمْ أَعْلَمُ بِأَمْرِ دُنْيَاكُمْ»

aber sie entspringen den eigenen geistigen Anstrengungen / Überlegungen (*Idjtihād*) des Propheten (sas) zum Textverständnis oder zur Wahl der besten Vorgangsweise, ohne eine direkte Offenbarung als Grundlage zu haben. Beides wird jedoch in Religionsangelegenheiten letztendlich als bindende direkte oder indirekte Offenbarungsquelle erachtet, denn sollte der Prophet (sas) nicht die bestmögliche Vorgangsweise gewählt haben, dann kommt unverzüglich die korrigierende Offenbarung Gottes, um nicht Fehlschlüsse zuzulassen. Aber selbst diese nicht vorsätzlichen „Fehler" lässt Allah den Propheten (sas) aus speziellen Weisheiten dahinter begehen, wie beispielsweise durch „Fehler" des Propheten (sas) im Gemeinschaftsgebet[73] gezeigt wurde, wie man sich bei Fehlern im Gebet verhält und wie man diese korrigiert. Erfolgt jedoch keine Korrektur seitens der direkten Offenbarung Allahs, dann wird dies als Seine stillschweigende Bestätigung (*taqrīr*) zur Vorgangsweise des Propheten und somit indirekte Bestätigung der Offenbarung gewertet.[74]

Dieser direkte oder indirekte Offenbarungsursprung der *Sunnah* wird unter anderem mit folgendem belegt:

﴿ وَمَا يَنطِقُ عَنِ ٱلْهَوَىٰٓ ۝٣ إِنْ هُوَ إِلَّا وَحْىٌ يُوحَىٰ ۝٤ ﴾

﴾und er redet nicht aus (eigener) Neigung. Es ist nur eine Offenbarung, die eingegeben wird.﴿ (53:3-4)

﴿ وَلَوْ تَقَوَّلَ عَلَيْنَا بَعْضَ ٱلْأَقَاوِيلِ ۝٤٤ لَأَخَذْنَا مِنْهُ بِٱلْيَمِينِ ۝٤٥ ثُمَّ لَقَطَعْنَا مِنْهُ ٱلْوَتِينَ ۝٤٦ ﴾

﴾Und wenn er sich gegen Uns einige Aussprüche selbst ausgedacht hätte, hätten Wir ihn sicherlich an der Rechten gefaßt und ihm hierauf sicherlich die Herzader [durchtrennt]﴿ (69:44-46)

Al-Miqdām berichtete vom Propheten (sas), dass dieser sagte: »{Ist es nicht so?! Gewiss wurde mir das Buch [der Koran] und gleichartiges mit ihm [die *Sunnah*] gegeben. Es wird (bald) sein, dass ein Mann satt(gegessen) in seinem Sofa sitzt und sagt: „Ihr müsst euch an diesen Koran halten. Was ihr darin an Erlaubtem

73 Wie beispielsweise ersichtlich aus der Überlieferung bei Bukhārī (I, 144, # 714) über die fehlerhafte, irrtümliche und unabsichtliche Beendigung eines Gebetes von vier Gebetsabschnitten nach dem zweiten Gebetsabschnitt:
عَنْ أَبِي هُرَيْرَةَ: أَنَّ رَسُولَ اللَّهِ صَلَّى اللهُ عَلَيْهِ وَسَلَّمَ انْصَرَفَ مِنَ اثْنَتَيْنِ، فَقَالَ لَهُ ذُو اليَدَيْنِ: أَقَصُرَتِ الصَّلاَةُ، أَمْ نَسِيتَ يَا رَسُولَ اللَّهِ؟ فَقَالَ رَسُولُ اللَّهِ صَلَّى اللهُ عَلَيْهِ وَسَلَّمَ: «أَصَدَقَ ذُو اليَدَيْنِ» فَقَالَ النَّاسُ: نَعَمْ، فَقَامَ رَسُولُ اللَّهِ صَلَّى اللهُ عَلَيْهِ وَسَلَّمَ، فَصَلَّى اثْنَتَيْنِ أُخْرَيَيْنِ، ثُمَّ سَلَّمَ، ثُمَّ كَبَّرَ، فَسَجَدَ مِثْلَ سُجُودِهِ أَوْ أَطْوَلَ

74 Vgl. ʿAbd al-Khāliq, 145-160, 216-218.

findet, so nehmt es als erlaubt, und was ihr darin an Verwehrtem findet, so nehmt es als verwehrt.“ […]}«.[75]

In dieser Überlieferung sagt der Prophet (sas) explizit, dass ihm mit dem Koran Gleichartiges gegeben wurde, mit dem er auf die *Sunnah* hinweist. Das bedeutet erstens, dass diese *Sunnah* ihm ebenfalls wie der Koran durch *Waḥy* / Eingebung von Allah zuteilwurde („gegeben“ wurde), und zweitens, dass diese *Sunnah* „gleichartig“ wie der Koran auch des *Waḥy* / der Eingebung von Allah entstammt. Zusätzlich weist der Prophet (sas) hier warnend hin, auf die später auftauchende Zurückweisung der *Sunnah* mit dem Vorwand, sich einzig an den Koran zu halten.

Notwendigkeit der näheren Erläuterung des Korans

﴿ وَمَآ أَرۡسَلۡنَا مِن قَبۡلِكَ إِلَّا رِجَالٗا نُّوحِيٓ إِلَيۡهِمۡۚ فَسۡـَٔلُوٓاْ أَهۡلَ ٱلذِّكۡرِ إِن كُنتُمۡ لَا تَعۡلَمُونَ ﴿٤٣﴾ بِٱلۡبَيِّنَٰتِ وَٱلزُّبُرِۗ وَأَنزَلۡنَآ إِلَيۡكَ ٱلذِّكۡرَ لِتُبَيِّنَ لِلنَّاسِ مَا نُزِّلَ إِلَيۡهِمۡ وَلَعَلَّهُمۡ يَتَفَكَّرُونَ ﴿٤٤﴾ ﴾

﴾(Wir haben sie gesandt) mit den klaren Beweisen und den Büchern der Weisheit. Und Wir haben zu dir die Ermahnung hinabgesandt, damit du den Menschen klar machst, was ihnen offenbart worden ist, und auf daß sie nachdenken mögen.﴿ (16:44)

Al-Dhikr – die hinabgesandte Ermahnung ist die *Sunnah*, welche der Klärung des Offenbarten (des Korans) dient. Somit ist nicht nur die Quelle der *Sunnah* auch Eingebung (Hinabsendung) von Allah, sondern dient auch vorrangig der Erläuterung des Korans.

Der genannte Vers wird häufig mit dieser Auslegung angeführt, obwohl er auch gut in anderer Bedeutung ausgelegt werden kann. Demnach kann das zuerst erwähnte Hinabgesandte den Koran meinen, welcher die Klärung des danach Erwähnten, früher Offenbarten (Offenbarungsschriften früherer Propheten) darstellt.

Abgesehen von den unterschiedlichen Interpretationsmöglichkeiten des Verses weist die Realität auf die Notwendigkeit der Erläuterung des Korans durch den Propheten (sas) hin.

---

75 AD, IV, 200, # 4604 / Alb: ṣaḥīḥ; gleichartig bei: Ah, IV, 130, # 17213 / Arn: ʿisnād ṣaḥīḥ.
سنن أبي داود:
عَنِ الْمِقْدَامِ بْنِ مَعْدِي كَرِبَ عَنْ رَسُولِ اللَّهِ صَلَّى اللهُ عَلَيْهِ وَسَلَّمَ أَنَّهُ قَالَ: «أَلَا إِنِّي أُوتِيتُ الْكِتَابَ، وَمِثْلَهُ مَعَهُ أَلَا يُوشِكُ رَجُلٌ شَبْعَانُ عَلَى أَرِيكَتِهِ يَقُولُ عَلَيْكُمْ بِهَذَا الْقُرْآنِ فَمَا وَجَدْتُمْ فِيهِ مِنْ حَلَالٍ فَأَحِلُّوهُ، وَمَا وَجَدْتُمْ فِيهِ مِنْ حَرَامٍ فَحَرِّمُوهُ، أَلَا لَا يَحِلُّ لَكُمْ لَحْمُ الْحِمَارِ الْأَهْلِيِّ، وَلَا كُلُّ ذِي نَابٍ مِنَ السَّبُعِ، وَلَا لُقَطَةُ مُعَاهِدٍ، إِلَّا أَنْ يَسْتَغْنِيَ عَنْهَا صَاحِبُهَا، وَمَنْ نَزَلَ بِقَوْمٍ فَعَلَيْهِمْ أَنْ يَقْرُوهُ فَإِنْ لَمْ يَقْرُوهُ فَلَهُ أَنْ يُعْقِبَهُمْ بِمِثْلِ قِرَاهُ»

Viele der Gebote im Koran sind nur generell formuliert dargestellt, ohne die nötigen Details zur praktischen Durchführung dieser Gebote klarzulegen. Dies würde auch den Rahmen sprengen. Die nötigen Details dazu werden hauptsächlich durch die *Sunnah* des Propheten (sas) geliefert, welcher von Allah mit der Klarlegung des Korans beauftragt wurde.

So erklärt die *Sunnah* die genaue Form, Zeit, Art und Weise, in welcher das im Koran vorgeschriebene Gebet oder die im Koran vorgeschriebene Pilgerfahrt verrichtet werden muss.

Zum Zweck der näheren Erläuterung des Korans bedarf es somit der *Sunnah.*

2.2.2.2 Einwände gegen die Legitimation der *Sunnah* generell als Schariabeleg und deren Widerlegung:

1. *Einwand: Der Koran umfasst und erklärt alles vollständig, weshalb die Sunnah überflüssig ist.*

Hierfür wird vor allem mit den folgenden Versen argumentiert:

﴿وَمَا مِن دَآبَّةٍ فِي ٱلۡأَرۡضِ وَلَا طَٰٓئِرٖ يَطِيرُ بِجَنَاحَيۡهِ إِلَّآ أُمَمٌ أَمۡثَالُكُمۚ مَّا فَرَّطۡنَا فِي ٱلۡكِتَٰبِ مِن شَيۡءٖۚ ثُمَّ إِلَىٰ رَبِّهِمۡ يُحۡشَرُونَ﴾

❰Es gibt kein Tier auf der Erde und keinen Vogel, der mit seinen Flügeln fliegt, die nicht Gemeinschaften wären gleich euch. Wir haben im Buch nichts vernachlässigt. […]❱ (6:38)

﴿وَيَوۡمَ نَبۡعَثُ فِي كُلِّ أُمَّةٖ شَهِيدًا عَلَيۡهِم مِّنۡ أَنفُسِهِمۡۖ وَجِئۡنَا بِكَ شَهِيدًا عَلَىٰ هَٰٓؤُلَآءِۚ وَنَزَّلۡنَا عَلَيۡكَ ٱلۡكِتَٰبَ تِبۡيَٰنٗا لِّكُلِّ شَيۡءٖ وَهُدٗى وَرَحۡمَةٗ وَبُشۡرَىٰ لِلۡمُسۡلِمِينَ﴾

❰[…] Und Wir haben dir das Buch offenbart als klare Darlegung von allem und als Rechtleitung, Barmherzigkeit und frohe Botschaft für die (Allah) Ergebenen.❱ (16:89)

Mit der umfassenden Klarlegung im Koran und dem „nichts darin vernachlässigt" zu haben, ist klarerweise nicht gemeint, dass alle einzelnen Fragen der Menschheit bis zum Jüngsten Tag darin spezielle Erwähnung und Klärung finden, selbst wenn es im Vers umfassend formuliert ist.

Hierin geht es zum einen um die wesentlichen Fragen der Menschen, um Friede und Erfolg im Diesseits und Jenseits zu erlangen, um Aspekte der Religion im weiten Sinne.

Zum anderen umfasst der Koran einen kompletten Leitfaden für die Menschen, um all ihre nötigen Fragen zu lösen, indem er erstens die Grundlagen der Religion, der erfolgreichen Lebensweise klarlegt, und zweitens auf die weiteren Lösungsquellen verweist, denen es sich zu bedienen gilt, wie durch die koranische Anordnung zum Gehorsam gegenüber dem Propheten (sas) (der *Sunnah*), dessen Aufgabe auch die Erklärung des Korans ist, und durch all die anderen Schariabelege und Vorgehenskonzepte, welche sich aus beiden ergeben.[76]

2. *Einwand: Der Prophet (sas) untersagte seine Aussagen niederzuschreiben – wäre die Sunnah ein legitimer / zu berücksichtigender Beleg, so hätte er angeordnet sie aufzuschreiben.*

Hierfür wird vor allem mit den folgenden Überlieferungen oder besser gesagt deren Anfangspassagen argumentiert:

'Abū Saʿīd al-Khudrī berichtet, »dass der Gesandte Allahs (sas) sagte: {Schreibt nicht von mir [Worte, ...] auf. Und wer von mir etwas aufgeschrieben hat außer dem Koran, so lösche er es. Und berichtet (mündlich) von mir, dagegen ist nichts einzuwenden, und wer über mich absichtlich Unwahres erzählt [...], so soll er seinen Platz im Feuer einnehmen.}«[77]

(Aus dieser Überlieferung wird mit dem ersten Teil als Einwand gegen die *Sunnah* argumentiert, ohne den darauf folgenden Teil der Aussage zu berücksichtigen.)

'Abū Hurayrah berichtet: »Wir sind [eines Tages] gesessen und haben geschrieben was wir vom Propheten (sas) gehört haben. Da kam er zu uns heraus und sagte: {Was ist das, was ihr schreibt?} So sagten wir: „Was wir von dir hören." Da sagte er: {Schreibt das Buch Allahs auf und schreibt es rein [ohne einen anderen Text (dazu)]. Eine Niederschrift außer der Niederschrift des Korans? Schreibt das Buch Allahs rein (oder ausschließlich) [ohne einen anderen Text (dazu).]}« Er sagte: »So gaben wir was wir geschrieben hatten zu einem Haufen zusammen, und dann verbrannten wir es [wörtl.: mit Feuer]. Wir sagten: „O Gesandter Allahs, können wir von dir (mündlich) berichten?" Er sagte: „Ja, berichtet (mündlich) von mir, dagegen ist nichts einzuwenden, und wer über mich ab-

---

76 Vgl. Muṣṭafā al-Sibāʿī, *al-Sunnah wa makānatu-hā fī al-tashrīʿ al-'islāmiyy* (Beirut: al-Maktab al-'islāmiyy, 4. Aufl. 1985), 155 f; ʿAbd al-Ghanī ʿAbd al-Khāliq, *Ḥudjdjiyyah al-sunnah* (Herndon (U.S.A.): IIIT, 3. Aufl. 1997), 384-389: Die durch den Kontext unterstützte vordergründige Auslegung von „Buch" im ersten Vers ist nach ʿAbd al-Khāliq der Hinweis auf *„al-Lawḥ al-maḥfūẓ"*.

77 Mu, IV, 2298, # 3004: عَنْ أَبِي سَعِيدٍ الْخُدْرِيِّ، أَنَّ رَسُولَ اللهِ صَلَّى اللهُ عَلَيْهِ وَسَلَّمَ قَالَ: " لَا تَكْتُبُوا عَنِّي، وَمَنْ كَتَبَ عَنِّي غَيْرَ الْقُرْآنِ فَلْيَمْحُهُ، وَحَدِّثُوا عَنِّي، وَلَا حَرَجَ، وَمَنْ كَذَبَ عَلَيَّ - قَالَ هَمَّامٌ: أَحْسِبُهُ قَالَ - مُتَعَمِّدًا فَلْيَتَبَوَّأْ مَقْعَدَهُ مِنَ النَّارِ"

sichtlich Unwahres erzählt […], so soll er seinen Platz im Feuer einnehmen.} […]«.[78]

Weitere relevante Überlieferungen zur Thematik:

- Anordnung zur Weiterverkündung der *'Aḥādīth*:

Zusätzlich zur allgemeinen Aufforderung zum mündlichen Berichten über die *Sunnah* in den vorherigen zwei Überlieferungen sind noch explizitere Aufforderungen und Anordnungen dazu in weiteren Überlieferungen zu finden.

Nach einer Überlieferung von Ibn 'Abī Bakrahs Vater sagte der Prophet (sas) nach seinen lehrenden Worten zum Tag des Opferns: »Der Anwesende überbringe [od. muss überbringen] dem Abwesenden [das Gesagte]. Vielleicht überbringt der Anwesende jemandem [das Gesagte], der achtsamer (od. verständiger) dem [Gesagten] gegenüber ist als er.}«[79]

Im Bericht von Ibn ʿAbbās überlieferte dieser, dass der Prophet (sas) nach seiner Belehrung der Delegation von ʿAbd al-Qays zu ihnen sagte: »{Merkt euch dies[e Lehren] und überbringt es den Leuten eures Stammes (wörtl.: wer hinter euch ist).}«[80]

- Anordnung zum Schreiben von *'Aḥādīth*:

Zusätzlich zur allgemeinen Aufforderung, die *Sunnah* zu erlernen und mündlich weiterzugeben, gibt es auch andere explizite Überlieferungen, in denen der Pro-

---

78 Ah, XVII, 156 f., # 11092 / Arn: ṣaḥīḥ: عَنْ أَبِي هُرَيْرَةَ، قَالَ: كُنَّا قُعُودًا نَكْتُبُ مَا نَسْمَعُ مِنَ النَّبِيِّ صَلَّى اللهُ عَلَيْهِ وَسَلَّمَ فَخَرَجَ عَلَيْنَا، فَقَالَ: " مَا هَذَا تَكْتُبُونَ؟ " فَقُلْنَا: مَا نَسْمَعُ مِنْكَ، فَقَالَ: " أَكِتَابٌ مَعَ كِتَابِ اللهِ؟ " فَقُلْنَا: مَا نَسْمَعُ، فَقَالَ: " أَكِتَابٌ غَيْرُ كِتَابِ اللهِ امْحِضُوا كِتَابَ اللهِ (1) ، وَأَخْلِصُوهُ " (2) قَالَ: فَجَمَعْنَا مَا كَتَبْنَا فِي صَعِيدٍ وَاحِدٍ، ثُمَّ أَحْرَقْنَاهُ بِالنَّارِ، قُلْنَا: أَيْ رَسُولَ اللهِ صَلَّى اللهُ عَلَيْهِ وَسَلَّمَ أَنَتَحَدَّثُ عَنْكَ؟ قَالَ: " نَعَمْ تَحَدَّثُوا عَنِّي وَلَا حَرَجَ، وَمَنْ كَذَبَ عَلَيَّ مُتَعَمِّدًا فَلْيَتَبَوَّأْ مَقْعَدَهُ مِنَ النَّارِ " قَالَ: فَقُلْنَا: يَا (3) رَسُولَ اللهِ أَنَتَحَدَّثُ عَنْ بَنِي إِسْرَائِيلَ؟ قَالَ: " نَعَمْ، تَحَدَّثُوا عَنْ بَنِي إِسْرَائِيلَ وَلَا حَرَجَ، فَإِنَّكُمْ لَا تَحَدَّثُونَ عَنْهُمْ بِشَيْءٍ إِلَّا وَقَدْ كَانَ فِيهِمْ أَعْجَبَ مِنْهُ " (4)

79 Bu: I, 24, # 67: عَنْ عَبْدِ الرَّحْمَنِ بْنِ أَبِي بَكْرَةَ، عَنْ أَبِيهِ، ذَكَرَ النَّبِيَّ صَلَّى اللهُ عَلَيْهِ وَسَلَّمَ قَعَدَ عَلَى بَعِيرِهِ، وَأَمْسَكَ إِنْسَانٌ بِخِطَامِهِ - أَوْ بِزِمَامِهِ - قَالَ: «أَيُّ يَوْمٍ هَذَا»، فَسَكَتْنَا حَتَّى ظَنَنَّا أَنَّهُ سَيُسَمِّيهِ سِوَى اسْمِهِ، قَالَ: «أَلَيْسَ يَوْمَ النَّحْرِ» قُلْنَا: بَلَى، قَالَ: «فَأَيُّ شَهْرٍ هَذَا» فَسَكَتْنَا حَتَّى ظَنَنَّا أَنَّهُ سَيُسَمِّيهِ بِغَيْرِ اسْمِهِ، فَقَالَ: «أَلَيْسَ بِذِي الحِجَّةِ» قُلْنَا: بَلَى، قَالَ: «فَإِنَّ دِمَاءَكُمْ، وَأَمْوَالَكُمْ، وَأَعْرَاضَكُمْ، بَيْنَكُمْ حَرَامٌ، كَحُرْمَةِ يَوْمِكُمْ هَذَا، فِي شَهْرِكُمْ هَذَا، فِي بَلَدِكُمْ هَذَا، لِيُبَلِّغِ الشَّاهِدُ الغَائِبَ، فَإِنَّ الشَّاهِدَ عَسَى أَنْ يُبَلِّغَ مَنْ هُوَ أَوْعَى لَهُ مِنْهُ»

80 Bu, IX, 90, # 7266: عَنْ أَبِي جَمْرَةَ، قَالَ: كَانَ ابْنُ عَبَّاسٍ يُقْعِدُنِي عَلَى سَرِيرِهِ، فَقَالَ لِي: إِنَّ وَفْدَ عَبْدِ القَيْسِ لَمَّا أَتَوْا رَسُولَ اللَّهِ صَلَّى اللهُ عَلَيْهِ وَسَلَّمَ قَالَ: «مَنِ الوَفْدُ؟»، قَالُوا: رَبِيعَةُ، قَالَ: «مَرْحَبًا بِالوَفْدِ - أَوِ القَوْمِ - غَيْرَ خَزَايَا وَلاَ نَدَامَى»، قَالُوا: يَا رَسُولَ اللَّهِ، إِنَّ بَيْنَنَا وَبَيْنَكَ كُفَّارَ مُضَرَ، فَمُرْنَا بِأَمْرٍ نَدْخُلُ بِهِ الجَنَّةَ وَنُخْبِرُ بِهِ مَنْ وَرَاءَنَا، فَسَأَلُوا عَنِ الأَشْرِبَةِ، فَنَهَاهُمْ عَنْ أَرْبَعٍ، وَأَمَرَهُمْ بِأَرْبَعٍ، أَمَرَهُمْ: بِالإِيمَانِ بِاللَّهِ، قَالَ: «هَلْ تَدْرُونَ مَا الإِيمَانُ بِاللَّهِ؟»، قَالُوا: اللَّهُ وَرَسُولُهُ أَعْلَمُ، قَالَ: «شَهَادَةُ أَنْ لاَ إِلَهَ إِلَّا اللَّهُ وَحْدَهُ لاَ شَرِيكَ لَهُ، وَأَنَّ مُحَمَّدًا رَسُولُ اللَّهِ، وَإِقَامُ الصَّلاَةِ، وَإِيتَاءُ الزَّكَاةِ، - وَأَظُنُّ فِيهِ صِيَامُ رَمَضَانَ - وَتُؤْتُوا مِنَ المَغَانِمِ الخُمُسَ» وَنَهَاهُمْ عَنْ: الدُّبَّاءِ، وَالحَنْتَمِ، وَالمُزَفَّتِ، وَالنَّقِيرِ، وَرُبَّمَا قَالَ: «المُقَيَّرِ»، قَالَ: «احْفَظُوهُنَّ وَأَبْلِغُوهُنَّ مَنْ وَرَاءَكُمْ»

phet (sas) auch die Niederschrift der *Sunnah* billigt und sogar in manchen Fällen anordnet.

In einem Bericht von ′Abū Hurayrah erwähnt dieser, dass der Prophet (sas) nach der Eröffnung[81] von Mekka dort lehrend eine Ansprache hielt, und ein Mann aus dem Jemen, welcher ′Abū Shāh genannt wurde, sagte: »„Schreibt mir auf [was du gesagt hast] oh Gesandter Allahs.“ Da sagte der Gesandte Allahs (sas): {Schreibt auf für ′Abū Shāh.}«[82]

»ʿAbdullāh Ibn ʿAmr sagte: „Ich pflegte alles, was ich gehört hatte vom Gesandten Allahs (sas), niederzuschreiben und wollte es auswendig lernen [bewahren]. Da hinderten mich [die Leute] der Quraysh daran und sagten: ‚Schreibst du alles auf, was du hörst, [obwohl] der Gesandte Allahs (sas) ein Mensch ist, der [sowohl] in Wutsituation und [wie auch in] Zufriedenheit spricht?‘ Da hörte ich auf mit der Niederschrift. So erwähnte ich dies dem Gesandten Allahs (sas). Da deutete er mit seinem Finger auf seinen Mund und sagte: {Schreib [weiter auf], denn bei Dem, in dessen Hand meine Seele ist, es kommt nichts aus ihm [meinem Mund] heraus als die Wahrheit.}“«[83]

---

81 *Fatḥ Makkah*: man spricht von der Eröffnung, da Mekka durch die (kampflose) Eroberung für den Islam „eröffnet“ wurde und dieser dort frei angenommen und ohne Unterdrückung gelebt werden konnte.

82 Bu, III, 125, # 2434: حَدَّثَنِي أَبُو هُرَيْرَةَ رَضِيَ اللَّهُ عَنْهُ، قَالَ: لَمَّا فَتَحَ اللَّهُ عَلَى رَسُولِهِ صَلَّى اللهُ عَلَيْهِ وَسَلَّمَ مَكَّةَ قَامَ فِي النَّاسِ فَحَمِدَ اللَّهَ وَأَثْنَى عَلَيْهِ، ثُمَّ قَالَ: «إِنَّ اللَّهَ حَبَسَ عَنْ مَكَّةَ الفِيلَ، وَسَلَّطَ عَلَيْهَا رَسُولَهُ وَالمُؤْمِنِينَ، فَإِنَّهَا لاَ تَحِلُّ [ص:126] لِأَحَدٍ كَانَ قَبْلِي، وَإِنَّهَا أُحِلَّتْ لِي سَاعَةً مِنْ نَهَارٍ، وَإِنَّهَا لاَ تَحِلُّ لِأَحَدٍ بَعْدِي، فَلاَ يُنَفَّرُ صَيْدُهَا، وَلاَ يُخْتَلَى شَوْكُهَا، وَلاَ تَحِلُّ سَاقِطَتُهَا إِلَّا لِمُنْشِدٍ، وَمَنْ قُتِلَ لَهُ قَتِيلٌ فَهُوَ بِخَيْرِ النَّظَرَيْنِ، إِمَّا أَنْ يُفْدَى وَإِمَّا أَنْ يُقِيدَ»، فَقَالَ العَبَّاسُ: إِلَّا الإِذْخِرَ، فَإِنَّا نَجْعَلُهُ لِقُبُورِنَا وَبُيُوتِنَا، فَقَالَ رَسُولُ اللَّهِ صَلَّى اللهُ عَلَيْهِ وَسَلَّمَ: «إِلَّا الإِذْخِرَ» فَقَامَ أَبُو شَاهٍ - رَجُلٌ مِنْ أَهْلِ اليَمَنِ - فَقَالَ: اكْتُبُوا لِي يَا رَسُولَ اللَّهِ، فَقَالَ رَسُولُ اللَّهِ صَلَّى اللهُ عَلَيْهِ وَسَلَّمَ: «اكْتُبُوا لِأَبِي شَاهٍ»، قُلْتُ لِلْأَوْزَاعِيِّ: مَا قَوْلُهُ اكْتُبُوا لِي يَا رَسُولَ اللَّهِ؟ قَالَ: هَذِهِ الخُطْبَةَ الَّتِي سَمِعَهَا مِنْ رَسُولِ اللَّهِ صَلَّى اللهُ عَلَيْهِ وَسَلَّمَ

83 AD, III, 318, # 3646 / Alb: ṣaḥīḥ; gleichartig bei Ah, XI, 406, # 6802 / Arn: ′isnād ṣaḥīḥ; Ha, I, 187, # 359: ṣaḥīḥ:

سنن أبي داود:

عَنْ عَبْدِ اللَّهِ بْنِ عَمْرٍو، قَالَ: كُنْتُ أَكْتُبُ كُلَّ شَيْءٍ أَسْمَعُهُ مِنْ رَسُولِ اللَّهِ صَلَّى اللهُ عَلَيْهِ وَسَلَّمَ أُرِيدُ حِفْظَهُ، فَنَهَتْنِي قُرَيْشٌ وَقَالُوا: أَتَكْتُبُ كُلَّ شَيْءٍ تَسْمَعُهُ وَرَسُولُ اللَّهِ صَلَّى اللهُ عَلَيْهِ وَسَلَّمَ بَشَرٌ يَتَكَلَّمُ فِي الْغَضَبِ، وَالرِّضَا، فَأَمْسَكْتُ عَنِ الْكِتَابِ، فَذَكَرْتُ ذَلِكَ لِرَسُولِ اللَّهِ صَلَّى اللهُ عَلَيْهِ وَسَلَّمَ، فَأَوْمَأَ بِأُصْبُعِهِ إِلَى فِيهِ، فَقَالَ: «اكْتُبْ فَوَالَّذِي نَفْسِي بِيَدِهِ مَا يَخْرُجُ مِنْهُ إِلَّا حَقٌّ»

مسند أحمد بن حنبل:

عَنْ عَبْدِ اللهِ بْنِ عَمْرٍو، قَالَ: كُنْتُ أَكْتُبُ كُلَّ شَيْءٍ أَسْمَعُهُ مِنْ رَسُولِ اللهِ صَلَّى اللهُ عَلَيْهِ وَسَلَّمَ، أُرِيدُ حِفْظَهُ (3) ، فَنَهَتْنِي قُرَيْشٌ عَنْ ذَلِكَ، وَقَالُوا: تَكْتُبُ وَرَسُولُ اللهِ صَلَّى اللهُ عَلَيْهِ وَسَلَّمَ يَقُولُ فِي الْغَضَبِ وَالرِّضَا؟ فَأَمْسَكْتُ، حَتَّى ذَكَرْتُ ذَلِكَ لِرَسُولِ اللهِ صَلَّى اللهُ عَلَيْهِ وَسَلَّمَ؟ فَقَالَ: " اكْتُبْ، فَوَالَّذِي نَفْسِي بِيَدِهِ، مَا خَرَجَ مِنْهُ إِلَّا حَقٌّ " (4)

المستدرك الحاكم:

عَنْ عَبْدِ اللَّهِ بْنِ عَمْرٍو، قَالَ: كُنْتُ أَكْتُبُ كُلَّ شَيْءٍ أَسْمَعُهُ مِنْ رَسُولِ اللَّهِ صَلَّى اللهُ عَلَيْهِ وَسَلَّمَ وَأُرِيدُ حِفْظَهُ فَنَهَتْنِي قُرَيْشٌ، وَقَالُوا: تَكْتُبُ كُلَّ شَيْءٍ تَسْمَعُهُ مِنْ رَسُولِ اللَّهِ صَلَّى اللهُ عَلَيْهِ وَسَلَّمَ، وَرَسُولُ اللَّهِ صَلَّى اللهُ عَلَيْهِ وَسَلَّمَ بَشَرٌ يَتَكَلَّمُ فِي الرِّضَاءِ وَالْغَضَبِ؟، قَالَ: فَأَمْسَكْتُ، فَذَكَرْتُ ذَلِكَ لِرَسُولِ اللَّهِ صَلَّى اللهُ عَلَيْهِ وَسَلَّمَ، فَقَالَ: «اكْتُبْ فَوَالَّذِي نَفْسِي بِيَدِهِ مَا خَرَجَ مِنْهُ إِلَّا حَقٌّ» وَأَشَارَ بِيَدِهِ

Aus der Summe und Kombination dieser Überlieferungen geht hervor:

1) Der Prophet (sas) forderte bereits zu Beginn der Offenbarung dazu auf, seine *Sunnah* mündlich weiterzugeben und ordnete allgemein an sie sich zu merken (auch wenn er anfangs generell ihre Niederschrift untersagte, speziell zusammen mit dem Koran).
2) Der Prophet (sas) untersagte speziell die Niederschrift der *Sunnah* zusammen mit dem koranischen Text.
3) Bestand keine wesentliche Gefahr der Verwechslung von Korantexten mit seiner *Sunnah*, gestattete der Prophet (sas) auch die Niederschrift der *Sunnah.* In manchen Fällen gestattete er dies nicht nur ausdrücklich, sondern ordnete es auch explizit an (zum Beispiel für einzelne Muslime, welchen das Auswendiglernen schwer fiel, wie auch für spezielle Einzelpersonen, wenn bei ihnen augenscheinlich keine Verwechslungsgefahr bestand).

Die ersichtliche Weisheit hinter der anfangs allgemeinen Untersagung des Niederschreibens von anderen Texten als den Koran, besonders zusammen mit diesem, lag somit in der Sorge um die Vermischung des Korantextes mit anderen Texten. Als der Korantext großteils offenbart, auswendig gelernt und weit verbreitet war und die Gefahr der Vermischung minimiert war, gab es diesbezüglich Erleichterungen.

Warum wurde die *Sunnah* auch nicht sofort nach dem Ableben des Propheten (sas) im großen Stil niedergeschrieben?

- Zur damaligen Zeit war unter den Arabern noch immer das gängige Hauptmedium zur Bewahrung von Informationen das Auswendiglernen. Die schriftliche Aufzeichnung war oft noch unüblich, sowie Schreibmittel rar und teuer, sodass selbst von der Koranschrift erst unter dem dritten Kalifen ʿUthmān Standardkopien angefertigt und in die Zentren der islamischen Welt geschickt wurden.
- Die Prophetengefährten scheuten es Anordnungen zu geben, welche der Prophet (sas) nicht gegeben hatte. Selbst die Sammlung und Übertragung der einzelnen Koranniederschriften von losem, unterschiedlichem Schreibmaterial auf einzelne Schriftblätter an einem Ort kostete die Pro-

---

إِلَى فِيهِ. " رُوَاةُ هَذَا الْحَدِيثِ قَدِ احْتَجَّا بِهِمْ، عَنْ آخِرِهِمْ غَيْرِ الْوَلِيدِ هَذَا، وَأَظُنُّهُ الْوَلِيدُ بْنُ أَبِي الْوَلِيدِ الشَّامِيُّ، فَإِنَّهُ الْوَلِيدُ بْنُ عَبْدِ اللَّهِ، وَقَدْ عُلِمَتْ عَلَى أَبِيهِ الْكَتَبَةُ، فَإِنْ كَانَ كَذَلِكَ فَقَدِ احْتَجَّ مُسْلِمٌ بِهِ، وَقَدْ صَحَّتِ الرِّوَايَةُ عَنْ أَمِيرِ الْمُؤْمِنِينَ عُمَرَ بْنِ الْخَطَّابِ أَنَّهُ قَالَ: قَيِّدُوا الْعِلْمَ بِالْكِتَابِ "

phetengefährten anfänglich Überwindung, da der Prophet (sas) dies nicht angeordnet hatte.[84]

Demnach ist es durchaus verständlich, dass die Prophetengefährten die schriftliche Aufzeichnung der *Sunnah* nicht anordneten und sich mehrheitlich mit mündlicher Überlieferung begnügten.

Warum widerstrebte manchen Prophetengefährten die Praxis manch anderer Prophetengefährten, die *'Aḥādīth* in großer Zahl in Unterrichten zu lehren?

Dafür können unterschiedliche Gründe ausgemacht werden:[85]

- Die Sorge um mangelnde Aufmerksamkeit speziell der neueren Muslime gegenüber dem Koran, welchen sie noch nicht auswendig konnten oder umfassend kannten, obwohl er die Grundlage ist.
- Der Widerspruch zur Prophetenpraxis, welcher seine Aussagen zu bestimmten Gegebenheiten tätigte und der Sinn klar war, und nicht unzusammenhängend aneinandergereiht vielzählige unabhängige Aussagen vortrug, was zu oberflächlichem oder falschem Verständnis bei den Zuhörern hätte führen können.
- Die Sorge, den Menschen Dinge zu erzählen, welche sie (noch) nicht verstehen und sie eventuell missinterpretieren und missverstehen würden.

Anmerkungen und Erklärungen wie diese wurden von Prophetengefährten wie ʿĀ'ishah, ʿUmar, ʿAlī und Ibn Masʿūd berichtet.[86]

---

84 Bu, VI, 71, # 4679: [...] إِنَّ عُمَرَ أَتَانِي فَقَالَ إِنَّ الْقَتْلَ قَدْ اسْتَحَرَّ يَوْمَ الْيَمَامَةِ بِالنَّاسِ وَإِنِّي أَخْشَى أَنْ يَسْتَحِرَّ الْقَتْلُ بِالْقُرَّاءِ فِي الْمَوَاطِنِ فَيَذْهَبَ كَثِيرٌ مِنْ الْقُرْآنِ إِلَّا أَنْ تَجْمَعُوهُ وَإِنِّي لَأَرَى أَنْ تَجْمَعَ الْقُرْآنَ قَالَ أَبُو بَكْرٍ قُلْتُ لِعُمَرَ كَيْفَ أَفْعَلُ شَيْئًا لَمْ يَفْعَلْهُ رَسُولُ اللَّهِ صَلَّى اللَّهُ عَلَيْهِ وَسَلَّمَ فَقَالَ عُمَرُ هُوَ وَاللَّهِ خَيْرٌ فَلَمْ يَزَلْ عُمَرُ يُرَاجِعُنِي فِيهِ حَتَّى شَرَحَ اللَّهُ لِذَلِكَ صَدْرِي وَرَأَيْتُ الَّذِي رَأَى عُمَرُ [...]

85 Siehe ʿAbd al-Khāliq, 470 f.

86 Mu, IV, 1940, # 2493: عَائِشَةَ قَالَتْ: أَلَا يُعْجِبُكَ أَبُو هُرَيْرَةَ جَاءَ فَجَلَسَ إِلَى جَنْبِ حُجْرَتِي يُحَدِّثُ، عَنِ النَّبِيِّ صَلَّى اللهُ عَلَيْهِ وَسَلَّمَ، يُسْمِعُنِي ذَلِكَ، وَكُنْتُ أُسَبِّحُ، فَقَامَ قَبْلَ أَنْ أَقْضِيَ سُبْحَتِي، وَلَوْ أَدْرَكْتُهُ لَرَدَدْتُ عَلَيْهِ، إِنَّ رَسُولَ اللهِ صَلَّى اللهُ عَلَيْهِ وَسَلَّمَ: «لَمْ يَكُنْ يَسْرُدُ الْحَدِيثَ كَسَرْدِكُمْ»

Sunan al-Dārimī, I, 328, # 287: أَنَّ عُمَرَ رَضِيَ اللَّهُ عَنْهُ، شَيَّعَ الْأَنْصَارَ حِينَ خَرَجُوا مِنَ الْمَدِينَةِ فَقَالَ: «أَتَدْرُونَ لِمَ شَيَّعْتُكُمْ» قُلْنَا: لِحَقِّ الْأَنْصَارِ. قَالَ: «إِنَّكُمْ تَأْتُونَ قَوْمًا تَهْتَزُّ أَلْسِنَتُهُمْ بِالْقُرْآنِ اهْتِزَازَ النَّخْلِ، فَلَا تَصُدُّوهُمْ بِالْحَدِيثِ عَنْ رَسُولِ اللهِ صَلَّى اللهُ عَلَيْهِ وَسَلَّمَ وَأَنَا شَرِيكُكُمْ» قَالَ: فَمَا حَدَّثْتُ بِشَيْءٍ وَقَدْ سَمِعْتُ كَمَا سَمِعَ أَصْحَابِي [تعليق المحقق] إسناده صحيح

Mu, I, 11: أَنَّ عَبْدَ اللهِ بْنَ مَسْعُودٍ، قَالَ: «مَا أَنْتَ بِمُحَدِّثٍ قَوْمًا حَدِيثًا لَا تَبْلُغُهُ عُقُولُهُمْ، إِلَّا كَانَ لِبَعْضِهِمْ فِتْنَةً»

Bu, I, 37, # 127: وَقَالَ عَلِيٌّ: «حَدِّثُوا النَّاسَ، بِمَا يَعْرِفُونَ أَتُحِبُّونَ أَنْ يُكَذَّبَ، اللَّهُ وَرَسُولُهُ» حَدَّثَنَا عُبَيْدُ اللَّهِ بْنُ مُوسَى عَنْ مَعْرُوفِ بْنِ خَرَّبُوذٍ عَنْ أَبِي الطُّفَيْلِ عَنْ عَلِيٍّ بِذَلِكَ

2.2.3 Arten von *Sunnah* (Prophetenwort, -handlung, -billigung) und ihre jeweilige Legitimation als Schariabeleg

A) *Sunnah qawliyyah* – Prophetenwort

Direkt (in Form einer Rede überliefert) oder indirekt durch Aussagen eines Prophetengefährten wie „Der Prophet (sas) ordnete uns an, dass … *–'amara-nā* / أمرنا“, usw.

Die Legitimation des Prophetenwortes wird allgemein durch die zuvor erwähnten Belege begründet.

B) *Sunnah fi'liyyah* (od. *'amaliyyah*) – Prophetenhandlung

Darunter fallen an und für sich alle Handlungen des Propheten (sas) in sämtlichen Formen und Situationen.

Zur **Frage der Nachahmungswürdigkeit** dieser Prophetenhandlungen muss jedoch unterschieden werden:

- Die Prophetenhandlung in der Pflichterfüllung, sowie die erklärende Art und Weise der Durchführung von Pflichten (wie Gebet oder Hadsch-Riten) sind ein zu berücksichtigender Beleg und nachzuahmen.
- Ebenso ist die Prophetenhandlung nachahmungswürdig, wenn sie eine offensichtliche gottesdienstliche Handlung darstellt.
- Weist jedoch ein expliziter Beleg darauf hin, dass diese Handlung nur für den Propheten (sas) gilt ohne nachahmungswürdig zu sein, gilt dieser explizite Beleg. (Z. B. das Verbot Tag und Nacht oder zwei Tage durch zu fasten)[87].
- Liegt eine Prophetenhandlung im Bereich der reinen menschlichen Vorlieben, ohne als speziell vorzüglich deklariert zu sein, so gilt sie allgemein nicht als speziell nachahmungswürdig, auch wenn lobenswerterweise die Liebe zum Propheten (sas) jemanden zur Nachahmung auch in diesem Bereich bewegen mag. Die Prophetenhandlungen in diesem Bereich sind

---

87 'Ā'ishah sagte: »Der Gesandte Allahs (sas) untersagte das durchgehende [Fasten von Nacht und Tag] aus Barmherzigkeit zu ihnen [den Muslimen]. Da sagten sie: „Du fastest ja durchgehend!“. Er sagte: {Ich bin nicht wie [in eurer] Verfassung. Mich speist mein Herr und Er tränkt mich.}« (Bu, III, 37, # 1964)
عَنْ عَائِشَةَ رَضِيَ اللَّهُ عَنْهَا، قَالَتْ: «نَهَى رَسُولُ اللَّهِ صَلَّى اللهُ عَلَيْهِ وَسَلَّمَ عَنِ الوِصَالِ رَحْمَةً لَهُمْ»، فَقَالُوا: إِنَّكَ تُوَاصِلُ، قَالَ: «إِنِّي لَسْتُ كَهَيْئَتِكُمْ إِنِّي يُطْعِمُنِي رَبِّي وَيَسْقِينِ»، قَالَ أَبُو عَبْدِ اللَّهِ: «لَمْ يَذْكُرْ عُثْمَانُ رَحْمَةً لَهُمْ»

jedoch auch dahingehend für die Islamrechtsergründung von Bedeutung, dass diese zumindest die Statthaftigkeit dieser Handlungen belegen.

C) *Sunnah taqrīriyyah* – Prophetenbilligung

Wird in der Gegenwart des Propheten (sas) von einem Prophetengefährten eine Handlung vollzogen oder darüber berichtet oder ist diese allgemein öffentlich bekannt oder stellt sie eine allgemein verbreitete Praxis dar, und der Prophet (sas) äußert sich nicht verbietend oder anders dazu, dann stellt dies seine Billigung dieser Handlung / Praxis als rechtmäßig dar. Wäre sie nicht rechtens, so dürfte und könnte der Prophet (sas) nicht dazu schweigen, sondern müsste die (religiöse) Unrechtmäßigkeit klarlegen. Dies gehört indirekt zur vollständigen Verkündung seiner Botschaft.

2.2.4 Arten & Authentizitätsklassen der Überlieferungen der *Sunnah* und ihre jeweilige Legitimation als Schariabeleg

Einführung zur Authentizitätsfrage:

In der Bearbeitung von überlieferten mündlichen Aussagen, verschriftlichten Texten und Berichten über Begebenheiten stellt sich immer auch die Frage nach deren Authentizität und Verlässlichkeit. Dies betrifft nicht nur die *Sunnah*, sondern Geschichts-, Literatur-, Religionswissenschaften und im Prinzip alles nicht unmittelbar selbst Wahrgenommene. Genau genommen stellt sich sogar die Frage nach der „Authentizität" oder, besser gesagt, nach der Verlässlichkeit der eigenen korrekten Wahrnehmung. Der Grad der Gewissheit der Authentizität kann, egal ob es sich um mündliche Berichte oder schriftlich Aufgezeichnetes handelt, sehr unterschiedlich sein, und selbst mehrfach beglaubigte Dokumente könnten gefälscht werden. Um die ursprüngliche reine Religion und Botschaft des Islams zu sichern, haben schon der Prophet (sas) persönlich, seine Gefährten und die späteren Gelehrten Vorkehrungen getroffen, um ihre primäre Quelle, den Koran, und ihre sekundäre Quelle, die *Sunnah* (Prophetenwort und Prophetenverhalten), so gut wie möglich zu sichern. Die *Ḥadīth*-Forschung setzt sich speziell mit der Authentizitätsfrage, -prüfung und -klassifizierung auseinander und beschränkt ihre Forschung nicht nur auf die Überlieferungen über den Koran und vor allem der *Sunnah*, sondern untersucht meist auch überlieferte Aussagen und Handlungen der Prophetengefährten selbst nach dem Ableben des Propheten (sas).

Erklärung der Authentizitätsklassen und ihrer generellen Kriterien gemäß der *Ḥadīth*-Forschung:

Unterscheidung zwischen *Mutawātir*-Überlieferung (viellinig) und *'Āḥād*-Überlieferung (einzellinig):

2.2.4.1 *Sunnah mutawātirah – viellinig* überlieferte *Sunnah*

Ist in jeder einzelnen Überliefererebene (*Ṭabaqah*) die Anzahl der voneinander unabhängigen Überlieferer so groß, dass ein Irrtum oder eine Einigung auf eine Lüge definitiv ausgeschlossen werden kann, so ist dies eine *Mutawātir*-Überlieferung und gilt als definitiv authentisch (*qaṭ'iyy al-Thubūt*). Siehe dazu die Erläuterung zur Überlieferungsverlässlichkeit des Korans (S. 40).

Diese ist *viellinig* überliefert entweder **in einheitlichem Wortlaut (*mutawātir lafẓiyy*)**, was im *Ḥadīth* äußerst selten vorkommt, oder **in einheitlicher Bedeutung (*mutawātir ma'nawiyy*)** aber unterschiedlichem Wortlaut. Letztere kommen häufiger vor. Beispielsweise die unterschiedlichen Überlieferungen, welche einheitlich das überstreichen der Lederstrümpfe (*knuff*) bei der rituellen Gebetswaschung bestätigen.

Beide Arten der *mutawātir*-Überlieferung werden als **definitiv authentisch** gehandhabt.

2.2.4.2 *Sunnah 'Āḥād – einzellinig* überlieferte *Sunnah*

Jede Überlieferung, welche nicht *Tawātur* (durchgehende *Viellinig*keit durch alle Überliefererebenen / *Ṭabaqāt*) erreicht, wird als *'Āḥād*-Überlieferung (*einzellinig*) bezeichnet, selbst wenn sie über zwei oder mehrere vollständige, unabhängige Überlieferungsketten verfügt.

Ein Irrtum in der Wahrnehmung oder ein Vergessen seitens einzelner Überlieferer ist somit nicht mehr kategorisch ausgeschlossen, selbst wenn dies durch deren Verlässlichkeit und Genauigkeit sehr unwahrscheinlich sein kann.

Die Authentizitätsstärke und Verlässlichkeit von *'Āḥād*-Überlieferungen ist Gegenstand näherer Untersuchungen und variiert auf Grund der Vollständigkeit der Überlieferungsketten (*'ittiṣāl al-sanad*), Vertrauenswürdigkeit / Rechtschaffenheit (*'Adālah*) und Genauigkeit (*Ḍabṭ*) der einzelnen Tradenten[88], eventueller Widersprüchlichkeit des Inhalts zu stärkeren Überlieferungen (*Shudhūdh*), sowie

88 Überlieferer

verborgenen Schwachpunkten (*ʿIlal*, Sing. *ʿIllah*)[89], welche in der *Ḥadīth*-Forschung untersucht werden.[90]

2.2.4.2.1 Authentizitätsklassen der 'Āḥād-Überlieferungen und ihre Beurteilung:

Da bei *'Āḥād-* (*einzellinigen*) Überlieferungen Fehler nicht mehr kategorisch ausgeschlossen werden können, sind sie Gegenstand der erwähnten näheren Untersuchungen und werden je nach Ergebnissen in die folgenden, absteigend angeordneten Authentizitätsklassen eingeteilt. Die Beschreibung ihrer Bestimmung ist nur allgemein angeführt und in der *Ḥadīth*-Forschung differenzierter (siehe weitere Details in entsprechender Fachliteratur).

- ***ṣaḥīḥ*** („gesund" / richtig): hochwahrscheinlich authentisch; da alle Tradenten der vollständig bekannten, lückenlosen Überlieferungskette (*Sanad*) bekannt, überprüft vertrauenswürdig (*ʿādil*) und genau (*ḍābiṭ*) sind,[91] und auch im Inhalt der Überlieferung keine unscheinbaren Mängel (*ʿIlal*) oder Widersprüchlichkeit zu stärkeren Überlieferungen (*Shudhūdh*) auftreten.[92]
- ***ḥasan*** („gut" / akzeptabel): wahrscheinlich authentisch; da kleinere Mängel in den bei *ṣaḥīḥ* erwähnten Bedingungen existieren, wie beispielsweise eine etwas vermindert verlässliche Genauigkeit (*Ḍabṭ*) eines bekannten Überlieferers der vollständigen Kette.

---

89 Dieser Fachausdruck in der *Ḥadīth*-Forschung ist nicht zu verwechseln mit dem gleichlautenden Fachausdruck der *'Uṣūl*-Wissenschaft in Bedeutung von Wirkungsursache für eine Beurteilung (siehe Erläuterung S. 50, 56).

90 Vgl. al-Khaṭīb, 301 ff.; al-Djudayʿ, *Taḥrīr ʿilm al-ḥadīth*, I, 43-52; Heider, 107-115.

91 Die Bedingungen für die Lückenlosigkeit der Überlieferungskette sind teilweise unterschiedlich streng. So reicht es für Muslim, dass es möglich war, dass sich beide verlässlichen Überlieferer getroffen haben. Al-Bukhārī verlangt in seinem Werk *al-Djāmiʿ al-ṣaḥīḥ* aber zusätzlich den Nachweis, dass eine Begegnung wirklich stattgefunden hat. (Siehe: al-Khaṭīb, 313, 316; John Burton, *An Introduction to the Ḥadīth* (Edinburgh: Edinburgh University Press: 1994, Reprinted 2001), 125).
Die Vertrauenswürdigkeit – *ʿAdālah* ist allgemein gegeben wenn von der bekannten Person keine großen Sünden (auch Mitgötterei / *Shirk*), Lügen, Betrug oder Vernachlässigung von religiösen Grundpflichten berichtet werden.
Die Genauigkeit – *Ḍabṭ* ist allgemein gegeben, wenn von der bekannten Person keine Vergesslichkeit und Verwechslung, sondern hohe und genaue Merkfähigkeit bekannt sind (vgl. folgende Quellen).

92 al-Khaṭīb, 303-306; al-Djudayʿ, *Taḥrīr ʿilm al-ḥadīth*, II, 791, 794-800; Heider, 116-119; Scott Lucas, *Constructive Critics, Ḥadīth Literature, and the Articulation of Sunnī Islam*, Band 51 von *Islamic History and Civilization*, ed. Wadad Kadi und Rotraud Wielandt (Leiden, Boston: Brill, 2004), 29.

(Von manchen wird auch die Bezeichnung *ḥasan(un) ṣaḥīḥ* in Kombination verwendet, über dessen Bedeutung aber Meinungsverschiedenheit besteht. Meist wird es schwächer als *ṣaḥīḥ* verstanden.)[93]

Beide Authentizitätsklassen (*ṣaḥīḥ* und *ḥasan*) sind in der Islamrechtsgewinnung (im *Fiqh*) generell als ausreichend zu berücksichtigen, insofern sie keinen als stärker erachteten Belegen widersprechen,[94] denn auch bei äußerst verlässlichen Überlieferungen dieser Kategorie kann die Möglichkeit des menschlichen Fehlers im Überlieferten, sei es in der Wahrnehmung, durch Vergessen oder durch andere Gründe, nicht kategorisch ausgeschlossen werden, auch wenn dies als sehr unwahrscheinlich erachtet werden sollte.[95]

---

93 al-Khaṭīb, 331-335; al-Djudayʿ, *Taḥrīr ʿilm al-ḥadīth*, I, 813-818; al-Ṭaḥḥān, 48; Heider, 122 ff.; Lucas, 29.

94 al-Khaṭīb, 333; al-Djudayʿ, *Taḥrīr ʿilm al-ḥadīth*, II, 791-794, 815, 901 f.; Heider, 116.

95 Unter sunnitischen Gelehrten aller Rechtsschulen gibt es im Allgemeinen keine Meinungsverschiedenheiten über die grundlegende Maßgeblichkeit dieser Einteilungen, auch wenn in der konkreten Beurteilung sich teilweise die Geister über den Authentizitätsgrad scheiden.

Unter den Zwölferschiiten scheiden sich die Geister, ob *ʾĀḥad*-Überlieferungen generell annehmbar sind („Überlieferungen", die ihre unfehlbaren Imame tätigen, zählen nicht als solche, sondern sind bindend), wobei Überlieferungen von fast allen Prophetengefährten sowie allen nicht-Imamiten allgemein als Beleg abgelehnt werden, auch wenn diese manchmal im Disput mit Sunniten herangezogen werden. (Vgl. al-Muẓaffar, 314 f., 333 f; al-Ṭūsī, I, 336 f.: "أن خبر الواحد إذا كان واردا من طريق أصحابنا القائلين بالإمامة، وكان ذلك مرويا عن النبي صلى الله عليه وآله وسلم أو عن واحد من الأئمة عليهم السلام وكان ممن لا يطعن في روايته ويكون سديدا في نقله").

Seitens der Orientalisten ist man diesen Einteilungen und ihrer Verlässlichkeit vor allem anfangs äußerst skeptisch, beziehungsweise vollkommen zurückweisend gegenübergestanden.

Die Überlieferungen speziell über den Propheten (sas), welche Rechtsangelegenheiten betreffen und allgemein erst ab dem zweiten Jhdt. n. H. immer häufiger verschriftlicht wurden, wurden, angeführt von Goldziher und Schacht, als Erfindung zur Legitimierung der unterschiedlichen Islamrechtsauffassungen betrachtet (siehe Joseph Schacht, „A Revaluation of Islamic Traditions", in *Ḥadīth – Origins and Developments*, ed. Harald Motzki, Band 28 von *Formation of the Classical Islamic World*, ed. Lawrence Conrad (Hants (GB): Ashgate Publishing Limited, 2004), 27-32, 37 f.; John Burton, „Notes towards a Fresh Perspective on the Islamic Sunna", in ebda, 39 f.) In späterer Folge sind auch Orientalisten immer mehr von Teilen der Theorien beider in diesem Zusammenhang abgekommen. Der zeitgenössische Orientalist Harald Motzki hat grundlegende Ergebnisse in der Authentizitätsnegierung von Schacht und auch von Juynboll weitgehend widerlegt (siehe Harald Motzki et al., *Analysing Muslim Traditions*, Band 78 von *Islamic History and Civilization*, ed. Sebastian Günther und Wadad Kadi (Leiden, Boston: Brill, 2010), 1-4, 44 ff., 49, 122 ff.; vgl. Lucas, 11).

Unter bestimmten Umständen wird in manchen Rechtsschulen jedoch nicht nach einer *'Āḥād*-Überlieferung gehandelt, was nicht bedeutet, dass sie diese Überlieferung als bestätigt falsch ansehen würden, aber in speziellen Fällen sie anderes Vorgehen als gesicherter erachten.

Wie beispielsweise bei den Hanafiten, wenn der Prophetengefährte, welcher die *Sunnah* überliefert, nicht danach handelt; oder die überlieferte Angelegenheit eine ist, welche von Allgemeininteresse und Allgemeinrelevanz ist und demnach unter den Prophetengefährten und der nächsten Generationen allgemein bekannt sein müsste, trotzdem aber nur *einzellinig* überliefert ist.[96]

Oder bei den Malikiten, wenn die *einzellinig* überlieferte Information über die *Sunnah*, der Religionspraxis der Muslime von Medina der ersten Generationen widerspricht.[97]

Eine Sonderstellung nimmt bei den Hanafiten die ***Mashhūr*-Überlieferung** (weitverbreitet / berühmt) ein. Diese ist unter den Prophetengefährten nur von einem oder einzelnen überliefert worden, in den darauffolgenden Überlieferer-ebenen jedoch ab dann „*mutawātir*" überliefert. Da hier ein Fehler unwahrscheinlicher ist, wird sie von den Hanafiten in den Argumentationen wie eine *Mutawātir*-Überlieferung gehandhabt.[98]

- *ḍa'īf* („schwach"): ungewiss bis unwahrscheinlich authentisch; da größere Mängel in den erwähnten Bedingungen vorhanden sind, wie oft die Unvollständigkeit der Überlieferungskette oder Unbekanntheit eines genannten Überlieferers (mit Ausnahmen) oder die begründete Beschuldigung eines Überlieferers mancher Lüge.[99]
- *mawḍū'*: erfunden, nachweislich erlogen.[100]

Schwächer als *ḥasan* klassifizierte Überlieferungen dürfen allgemein nicht in der Argumentation im *Fiqh* als Beleg berücksichtigt werden.

Wobei *mawḍū'* / erwiesenermaßen erfundene Überlieferungen in keinem Fall als Argument herangezogen werden dürfen.

Hingegen dürfen nach manchen Meinungen unter bestimmten Umständen manche *ḍa'īf*-Überlieferungen sogar im *Fiqh* Berücksichtigung finden.

Eine *Mursal*-Überlieferung, in welcher ein Glied der Überlieferungskette (meist *Ṣaḥābī*) fehlt und somit als *ḍa'īf* zu bewerten ist, wird von den Hanafiten

---

96 al-Djuday', *Taysīr 'ilm 'uṣūl al-fiqh*, 145 f.; al-Zuḥaylī, I, 450 f.
97 al-Djuday', *Taysīr 'ilm 'uṣūl al-fiqh*, 144; al-Zuḥaylī, I, 452 f.
98 al-Djuday', *Taysīr 'ilm 'uṣūl al-fiqh*, 143.
99 al-Khaṭīb, 337-350; al-Djuday', *Taḥrīr 'ilm al-ḥadīth*, II, 905 f.; Heider, 124-139; Lucas, 29.
100 al-Khaṭīb, 315; al-Djuday', *Taḥrīr 'ilm al-ḥadīth*, II, 1039 ff.; Heider, 139 f.

und Malikiten angenommen, wenn der verlässliche Überlieferer, bei dem die Kette unterbrochen ist, grundsätzlich nur von ebenfalls zuverlässigen Personen überliefert, auch wenn er diese nicht nennt.[101]

Die Hanbaliten akzeptieren solch eine Überlieferung aber auch nur dann, wenn keine stärkere Überlieferung zur *Fiqh*-Frage Aufschluss gibt und auch keine Auffassung eines Prophetengefährten diesbezüglich bekannt ist.[102]

2.2.4.2.2 Legitimation der durch 'Āḥād-Überlieferungen annehmbar authentisch (ṣaḥīḥ, ḥasan) übermittelten Sunnah als Schariabeleg:

Belege dafür:

1) Indirekte Anordnung dazu im Koran:

﴿وَمَا كَانَ ٱلْمُؤْمِنُونَ لِيَنفِرُوا۟ كَآفَّةً ۚ فَلَوْلَا نَفَرَ مِن كُلِّ فِرْقَةٍ مِّنْهُمْ طَآئِفَةٌ لِّيَتَفَقَّهُوا۟ فِى ٱلدِّينِ وَلِيُنذِرُوا۟ قَوْمَهُمْ إِذَا رَجَعُوٓا۟ إِلَيْهِمْ لَعَلَّهُمْ يَحْذَرُونَ﴾

﴿Es steht den Gläubigen nicht zu, allesamt auszurücken. Wenn doch von jeder Gruppe von ihnen ein Teil [(*ṭā'ifah*)] ausrücken würde, um (mehr) von der Religion zu erlernen und um ihre Leute zu warnen, wenn sie zu ihnen zurückkehren, auf daß sie sich vorsehen mögen.﴾ (9:122)

Das Wort „*ṭā'ifah* – Teil" trifft auf mindestens eine Person zu.[103] Übermittlungen von ein, zwei oder mehreren Personen unter *Tawātur* stellen jedoch keine definitive Sicherheit, sondern nur eine hoch oder höchst wahrscheinlich sichere Information dar, wenn ihre Übermittler vertrauenswürdig sind. Trotzdem verpflichtet Allah im Vers „ihre Leute / ihr Volk", die von ihnen übermittelten Ermahnungen und Lehren von ihnen anzunehmen und die Religion von ihnen zu lernen.[104]

Dies wird auch durch die folgende Tatsache aus der Prophetenpraxis bestätigt:

2) Vorgehen des Propheten (sas) in der Sendung einzelner Lehrer und Boten zur Übermittlung der Religion

Um den entfernteren Stämmen und Völkern die Botschaft des Islam zu übermitteln und den neuen Muslimen die Religion zu lehren, sandte der Prophet (sas) Botschafter und Lehrer meist einzeln oder zu zweit aus. Beispielsweise schickte

---

101 al-Djuday', *Taysīr 'ilm 'uṣūl al-fiqh*, 143; vgl. al-Zuḥaylī, I, 454 ff.
102 Ebda.
103 Siehe *al-Qāmūs al-muḥīṭ* s. v. (طوف).
104 Vgl. al-Djuday', *Taysīr 'ilm 'uṣūl al-fiqh*, 140 f.

er (sas) Muṣʿab ibn ʿUmayr als Lehrer und Verkünder nach Medina, lange vor seiner (sas) Auswanderung, oder ʾAbū Mūsā al-ʾAshʿarī und danach Muʿādh ibn Djabal wurden von ihm (sas) nach der Auswanderung in den Jemen geschickt.[105]

Für den Propheten und die damaligen Muslime war es selbstverständlich die auf *ʾĀḥād*-Überlieferung basierenden Informationen und Lehren über die Religion anzunehmen und zu befolgen. Selbst Informationen im Bereich der *ʿAqīdah* (der zu verinnerlichenden Glaubensüberzeugungen) wurden selbstverständlich angenommen und nicht mit dem Argument der fehlenden definitiv sicheren Authentizität zurückgewiesen.

Einwände und deren Widerlegung:

1. Einwand: Nur definitiv (zu 100%) sichere Belege sind in Religionsfragen zu berücksichtigen

Hierfür wird hauptsächlich mit den folgenden Versen argumentiert:

﴿ إِنَّ ٱلَّذِينَ لَا يُؤْمِنُونَ بِٱلْءَاخِرَةِ لَيُسَمُّونَ ٱلْمَلَٰٓئِكَةَ تَسْمِيَةَ ٱلْأُنثَىٰ ﴿٢٧﴾ وَمَا لَهُم بِهِۦ مِنْ عِلْمٍ ۖ إِن يَتَّبِعُونَ إِلَّا ٱلظَّنَّ ۖ وَإِنَّ ٱلظَّنَّ لَا يُغْنِى مِنَ ٱلْحَقِّ شَيْـًٔا ﴿٢٨﴾ ﴾

﴿Diejenigen, die an das Jenseits nicht glauben, benennen die Engel fürwahr mit Namen, wie weibliche Wesen benannt werden. Sie haben jedoch kein Wissen hierüber. Sie folgen nur Vermutungen; die Vermutungen nützen aber nichts gegenüber der Wahrheit.﴾ (53:27-28)

﴿ وَلَا تَقْفُ مَا لَيْسَ لَكَ بِهِۦ عِلْمٌ ۚ إِنَّ ٱلسَّمْعَ وَٱلْبَصَرَ وَٱلْفُؤَادَ كُلُّ أُو۟لَٰٓئِكَ كَانَ عَنْهُ مَسْـُٔولًا ﴾

﴿Und verfolge nicht das, wovon du kein Wissen hast. Gewiß, Gehör, Augenlicht und Herz, – all diese –, danach wird gefragt werden.﴾ (17:36)

Korrektes Verständnis dieser Verse:

Alles, was eine übermäßige Vermutung von 51% bis 99% Sicherheit darstellt, wird im Arabischen mit „*ẓann*" bezeichnet. Aber auch eine unbegründete, unrichtige Vermutung könnte damit bezeichnet werden.

105 Ha, III, 728, # 6638: ثَنَا مُصْعَبُ بْنُ عَبْدِ اللَّهِ، قَالَ: «مُصْعَبٌ الْحَبْرُ هُوَ ابْنُ عُمَيْرِ بْنِ عُبَيْدِ بْنِ هَاشِمِ بْنِ عَبْدِ مَنَافِ بْنِ عَبْدِ الدَّارِ بْنِ قُصَيٍّ هُوَ الْمُقْرِئُ الَّذِي بَعَثَهُ رَسُولُ اللَّهِ صَلَّى اللهُ عَلَيْهِ وَسَلَّمَ إِلَى الْأَنْصَارِ يُقْرِئُهُمُ الْقُرْآنَ بِالْمَدِينَةِ قَبْلَ قُدُومِ رَسُولِ اللَّهِ صَلَّى اللهُ عَلَيْهِ وَسَلَّمَ فَأَسْلَمَ مَعَهُ خَلْقٌ كَثِيرٌ وَشَهِدَ بَدْرًا»

Na, VII, 105, # 4066 / Alb: s: عَنْ أَبِي بُرْدَةَ بْنِ أَبِي مُوسَى الْأَشْعَرِيِّ، عَنْ أَبِيهِ، أَنَّ النَّبِيَّ صَلَّى اللهُ عَلَيْهِ وَسَلَّمَ بَعَثَهُ إِلَى الْيَمَنِ، ثُمَّ أَرْسَلَ مُعَاذَ بْنَ جَبَلٍ بَعْدَ ذَلِكَ، فَلَمَّا قَدِمَ قَالَ: أَيُّهَا النَّاسُ، إِنِّي رَسُولُ رَسُولِ اللَّهِ إِلَيْكُمْ، فَأَلْقَى لَهُ أَبُو مُوسَى وِسَادَةً لِيَجْلِسَ عَلَيْهَا، فَأُتِيَ بِرَجُلٍ كَانَ يَهُودِيًّا فَأَسْلَمَ، ثُمَّ كَفَرَ، فَقَالَ مُعَاذٌ: «لَا أَجْلِسُ حَتَّى يُقْتَلَ قَضَاءُ اللَّهِ وَرَسُولِهِ» ثَلَاثَ مَرَّاتٍ، فَلَمَّا قُتِلَ قَعَدَ

Der Begriff *'Ilm* – Wissen trifft an sich nur zu, wenn die Information auch korrekt ist. Im Hinblick auf die Sicherheit einer Information wird *'Ilm* generell für definitive Gewissheit verwendet.

Im ersten Vers wird „*ẓann*" in Bedeutung von falscher, unbelegter Annahme / Vermutung verwendet.

Nach gängiger Auffassung wird eine definitive Sicherheit nur in den Grundlagen der Religion – wie den Glaubensgrundsätzen – verlangt.

Bezüglich der religiösen Vorschriften ist die unbegründete bloße Vermutung, die Mutmaßung untersagt. Was aber begründete, überwiegende Annahme mit wahrscheinlicher Sicherheit anbelangt, so reicht sie aus um danach zu handeln (*al-taklīf bi-ghalabah al-ẓann*). Dies geht auch klar aus den zuvor erwähnten Belegen hervor.

Wie unter dem ersten Beleg, dem *Kitāb* / Koran, erläutert, sind selbst die meisten Belege aus dem Koran nicht definitiv sichere Belege für eine spezifische Beurteilung. Nicht weil deren Authentizität (*Thubūt*) ungewiss wäre, sondern aufgrund nicht 100% eindeutiger Bedeutung der Aussagen (*Dalālah*), selbst wenn die Verse meist klar vordergründig (*ẓāhir*), höchstwahrscheinlich in einer bestimmten Bedeutung sind. (Näheres dazu im folgenden Kapitel zu den sprachlichen *'Uṣul*-Regeln).

2. Einwand: das Vorkommen von schwachen und erfundenen Überlieferungen

Mit dem Vorwand des Vorkommnisses von erwiesenermaßen fehlerhaften oder erfundenen „Überlieferungen" und unwahrscheinlich authentischem Material wird versucht, allen Überlieferungen die Verlässlichkeit abzusprechen, denn sie könnten ja ebenfalls falsch sein. Gerade dem Zweck zur Überprüfung der Verlässlichkeit unterschiedlicher Überlieferungen widmet sich die *Ḥadīth*-Forschung, deren Ergebnisse, auch wenn darin Irrtum vorkommen kann, nicht generell verworfen werden können, sondern im Gegenteil vor allem bei einheitlichen Ergebnissen sicher Relevanz besitzen. Dass zur Handlungsorientierung nicht hundertprozentige Sicherheit verlangt wird und real auch nicht verlangt werden kann, wurden im letzten Punkt erläutert.

3. Einwand: Kritik an der Rechtschaffenheit (*'Adālah*) und / oder der Genauigkeit (*Ḍabṭ*) der Überlieferer und Sammler (welche allgemein als verlässlich erachtet werden).

Auf indirektem Weg, die Legitimation der *Sunnah* zu negieren, wird auch versucht, einzelne, vor allem wesentliche Überlieferer der *Sunnah* unter den Prophetengefährten wie 'Ā'ishah oder 'Abū Hurayrah oder spätere wichtige Überlieferer oder Sammler wie Bukhārī hinsichtlich ihrer Verlässlichkeit und Rechtschaffenheit in Misskredit zu bringen.

Selbst wenn diese Personen als Menschen nicht unfehlbar sind und sie irren und vergessen können oder ihnen Fehler unterlaufen können, bedeutet das nicht die Ablehnung und generelle Unzuverlässigkeit ihrer Überlieferungen. Im Gegenteil, ihre generell oft bestätigte Rechtschaffenheit und allgemeine Verlässlichkeit lässt grundsätzlich auf eine hohe Verlässlichkeit ihrer Überlieferungen schließen, welche nur bei einer Widersprüchlichkeit zu stärkeren Belegen nicht berücksichtigt werden dürfen. (Siehe dazu die Thematik der Widersprüchlichkeit zwischen Schariabelegen und ihre Auflösung im Kapitel 4, und zur genaueren Behandlung dieser Einwände entsprechende Lektüre der *Ḥadīth*-Wissenschaft und *Sunnah*).[106]

2.2.5 Arten von Informationen, welche aus der *Sunnah* gewonnen werden

A) **Bestätigung** von Beurteilungen, welche bereits durch den Koran begründet sind.

Z. B.: Verpflichtung zum rituellen Gebet; Untersagung von *Ribā* (Zins / Wucher); …

B) **Erklärung zum Koran**: Erläuterung von unklaren, Spezifizierung von umfassend formulierten, Einschränkung von uneingeschränkt formulierten Koranaussagen.

Z. B.: Erklärende Details und Einschränkungen von Zakat-Pflichtabgabe oder Handelserlaubnis.

C) **Festlegung von neuen, im Koran unerwähnten Beurteilungen**.

Z. B.: Verbot, Raubtiere und Greifvögel zu verzehren.

106 Siehe z.B.: al-Djuday‘, *Taḥrīr ‘ilm al-ḥadīth*, I, 339-345…; al-Sibā‘ī, 261-287, 298-362; ‘Abd al-Raḥmān al-Mu‘allimī al-Yamānī, *al-'Anwār al-kāshifah* (Beirut: ‘Ālam al-kutub, 1983), 140-307.

2.3 *'Idjmā'* / الإجْماع (Gelehrtenkonsens)

2.3.1 Definition

Sprachlich: *'Idjmā'* kann bedeuten: Entschlossenheit (in/zu einer Sache), oder Einigung, Übereinstimmung im Gegensatz zu Differenz und Diskrepanz.

Fachspezifisch bedeutet *'Idjmā'*:

»Einigung aller *Mudjtahidūn* (zur Ergründung Befähigten) **der Muslime im gleichen Zeitraum, nach dem Tode des Propheten Muhammad (sas), über eine Islamrechtsbeurteilung in einer Islamrechtsfrage«**.[107]

So kommt *'Idjmā'* theoretisch folgendermaßen zustande:

Eine Rechtsfrage tritt auf, dann wird sie allen *Mudjtahidūn* der *'Ummah* (Glaubensgemeinschaft der Muslime) unterbreitet, jeder *Mudjtahid* gibt bekannt zu welcher Islamrechtsbeurteilung er kommt. Im Falle ihrer Einigung auf eine entsprechende Schariarechtsbeurteilung ist das *'Idjmā'*.

Erörterung der Definition:

„Einigung aller *Mudjtahidūn* der Muslime":

Ein *Mudjtahid* ist im Allgemeinen jemand, der / die das nötige Wissen und die nötigen Fähigkeiten hat, um schariakonforme Beurteilungen aus ihren Quellen, für jede Situation passend, extrahieren zu können.

Im Allgemeinen werden an ihn/sie folgende Bedingungen gestellt:

- Umfassendes Wissen und Verständnis in der arabischen Sprache (wie Semantik, Grammatik,...)
- Umfassendes Wissen über den Koran und im besonderen die Kenntnis der rechtsspezifischen Verse, ihrer erklärenden *'Aḥādīth*, sowie der Offenbarungsanlässe
- Umfassendes Wissen über die *Sunnah*, speziell die Kenntnis der rechtsspezifischen *'Aḥādīth*, im Bereich der *Ḥadīth*-Wissenschaft das nötige Wissen um ihre Authentizität erkennen zu können, sowie die Kenntnis ihrer Hintergründe und Begebenheiten...
- Umfassendes Wissen über *Qiyās* und *'Uṣūl al-Fiqh* und Ziele der Scharia im Allgemeinen
- Breites Wissen über die Meinungsunterschiede der Rechtsgelehrten, ihre Belege und Argumentationen.[108]

---

107 Khallāf, 45: "هو اتفاق جميع المجتهدين من المسلمين في عصر من العصور بعد وفاة الرسول صلى الله عليه و سلم على حكم شرعي في واقعة"; vgl. al-Zuḥaylī, I, 468 f.; al-Djuday', *Taysīr 'ilm 'uṣūl al-fiqh*, 149 ff.

Über die exakte Bestimmung eines *Mudjtahid* herrscht jedoch Meinungsverschiedenheit.

Die Meinung all der *Mudjtahidūn* der *'Ummah* ist zu berücksichtigen, von jeder Herkunft, Geschlecht und Rechtsschule, und ihre Einigung ist Grundbedingung.

Dies schließt folgendes aus:

- Meinungsunterschied derjenigen, welche nicht die Fähigkeit eines *Mudjtahids* erlangt haben, d.h. die muslimische Allgemeinheit (sing. *'Āmmiyy* genannt), zu der generell auch selbst noch Universitätsabsolventen der Scharia oder Islamischen Theologie gehören.[109]
- Meinungsunterschied von Orientalisten (Wissenschaftler mit nicht islamischem Bekenntnis, welche sich mit dem Studium des Islams befassen), was nicht bedeutet, dass ein Orientalist nach korrekter Studie einer Fragestellung nicht auch ihre korrekte Schariabeurteilung herausfinden könnte.[110]
- Meinungsunterschied von Sekten, welche klar außerhalb des Islams stehen.[111]

„im gleichen Zeitraum":

Damit sind alle zum Zeitpunkt des Aufkommens der Islamrechtsfrage lebenden *Mudjtahidūn* gemeint.

Nicht berücksichtigt wird daher die Meinungsäußerung von jemandem, der nach der Einigung die Fähigkeit eines *Mudjtahids* erlangt.[112]

„nach dem Tode des Propheten Muhammad (sas)":

Zu Lebzeiten des Propheten (sas) ist er die einzige Autorität in Religionsfragen. Die Meinung, Einigung und Meinungsverschiedenheit von Anderen in Religionsangelegenheiten steht nicht zur Debatte, solange die Antwort direkt von der Quelle zur Verfügung steht.[113]

„über eine Islamrechtsbeurteilung in einer Islamrechtsfrage":

Die Islamrechtsbeurteilung muss klar von Allen abgegeben oder die Zustimmung bestätigt werden.

---

108 Khallāf, 218 ff.; vgl. al-Zuḥaylī, I, 473-480.
109 Vgl. al-Zuḥaylī, I, 476-480.
110 Ebda, 500.
111 Vgl. Ebda, 480 ff.
112 Ebda, 501 f.
113 Ebda, 501, Khallāf, 45.

Die Islamrechtsfrage muss exakt die gleiche sein, d.h., auch die Situation und die Umstände in der spezifischen Islamrechtsfrage dürfen nicht unterschiedlich sein.

2.3.2 Säulen des *'Idjmāʿ* – أركان الإجماع [114]

1) Eine **Anzahl** von *Mudjtahidūn*:

D.h., dass es mindestens noch „zwei" Gelehrte geben muss, welche die Fähigkeiten eines *Mudjtahids* erlangt haben, damit eine „Einigung" zustande kommen kann. Mit einer Person kann logischerweise sowohl keine Einigung als auch kein Meinungsunterschied stattfinden. (Dies ist eher eine hypothetische Säule)

2) Einigung **von allen existierenden *Mudjtahidūn*** zur Zeit des Aufkommens der Rechtsfrage:

D.h., dass erstens alle existierenden *Mudjtahidūn* von der Rechtsfrage erfahren müssen, und zweitens sie sich alle in der Rechtsfrage einig sein müssen.

Solange es eine Meinungsverschiedenheit gibt, besteht die Möglichkeit von korrekter oder falscher Beurteilung auf jeder Seite. Auch die Einigung der Mehrheit beinhaltet die Möglichkeit von einem Fehler. Ferner sind die Einigung der Mehrheit sowie die Einigung der Bewohner von Medina oder der beiden Heiligen Städte, als auch der Nachkommenschaft des Propheten (sas) kein *'Idjmāʿ* in diesem Sinne und daher auch kein bindendes Argument.[115]

3) **Klare ausdrückliche Äußerung** der Rechtsmeinung eines jeden einzelnen *Mudjtahids*:

Entweder durch die Äußerung eines Islamrechtsgutachtens (*Fatwā*) oder durch klare Zustimmung eines Islamrechtsspruchs anderer darüber.

2.3.3 Legitimität / Beweiskraft (*Ḥudjdjiyyah* / حُجِّيَّة) des *'Idjmāʿ* [116]

Mit den erwähnten Kriterien ist *'Idjmāʿ* nach der breiten Meinung der Sunniten: ein **bindender absolut sicherer Schariabeleg – *Dalīl qaṭʿiyy* / دليل قطعي** (wenn er uns *mutawātir* (*viellinig*) überliefert ist), welcher nicht abrogiert werden kann und welchem nicht mehr widersprochen werden darf / لا يجوز نسخه أو مخالفته. So ist

114 Khallāf, 45 f., vgl. Zuḥaylī, I, 512 f.
115 al-Zuḥaylī, I, 482 f., 489-494.
116 Ebda, 513 f., Khallāf, 46 ff.

diese Rechtsfrage nach Bestätigung des *'Idjmā'*, kein Thema für neuen *Idjtihād* mehr.

Dieser *'Idjmā'* kommt an dritter Stelle nach *Kitāb* und *Sunnah* und wäre ein eigenständiger Beleg im Falle, dass die Islamrechtsbeurteilung nicht direkt auf *Kitāb* und *Sunnah* beruht.

Im Regelfall hat er aber einen Beleg aus *Kitāb* oder *Sunnah* zur Grundlage.

Falls dieser Beleg (Vers bzw. *Ḥadīth*) des *'Idjmā'* an sich kein bindender absolut sicherer Schariabeleg – *Dalīl qaṭ'iyy* / دليل قطعي sondern wahrscheinlich sicher – *Dalīl ẓanniyy* / دليل ظني ist (von Seiten der Authentizität (*'Āḥād*-Überlieferungen) oder der Klarheit der Bedeutung), wird *'Idjmā'* als eigener nachfolgender Beleg erachtet, da er aus der wahrscheinlich sicheren Beurteilung – *Ḥukm ẓanniyy* / حكم ظني eine definitiv sichere Beurteilung – *Ḥukm qaṭ'iyy* / حكم قطعي macht.

Falls der Beleg aus *Kitāb* oder *Sunnah* ein bindender, absolut sicherer Schariabeleg – *Dalīl qaṭ'iyy* / دليل قطعي ist (durch definitiv authentische Überlieferung sowie definitive Klarheit in seiner Bedeutung), ist *'Idjmā'* kein eigenständiger Beleg sondern von bestätigender Natur.

Bei den Imamiten der Schiiten ist er nur ein Beleg, wenn er die Meinung eines der unfehlbaren Imame beinhaltet (mit geteilter Meinung über die konkreten Imame).[117] Falls dies nicht der Fall ist, weil kein unfehlbarer Imam (mehr) anwesend ist, so ist er auch kein Beleg.[118]

Belege für die Legitimation des 'Idjma's:

Die drei klarsten **Belege aus dem Koran** sind folgende:

﴿ وَمَن يُشَاقِقِ ٱلرَّسُولَ مِنۢ بَعۡدِ مَا تَبَيَّنَ لَهُ ٱلۡهُدَىٰ وَيَتَّبِعۡ غَيۡرَ سَبِيلِ ٱلۡمُؤۡمِنِينَ نُوَلِّهِۦ مَا تَوَلَّىٰ وَنُصۡلِهِۦ جَهَنَّمَۖ وَسَآءَتۡ مَصِيرًا ﴾

﴿Wer aber dem Gesandten entgegenwirkt, nachdem ihm die Rechtleitung klar geworden ist, und einem anderen Weg als dem der Gläubigen folgt, werden Wir dem zukehren, dem er sich zugekehrt hat, und ihn der Hölle aussetzen, und (wie) böse ist der Ausgang!﴾ (4:115)

Dem, der sich vom Weg der Gesamtheit der Muslime (von denen die Meinung in Religionsfragen zu berücksichtigen ist, d.h. der *Mudjtahidūn*) abwendet, d.h. von ihrem *'Idjmā'*, wird die Hölle angedroht. Daraus ist zu verstehen, dass dies nicht zulässig ist.

---

117 Siehe dazu unter Fußnote 41 ab S. 22: Richtungen der Schiiten.

118 al-Zuḥaylī, I, 514; al-Muẓaffar, 342 f.

﴿ يَـٰٓأَيُّهَا ٱلَّذِينَ ءَامَنُوٓا۟ أَطِيعُوا۟ ٱللَّهَ وَأَطِيعُوا۟ ٱلرَّسُولَ وَأُو۟لِى ٱلْأَمْرِ مِنكُمْ ۖ فَإِن تَنَـٰزَعْتُمْ فِى شَىْءٍ فَرُدُّوهُ إِلَى ٱللَّهِ
وَٱلرَّسُولِ إِن كُنتُمْ تُؤْمِنُونَ بِٱللَّهِ وَٱلْيَوْمِ ٱلْـَٔاخِرِ ۚ ذَٰلِكَ خَيْرٌ وَأَحْسَنُ تَأْوِيلًا ﴾

﴿O die ihr glaubt, gehorcht Allah und gehorcht dem Gesandten und den Befehlshabern [/ die mit Autorität betraut worden sind (Asad)] unter euch! Wenn ihr miteinander über etwas streitet [/ uneinig seid (Asad)], dann bringt es vor [bringt es zurück zu] Allah und den Gesandten, wenn ihr wirklich an Allah und den Jüngsten Tag glaubt. Das ist am besten und am ehesten ein guter Ausgang.﴾ (4:59)

Wie bereits zu Beginn erwähnt, umfasst der Vers auch die Gesamtheit derer, denen die Angelegenheit des *'Idjtihād* obliegt, d.h. *'Idjmā'* der *Mudjtahidūn*.

﴿ [...] وَلَوْ رَدُّوهُ إِلَى ٱلرَّسُولِ وَإِلَىٰٓ أُو۟لِى ٱلْأَمْرِ مِنْهُمْ لَعَلِمَهُ ٱلَّذِينَ يَسْتَنۢبِطُونَهُۥ مِنْهُمْ [...] ﴾

﴿[…] Wenn sie es jedoch vor den Gesandten und den Befehlshabern [die mit Autorität betraut worden sind (Asad)] unter ihnen brächten, würden es wahrlich diejenigen unter ihnen wissen, die es herausfinden können. […]﴾ (4:83)

Dieser Vers beschreibt, dass die Gesamtheit (wenn sie sich einig sind) derer, welche fähig sind die Islamrechtsbeurteilungen zu extrahieren, zum korrekten Rechtsurteil gelangen.

Belege aus der *Sunnah*, welche die Unfehlbarkeit der Gesamtheit der *'Ummah* bestätigen (*'iṣmah al-'ummah min al-khaṭa'*), werden von manchen als *Tawātur ma'nawī* (Gewissheit in der Authentizität der Bedeutung) gewertet.[119] Von den Überlieferungen hierzu sind:

{Wahrlich, Allah versammelt meine *'Ummah* […] nicht im Irrtum, und Allahs Hand ist über der Gemeinschaft. Wer sich abwendet, der wendet sich zum Feuer ab.} (Ti, IV, 466, # 2167 / Alb: s ohne „wer sich abwendet …"; ähnlich Ha, I, 201, # 397)[120]

---

119 Siehe S. 34. al-Zuḥaylī, I, 517 ff.; vgl. al-Djuday', *Taysīr 'ilm 'uṣūl al-fiqh*, 152.

120 سنن الترمذي ت شاكر:
حَدَّثَنَا أَبُو بَكْرِ بْنُ نَافِعٍ البَصْرِيُّ قَالَ: حَدَّثَنَا المُعْتَمِرُ بْنُ سُلَيْمَانَ قَالَ: حَدَّثَنَا سُلَيْمَانُ المَدَنِيُّ، عَنْ عَبْدِ اللَّهِ بْنِ دِينَارٍ، عَنْ ابْنِ عُمَرَ، أَنَّ رَسُولَ اللَّهِ صَلَّى اللَّهُ عَلَيْهِ وَسَلَّمَ قَالَ: " إِنَّ اللَّهَ لَا يَجْمَعُ أُمَّتِي - أَوْ قَالَ: أُمَّةَ مُحَمَّدٍ صَلَّى اللَّهُ عَلَيْهِ وَسَلَّمَ - عَلَى ضَلَالَةٍ، وَيَدُ اللَّهِ مَعَ الجَمَاعَةِ، وَمَنْ شَذَّ شَذَّ إِلَى النَّارِ ": هَذَا حَدِيثٌ غَرِيبٌ مِنْ هَذَا الوَجْهِ وَسُلَيْمَانُ المَدَنِيُّ هُوَ عِنْدِي سُلَيْمَانُ بْنُ سُفْيَانَ، وَقَدْ رَوَى عَنْهُ أَبُو دَاوُدَ الطَّيَالِسِيُّ، وَأَبُو عَامِرٍ العَقَدِيُّ وَغَيْرُ وَاحِدٍ مِنْ أَهْلِ العِلْمِ، [ص:467] وَتَفْسِيرُ الجَمَاعَةِ عِنْدَ أَهْلِ العِلْمِ هُمْ أَهْلُ الفِقْهِ وَالعِلْمِ وَالحَدِيثِ، وسَمِعْت الجَارُودَ بْنَ مُعَاذٍ يَقُولُ: سَمِعْتُ عَلِيَّ بْنَ الحَسَنِ، يَقُولُ: سَأَلْتُ عَبْدَ اللَّهِ بْنَ المُبَارَكِ: مَنِ الجَمَاعَةُ؟ فَقَالَ: أَبُو بَكْرٍ وَعُمَرُ، قِيلَ لَهُ: قَدْ مَاتَ أَبُو بَكْرٍ وَعُمَرُ، قَالَ: فُلَانٌ وَفُلَانٌ، قِيلَ لَهُ: قَدْ مَاتَ فُلَانٌ وَفُلَانٌ، فَقَالَ عَبْدُ اللَّهِ بْنُ المُبَارَكِ: أَبُو حَمْزَةَ السُّكَّرِيُّ جَمَاعَةٌ: وَأَبُو حَمْزَةَ هُوَ مُحَمَّدُ بْنُ مَيْمُونٍ وَكَانَ شَيْخًا صَالِحًا، وَإِنَّمَا قَالَ هَذَا فِي حَيَاتِهِ عِنْدَنَا

{[...] Wer die Gemeinschaft eine Handbreite verlässt und stirbt, so stirbt er in der *Djāhiliyyah* (Unwissenheit vor dem Islam).} (Bu, IV, 47, # 7054; Mu, III, 1477, # 1849)[121]

2.3.4 Möglichkeit von *'Idjmā'*[122]

a) Al-Naẓẓām von den Mutaziliten vertritt die Meinung, dass ein *'Idjmā'* mit seinen Bedingungen in Realität nicht stattfinden kann da:
   - die Unterscheidung zwischen *Mudjtahid* und Allgemeinheit nicht wirklich möglich sei;
   - falls dies möglich wäre, es nicht wirklich möglich ist die Ansichten aller auf nahezu absolut authentischem Wege zu erlangen;
   - falls die ersten beiden möglich wären, ein *Mudjtahid* seine Meinung ändern könnte, bevor die Meinung aller gesammelt wurde.[123]

Die sunnitischen Gelehrten, welche sich grundlegend einig sind, dass *'Idjmā'* dieser Art ein bindendes Argument ist, sind sich teilweise im Detail uneinig über die Möglichkeit, wie dieser *'Idjmā'* wirklich stattfinden kann.

b) Offensichtlich vertreten al-Ghazālī und zeitgenössisch Abdullah Ibn al-Djuday'[124] die Ansicht, dass diese Art der Einigung nur wirklich möglich ist, wenn sie auf unmissverständlich klaren Belegen aus der Überlieferung beruhen, und dass auch die Allgemeinheit der Muslime dies zustimmend annimmt. Diese Einigung kann also nur in Bereichen vorkommen, welche als Selbstverständlichkeit des Islams (*ma'lūm min al-dīn bi-(a)l-ḍarūrah*) gelten, wie die Säulen des Islams, das Verbot von *Zinā* (außerehelicher Verkehr) und Alkoholkonsum, etc.

c) Die große Mehrheit der Gelehrten vertritt die Meinung, dass *'Idjmā'* wirklich möglich ist. Als Beleg dafür wird das wirkliche Vorkommen von *'Idjmā'* erwähnt, wie z.B. über das Kalifat von 'Abū Bakr, das Verbot vom Verzehr von Schweinefett, u.a.

المستدرك على الصحيحين للحاكم:
«إِنَّ اللَّهَ لَا يَجْمَعُ أُمَّتِي - أَوْ قَالَ أُمَّةَ مُحَمَّدٍ صَلَّى اللهُ عَلَيْهِ وَسَلَّمَ - عَلَى ضَلَالَةٍ أَبَدًا، وَيَدُ اللَّهِ عَلَى الْجَمَاعَةِ»

121 صحيح البخاري:
سَمِعْتُ ابْنَ عَبَّاسٍ، رَضِيَ اللَّهُ عَنْهُمَا، عَنِ النَّبِيِّ صَلَّى اللهُ عَلَيْهِ وَسَلَّمَ، قَالَ: «مَنْ رَأَى مِنْ أَمِيرِهِ شَيْئًا يَكْرَهُهُ فَلْيَصْبِرْ عَلَيْهِ فَإِنَّهُ مَنْ فَارَقَ الجَمَاعَةَ شِبْرًا فَمَاتَ، إِلَّا مَاتَ مِيتَةً جَاهِلِيَّةً»
صحيح مسلم:
عَنِ ابْنِ عَبَّاسٍ، يَرْوِيهِ، قَالَ: قَالَ رَسُولُ اللهِ صَلَّى اللهُ عَلَيْهِ وَسَلَّمَ: «مَنْ رَأَى مِنْ أَمِيرِهِ شَيْئًا يَكْرَهُهُ فَلْيَصْبِرْ، فَإِنَّهُ مَنْ فَارَقَ الْجَمَاعَةَ شِبْرًا، فَمَاتَ، فَمِيتَةٌ جَاهِلِيَّةٌ»

122 Khallāf, 48 ff.; al-Zuḥaylī, I, 521-524.

123 al-Zuḥaylī, I, 521 f.

124 al-Djuday', *Taysīr 'ilm 'uṣūl al-fiqh*, 149 ff.

Khallāf sieht dies nur möglich für eine Regierung, da diese die Bedingungen für einen *Mudjtahid* festlegen und alle ihre Meinungen organisiert einholen kann. Al-Zuḥaylī sieht die Möglichkeit dazu auch nach der Zeit der Prophetengefährten, durch die heutigen Möglichkeiten alle *Mudjtahidūn* zu versammeln oder ihre Meinung durch die heutigen weitgehend sicheren Kommunikationsmöglichkeiten einzuholen.

2.3.5 Arten von *'Idjmā'*[125]

A) *'Idjmā' ṣarīḥ* - klar bekannt gegebener *'Idjmā'* (*ḥaqīqiyy* – wirklicher oder *qaṭ'iyy*-definitiver *'Idjmā'*)

Dies ist die beschriebene richtige Form von *'Idjmā'*, wo jeder *Mudjtahid* seine Meinung durch eine eigene *Fatwā* oder seine klare Zustimmung unmissverständlich bekannt gibt.

Diese Art des *'Idjmā'* ist wie erwähnt ein bindendes Argument bei den meisten Gelehrten.

B) *'Idjmā' sukūtiyy* – schweigend angenommener *'Idjmā'* (*ẓanniyy* – angenommener *'Idjmā'*)

Die klare Bekanntgabe der Meinung von mehreren *Mudjtahidūn* und das Schweigen der anderen dazu, obwohl ihnen der Islamrechtsspruch der sich äußernden *Mudjtahidūn* bekannt ist und sie die Möglichkeit haben zu widersprechen, wird *'Idjmā' sukūtī* genannt.

Die Gelehrten sind geteilter Meinung darüber, ob, und wenn, wie weit *'Idjmā' sukūtiyy* einen zu berücksichtigenden Beleg darstellt.[126]

a) Er ist **kein zu berücksichtigender Beleg** bei der Mehrheit der Gelehrten (Schafiiten, Malikiten, manche Hanbaliten, sowie manche Hanafiten …)
b) Bei den meisten Hanafiten und manchen Hanbaliten ist er ein **zu berücksichtigender, bindender (*qaṭ'iyy* / قطعي)** Beleg unter den Bedingungen, dass jedem schweigenden *Mudjtahid* die Rechtsfrage und die bestehenden *Fatāwā* bekannt sind, dass er genug Zeit hatte nachzuforschen und seine Meinung bekannt zu geben und dass es keinen Grund für sein Schweigen trotz seines Meinungsunterschieds gibt (wie Angst vor einem Herrscher, Schmeicheln, die *Fatāwā* nicht ernst nehmend).

---

125 Khallāf, 51 ff.

126 Vgl. al-Zuḥaylī, I, 524-532; al-Djuday', *Taysīr 'ilm 'uṣūl al-fiqh*, 152, ff.

c) Bei manchen Schafiiten und Hanafiten stellt er einen **nicht bindenden**, aber zu **berücksichtigenden (wahrscheinlichen – *ẓanniyy* / ظنّي) Beleg** dar, nach welchem gehandelt wird, sofern ihm nicht ein stärkerer Beleg widerspricht.

Abschließend kann gesagt werden, dass es äußerst unwahrscheinlich ist, dass ein wirklicher *'Idjmāʿ*, welcher ein absolut bindender Beleg ist, in nicht definitiv klaren, allgemein bekannten Rechtsfragen zustande kommt (*maʿlūm min al-dīn bi-(a)l-ḍarūrah*). Jedoch sollte ein sicherer *'Idjmāʿ sukūtiyy* nicht außer Acht gelassen werden, da er zumindest ein wahrscheinlicher Beleg ist.

Zu achten ist aber darauf, dass sehr oft, wenn von *'Idjmāʿ* gesprochen wird, nicht einmal ein klarer *'Idjmāʿ sukūtiyy* gemeint ist, sondern lediglich die Einigung der absoluten Mehrheit der Gelehrten oder sogar nur die Einigung innerhalb einer *Madhhab* (Rechtsschule), was selbstverständlich kein bindendes Argument ist.

2.4 *Qiyās* / القِياس (Analogiebildung)

Einführung:

Die explizit behandelten Fragestellungen in den Offenbarungstexten von Koran und *Sunnah* sind in ihrem Ausmaß beschränkt. Selbst wenn die Kernfragestellungen der Religion, mit den Inhalten der Glaubensüberzeugungen (*ʿAqīdah*) und rituell gottesdienstlichen Handlungen (*ʿIbādāt*) darin genau beschrieben und festgelegt sind, kommt es vor allem in den Bereichen des menschlichen Zusammenlebens (wirtschaftlich, sozial, politisch usw.) mit fortschreitender Zeit und veränderten Umständen und Entwicklungen zu neuen Fragestellungen, über welche die Offenbarungstexte in ihrem beschränkten Ausmaß keine expliziten, detaillierten Antworten geben. Da der Islam als abschließende Offenbarungsreligion den Anspruch stellt, Rechtleitung für alle Menschen bis zum Jüngsten Tag zu gewährleisten, die Menschen aber auch Antworten bezüglich ihrer fortlaufend neuen Fragestellungen benötigen, sind in Anlehnung an die Offenbarungstexte aus weiteren Quellen Aufschluss über neue Fragestellungen zu suchen. Von spezieller Bedeutung ist hier *Qiyās* – die analogische Übertragung von beschriebenen Beurteilungen auf neue unbeschriebene Vergleichsfälle.

2.4.1 Allgemeine Definition und Erläuterung:

Qiyās / قِيَاس ist das Verbalsubstantiv vom Verb *qāsa* / قَاسَ. Sprachlich bedeutet „*qāsa ... bi* / *ʿalā...* / قاس الشَّيْئَ عَلَى / بِ غَيْرِه“: (Etwas) nach (etwas) anderem abmessen / bemessen.[127]

Fachspezifisch kann *Qiyās* definiert werden als:

»**Das Gleichsetzen einer Schariarechtsfrage, deren Beurteilung nicht in einem Text** (aus Koran oder *Sunnah*) **ausdrücklich behandelt wird, mit einer Schariarechtsfrage, deren Beurteilung in einem Text ausdrücklich behandelt wird, in der Beurteilung, welche im Text gegeben wird, aufgrund der Übereinstimmung beider Schariarechtsfragen in der Wirkungsursache (**عِلَّة / ***ʿIllah*) für die Beurteilung**«.[128]

Oder:

»**Das Gleichsetzen vom *Farʿ*** (unbeschriebene, zu klärende Schariarechtsfrage) **mit dem *ʾAṣl*** (beschriebene Schariarechtsfrage), **im *Ḥukm*** (Schariabeurteilung), **aufgrund ihrer Gemeinsamkeit** [**der *ʿIllah*** (Wirkungsursache für die Schariabeurteilung)]«.[129]

Mit „Gleichsetzen“ ist gemeint, dass den beiden Schariarechtsfragen, nachdem sie verglichen wurden, die gleiche Schariabeurteilung zugeschrieben wird.

„*ʾAṣl* (beschriebene Schariarechtsfrage)“ ist die Schariarechtsfrage, deren Beurteilung in einem Text (von Koran oder *Sunnah*) ausdrücklich behandelt wird.

„*Farʿ* (unbeschriebene, zu klärende Schariarechtsfrage)“ ist die Schariarechtsfrage, deren Beurteilung nicht in einem Text (von Koran oder *Sunnah*) ausdrücklich behandelt wird und deren entsprechende Beurteilung durch *Qiyās* (Analogiebildung) ergründet wird.

---

127 Vgl. s. v. (قيس): *Lisān al-ʿarab*; al-Fayrūsʾābādī, *al-Qāmūs al-muḥīṭ*.

128 Khallāf, 52: "هو إلحاق واقعة لا نص على حكمها بواقعة ورد نص بحكمها في الحكم الذي ورد به النص، لتساوي الواقعتين في علة الحكم"; ähnlich auch bei al-Djudayʿ, *Taysīr ʿilm ʿuṣūl al-fiqh*, 160.

129 Ibn Qudāmah, *Rawdah al-nāẓir* (Riad: Maktabah al-rushd, 5. Aufl. 1997), III, 797: "حمل فرع على أصل، في الحكم، بجامع بينهما [هو العلة]"

Veranschaulichendes Beispiel der vier Grundbestandteile ('Arkān – Säulen) des Qiyās:

'Aṣl (im Text von Koran od. *Sunnah* beschriebene Schariarechtsfrage)	***Ḥukm (-al-'Aṣl)*** (im Text zugeschriebene Beurteilung für *'Aṣl*)	***'Illah* von *Ḥukm*** (Wirkungsursache für die Beurteilung)	***Far'*** (im Text unbeschriebene, zu klärende Schariarechtsfrage)
Trinken von Wein	**Verbot (*Taḥrīm*)**	**berauschende Wirkung**	**Konsum von Marihuana**
﴿ يَـٰٓأَيُّهَا ٱلَّذِينَ ءَامَنُوٓاْ إِنَّمَا <u>ٱلْخَمْرُ</u> وَٱلْمَيْسِرُ وَٱلْأَنصَابُ وَٱلْأَزْلَـٰمُ رِجْسٌ مِّنْ عَمَلِ ٱلشَّيْطَـٰنِ <u>فَٱجْتَنِبُوهُ</u> لَعَلَّكُمْ تُفْلِحُونَ ﴾ ﴿O die ihr glaubt, <u>Wein</u> [...] sind ein Gräuel vom Werk des Satans. So <u>haltet euch davon fern</u>…﴾ (5:90; mod. Übers.)			ist wie das Trinken von Wein auch berauschend = *'Illah* → daher auch verboten = *Ḥukm*.

Qiyās stellt den vierten Schariabeleg dar, ist aber in Wirklichkeit nicht ein Festlegen einer Schariarechtsbeurteilung (*Ḥukm*), ohne den Text (aus Koran und *Sunnah*) als Grundlage zu haben. Vielmehr ist der *Ḥukm* für die nicht „direkt" erwähnte Rechtsangelegenheit durch die Bedeutung des Textes „verborgen" behandelt und wird vom *Mudjtahid* (zum Extrahieren Befähigten) durch *Qiyās* nur extrahiert.[130] Daher wird *Qiyās* in der Malikitischen Rechtsschule auch als „Bedeutung der Anrede [des Textes] – *Ma'nā al-khiṭāb* / مَعْنَى الخِطاب" bezeichnet.[131]

2.4.2 Legitimität / Beweiskraft (*Ḥudjdjiyyah* / حُجِّيَّة) des *Qiyās*

a) Bestätiger des *Qiyās*:

Bei der Mehrheit der Gelehrten – *al-Djumhūr* / الجُمْهُور ist *Qiyās* ein legitimer, zu beachtender Beleg an vierter Stelle im Bereich der Islamrechtsbeurteilungen. Im Bereich der *'Aqīdah* (Inhalte der Glaubensüberzeugungen) ist er aber nicht zulässig.

b) Negierer des *Qiyās*:

Nach Ansicht der Zahiriten, *Naẓẓāmiyyah* von den Mutaziliten und Zwölferschiiten, ist *Qiyās* kein legitimer Beleg und eine Argumentation mit ihm ist unzulässig.[132]

130 al-Djuday', *Taysīr 'ilm 'uṣūl al-fiqh*, 160.

131 al-Bādjī, *'Iḥkām al-wuṣūl*, 2. Aufl. (Beirut: Dār al-gharb al-'islāmī, 1995), II, 534 f.

132 Khallāf, 54; al-Zuḥaylī, I, 578 ff.; al-Djuday', vgl. *Taysīr 'ilm 'uṣūl al-fiqh*, 176 f. al-Ṭūsī, I, 39: "وأما القياس والاجتهاد فعندنا أنهما ليسا بدليلين، بل محظور استعمالهما".

2.4.2.1 Belege der Bestätiger des *Qiyās*:

Belege aus dem Kitāb (Koran)

﴿ يَٰٓأَيُّهَا ٱلَّذِينَ ءَامَنُوٓاْ أَطِيعُواْ ٱللَّهَ وَأَطِيعُواْ ٱلرَّسُولَ وَأُوْلِي ٱلْأَمْرِ مِنكُمْ ۖ فَإِن تَنَٰزَعْتُمْ فِي شَيْءٍ فَرُدُّوهُ إِلَى ٱللَّهِ وَٱلرَّسُولِ إِن كُنتُمْ تُؤْمِنُونَ بِٱللَّهِ وَٱلْيَوْمِ ٱلْأَخِرِ ۚ ذَٰلِكَ خَيْرٌ وَأَحْسَنُ تَأْوِيلًا ﴾

❰O die ihr glaubt, <u>gehorcht</u> Allah und gehorcht dem Gesandten und <u>den Befehlshabern [/ die mit Autorität betraut worden sind (Asad)] unter euch</u>! Wenn ihr miteinander über etwas streitet [/ uneinig seid (Asad)], dann bringt es vor [bringt es zurück zu] Allah und den Gesandten, wenn ihr wirklich an Allah und den Jüngsten Tag glaubt. Das ist am besten und am ehesten ein guter Ausgang.❱ (4:59)

Allah befiehlt den Gläubigen, wenn sie in einer Angelegenheit verschiedener Meinung sind, d.h., dass es keine Beurteilung für die Angelegenheit im Koran, *Sunnah* oder *'Idjmā'* gibt, „<u>dann bringt es vor (bringt es zurück zu) Allah und den Gesandten</u>". Dies umfasst im Falle der Anwesenheit des Propheten (sas), ihn direkt zu fragen, in seiner Abwesenheit es jedoch <u>zurückzuführen, auf was im Koran und der *Sunnah* ist, damit zu vergleichen</u> und dafür den entsprechenden *Ḥukm* abzuleiten.

﴿ هُوَ ٱلَّذِىٓ أَخْرَجَ ٱلَّذِينَ كَفَرُواْ مِنْ أَهْلِ ٱلْكِتَٰبِ مِن دِيَٰرِهِمْ لِأَوَّلِ ٱلْحَشْرِ ۚ مَا ظَنَنتُمْ أَن يَخْرُجُواْ ۖ وَظَنُّوٓاْ أَنَّهُم مَّانِعَتُهُمْ حُصُونُهُم مِّنَ ٱللَّهِ فَأَتَىٰهُمُ ٱللَّهُ مِنْ حَيْثُ لَمْ يَحْتَسِبُواْ ۖ وَقَذَفَ فِي قُلُوبِهِمُ ٱلرُّعْبَ ۚ يُخْرِبُونَ بُيُوتَهُم بِأَيْدِيهِمْ وَأَيْدِى ٱلْمُؤْمِنِينَ فَٱعْتَبِرُواْ يَٰٓأُوْلِي ٱلْأَبْصَٰرِ ﴾

❰Er ist es, Der diejenigen von den Leuten der Schrift, die ungläubig sind, aus ihren Wohnstätten zur ersten Versammlung vertrieben hat. Ihr habt nicht geglaubt, daß sie fortziehen würden; und sie meinten, daß ihre Festungen sie vor Allah schützten. Da kam Allah über sie, von wo sie nicht (damit) rechneten, und jagte in ihre Herzen Schrecken, so daß sie ihre Häuser mit ihren (eigenen) Händen und den Händen der Gläubigen zerstörten. <u>Darum zieht die Lehre daraus, o die ihr Einsicht besitzt.</u>❱ (59:2)

Obwohl diese Offenbarung ein spezielles Ereignis behandelt, bedeutet der abschließende Teil soviel wie „vergleicht euch selbst mit ihnen"; wenn ihr euch gleichermaßen verhaltet, werdet ihr gleichermaßen behandelt (bestraft).

Hier ist ersichtlich, dass Allah mit der Ursache das Verursachte (*Ḥukm*) bestimmt, was auch auf die Scharia anzuwenden ist.

Auch die Tatsache, dass Allah oft Seine Schariabeurteilungen im Zusammenhang mit bestimmten Merkmalen / Eigenschaften erwähnt, weist darauf hin, dass diese Eigenschaften die Ursache für Seine Beurteilung sind. z.B.:

﴿ وَيَسْـَٔلُونَكَ عَنِ ٱلْمَحِيضِ ۖ قُلْ هُوَ أَذًى فَٱعْتَزِلُوا۟ ٱلنِّسَآءَ فِى ٱلْمَحِيضِ [...] ﴾

﴿Und sie werden dich fragen nach den monatlichen Perioden (der Frauen). Sag: »Es ist ein verletzlicher Zustand [/ Schaden darin]. Haltet euch darum [mit Beischlaf] fern von den Frauen während ihrer monatlichen Perioden [...]﴾ (Asad) (2:222)

Das Verbot zum Beischlaf zur Zeit der Menstruation ist in Verbindung mit „verletzlichem Zustand / Schaden darin" erwähnt. Wäre dieser „verletzliche Zustand / Schaden darin" nicht Ursache für das Verbot, würde kein Sinn darin bestehen diese Beschreibung zu erwähnen.

Belege aus der Sunnah

Hier finden wir sehr klare Belege dafür wie z.B.:

- Der *Ḥadīth* von Muʿādh:

»Der Gesandte Allahs (sas) sagte zu Muʿādh ibn Djabal, als er ihn nach Jemen schickte: {Wie wirst du richten, wenn sich dir eine Rechtsangelegenheit unterbreitet?} Er antwortete: „Ich richte mit dem, was im Buch Allahs ist." Er (sas) sagte: {Und wenn dies nicht im Buch Allahs ist?} Er antwortete: „Dann (mit) der *Sunnah* des Gesandten Allahs (sas)." Er (sas) sagte: {Und wenn dies nicht in der *Sunnah* des Gesandten Allahs (sas) ist?} Er antwortete: „(Dann) bemühe ich mich um eigenständigen *Idjtihād*." Er [Muʿādh] sagte: „Dann klopfte er (sas) mir auf die Brust und sagte: {Alles Lob ist Allahs, Der den Gesandten des Gesandten Allahs (sas) zu dem verhalf, was den Gesandten Allahs zufrieden macht!}« (Ah, XXXVI, 333, # 22007; Arn: ʼisnād d; gleichartig bei: Ti, III, 608, # 1327; Alb: d)[133]

---

133 مسند أحمد:
حَدَّثَنَا مُحَمَّدُ بْنُ جَعْفَرٍ، حَدَّثَنَا شُعْبَةُ، عَنْ أَبِي عَوْنٍ، عَنِ الْحَارِثِ بْنِ عَمْرٍو ابْنِ أَخِي الْمُغِيرَةِ بْنِ شُعْبَةَ، عَنْ نَاسٍ مِنْ أَصْحَابِ مُعَاذٍ مِنْ أَهْلِ حِمْصٍ، عَنْ مُعَاذٍ: أَنَّ رَسُولَ اللهِ صَلَّى اللهُ عَلَيْهِ وَسَلَّمَ حِينَ بَعَثَهُ إِلَى الْيَمَنِ، فَقَالَ: " كَيْفَ تَصْنَعُ إِنْ عُرِضَ لَكَ قَضَاءٌ؟ " قَالَ: أَقْضِي بِمَا فِي كِتَابِ اللهِ. قَالَ: " فَإِنْ لَمْ يَكُنْ فِي كِتَابِ اللهِ؟ " قَالَ: فَبِسُنَّةِ رَسُولِ اللهِ صَلَّى اللهُ عَلَيْهِ وَسَلَّمَ. قَالَ: " فَإِنْ لَمْ يَكُنْ فِي سُنَّةِ رَسُولِ اللهِ صَلَّى اللهُ عَلَيْهِ وَسَلَّمَ؟ " قَالَ: أَجْتَهِدُ رَأْيِي، لَا آلُو. قَالَ: فَضَرَبَ رَسُولُ اللهِ صَلَّى اللهُ عَلَيْهِ وَسَلَّمَ صَدْرِي، ثُمَّ قَالَ: " الْحَمْدُ لِلَّهِ الَّذِي وَفَّقَ رَسُولَ رَسُولِ اللهِ لِمَا يُرْضِي رَسُولَ اللهِ "
إسناده ضعيف لإبهام أصحاب معاذ وجهالة الحارث بن عمرو، لكن مال إلى القول بصحته غير واحد من المحققين من أهلِ العلم، منهم أبو بكر الرازي وأبو بكر بن العربي والخطيب البغدادي وابن قيم الجوزية.
قال الخطيب في "الفقيه والمتفقه" 1/189-190: إن أهل العلم قد تقبلوه واحتجوا به، فوقفنا بذلك على صحته عندهم كما وقفنا على صحة قول رسول الله صَلَّى اللهُ عَلَيْهِ وَسَلَّمَ: "لا وصية لوارث"، وقوله في البحر: "هو الطهور ماؤه، الحل ميتته" وقوله: "إذا اختلف المتبايعان في الثمن والسلعةُ قائمة، تحالفا وترادا البيع"، وقوله: "الدية على العاقلة"، وإن كانت هذه الأحاديث لا

Der Prophet (sas) bestätigte Muʿādh darin, allgemein *Idjtihād* anzuwenden, was auch *Qiyās* umfasst.

- Aus den Handlungen unseres Propheten (sas) selbst geht hervor, dass er manchmal mit *Qiyās* argumentierte. Da er allgemein - und auch speziell in der Islamrechtsergründung - ein Vorbild ist, ist ihm darin zu folgen. Bsp.:

Als der Prophet (sas) von mehreren *Ṣaḥābah* in verschiedenen *ʾAḥādīth* nach der Möglichkeit für die Verrichtung einer verpflichtenden Hadsch für jemanden Verstorbenen gefragt wurde, antwortete der Prophet (sas) argumentierend mit einem *Qiyās* mit Worten wie: »{[…] Meinst du, wenn deine Mutter eine finanzielle Schuld offen hätte, würdest du sie begleichen?} Sie sagte: „Ja!" Da sagte er (sas): {Begleicht bei Allah was für Ihn ist, denn gewiss ist Allah berechtigter der Begleichung!}« (Bu, IX, 102, # 7315)[134]

Genauso antwortete der Prophet (sas) mit einem *Qiyās*, als ihn ʿUmar nach dem Küssen (ohne Erregung) des fastenden Ehepaars fragte:

»[…] {Was meinst du darüber, wenn du deinen Mund mit Wasser ausspülst, während du fastest?} Er (ʿUmar) antwortete: „Da ist nichts dabei." Er (sas) sagte: {Das sollte dir (als Antwort über den *Ḥukm*) genügen.}«(AD, II, 311, # 2385 / Alb: s; ähnl. IHi, VIII, 313, # 3544 / Arn: ʾisnād s)[135]

تثبت من جهة الإسناد، لكن لما تلقتها الكافة عن الكافة غَنُوا بصحتها عندهم عن طلب الإسناد لها، فكذلك حديث معاذ لما احتجوا به جميعاً غَنُوا عن طلب الإسناد له.

وقال ابن القيم في "إعلام الموقعين" 202/1: فهذا حديث وإن كان عن غير مُسَمَّيْنَ، فهم أصحاب معاذ، فلا يضره ذلك، لأنه يدل على شهرة الحديث وأن الذي حدث به الحارث بن عمرو، جماعة من أصحاب معاذ، لا واحد =

Dieser *Hadith* ist *Mursal*, da die Gefährten von Muʿādh nicht namentlich erwähnt sind und wird daher von manchen als *daʿīf* bewertet. Jedoch andere (al-Dāraquṭnī, ʾAbū Bakr al-Rāzī, al-Khaṭīb al-Baghdādī, …) bewerten ihn als authentisch, da die Gefährten von Muʿādh alle vertrauenswürdig sind und der *Ḥadith mashhūr* (danach weitverbreitet überliefert) ist. Siehe al-Zuḥaylī, I, 594 und Anmerkungen von Arn zum *Ḥadīth*.

134 عَنِ ابْنِ عَبَّاسٍ أَنَّ امْرَأَةً جَاءَتْ إِلَى النَّبِيِّ صَلَّى اللهُ عَلَيْهِ وَسَلَّمَ، فَقَالَتْ: إِنَّ أُمِّي نَذَرَتْ أَنْ تَحُجَّ فَمَاتَتْ قَبْلَ أَنْ تَحُجَّ، أَفَأَحُجَّ عَنْهَا؟ قَالَ: «نَعَمْ، حُجِّي عَنْهَا، أَرَأَيْتِ لَوْ كَانَ عَلَى أُمِّكِ دَيْنٌ أَكُنْتِ قَاضِيَتَهُ؟»، قَالَتْ: نَعَمْ، فَقَالَ: «اقْضُوا اللَّهَ الَّذِي لَهُ، فَإِنَّ اللَّهَ أَحَقُّ بِالوَفَاءِ»

135 سنن أبي داود:
عَنْ جَابِرِ بْنِ عَبْدِ اللَّهِ قَالَ: قَالَ عُمَرُ بْنُ الْخَطَّابِ: هَشَشْتُ، فَقَبَّلْتُ وَأَنَا صَائِمٌ، فَقُلْتُ: يَا رَسُولَ اللَّهِ، صَنَعْتُ الْيَوْمَ أَمْرًا عَظِيمًا قَبَّلْتُ، وَأَنَا صَائِمٌ، قَالَ: «أَرَأَيْتَ لَوْ مَضْمَضْتَ مِنَ الْمَاءِ، وَأَنْتَ صَائِمٌ» - قَالَ عِيسَى بْنُ حَمَّادٍ فِي حَدِيثِهِ - قُلْتُ: لَا بَأْسَ بِهِ، ثُمَّ اتَّفَقَا، قَالَ: «فَمَهْ»
صحيح ابن حبان:
أَنَّ عُمَرَ بْنَ الْخَطَّابِ، قَالَ: هَشَشْتُ، فَقَبَّلْتُ وَأَنَا صَائِمٌ، فَجِئْتُ رَسُولَ اللَّهِ صَلَّى اللَّهُ عَلَيْهِ وَسَلَّمَ، فَقُلْتُ: لَقَدْ صَنَعْتُ الْيَوْمَ أَمْرًا عَظِيمًا، قَالَ: «وَمَا هُوَ»، قُلْتُ: قَبَّلْتُ وَأَنَا صَائِمٌ، فَقَالَ صَلَّى اللَّهُ عَلَيْهِ وَسَلَّمَ: «أَرَأَيْتَ لَوْ مَضْمَضْتَ مِنَ الْمَاءِ»، قُلْتُ: إِذًا لَا يَضُرُّ، قَالَ: «فَفِيمَ»

Vernunftmäßige Argumente

- Die Schariarechtsbeurteilungen wurden von Allah verordnet, um Nutzen für Seine Geschöpfe (Menschen) zu bringen und Schaden abzuwenden. Und die *ʿIllah* ist die erachtete Verwirklichung dieser Weisheit.
- Die Texte des Korans und der *Sunnah* sind in ihrer direkten Aussage beschränkt auf gewisse Islamrechtsfragen. Nur mit *Qiyās* (der Übertragung ihrer Bedeutung) im Hinblick auf neue Islamrechtsfragen erfüllt die Scharia, was von ihr erwartet wird und löst alle Islamrechtsfragen für alle neuen Situationen und Zeiten bis zum Jüngsten Tag.
- Der gesunde Menschenverstand lässt einen bei zwei gleichwertigen Angelegenheiten zu dem gleichen Urteil gelangen, solange es keinen maßgeblichen Unterschied zwischen beiden gibt.

Weiter gibt es auch zahlreiche klare Überlieferungen über die Argumentation der Ṣaḥābah mit Qiyās. Unter ihnen 'Abū Bakr, ʿUmar, ʿAlī, Ibn ʿAbbās,...[136]

2.4.2.2 Einwände der Negierer von *Qiyās* und ihre Widerlegung [137]

1. *Einwand: Der Taklīf (die Verantwortlichkeit / Beauftragung) basiert auf Gewissheit, nicht auf Vermutung.*

Argument wird mit dem Vers:

﴿وَلَا تَقْفُ مَا لَيْسَ لَكَ بِهِۦ عِلْمٌ [...]﴾

﴿Und verfolge nicht das, wovon du kein Wissen hast [...]﴾(17:36)

Als Antwort darauf wird erklärt, dass untersagt ist in *ʿAqīdah*-Fragen (Kernfragen der Glaubensüberzeugung) Vermutungen zu folgen. Im Bereich der *'Aḥkām* (Islamrechtsbeurteilungen) ist nur untersagt derjenigen Vermutung zu folgen, welche selbst im weiten Sinne nicht auf einer Grundlage aus der Offenbarung beruht und aus der „Luft" gegriffen ist. Was aber vor allem die Verzweigungen (*Furūʿ*) der *'Aḥkām* betrifft, so sind wir verpflichtet dem Höchstwahrscheinlichen zu folgen, wie bereits im Kapitel *Sunnah* unter *'Āḥād*-Überlieferungen belegt wurde. Auch die meisten Texte diesbezüglich sind nur *ẓanniyy* (wahrscheinlich sicher) in der Deutlichkeit und / oder der Authentizität.

---

136 Vgl. al-Zuḥaylī, I, 586, 597 ff.; al-Djudayʿ, vgl. *Taysīr ʿilm ʿuṣūl al-fiqh*, 177.

137 Vgl. Khallāf, 59 f., al-Zuḥaylī, I, 581-591.

2. *Einwand: Einige Ṣaḥābah (Prophetengefährten) verpönten das Folgen von Ra'y – Verstand / Meinung, und Qiyās ist darauf aufgebaut*

Hierauf wird entgegnet, dass damit das Folgen vom *Ra'y* gemeint ist, welcher aus der Luft gegriffen und fern von schariakonformer Grundlage ist, und nicht der *Ra'y* – die Meinung, welche sich auf gesunden *Idjtihād* beruft. Es wird ausdrücklich von *Ṣaḥābah* auch überliefert, dass sie mit ihrem *Ra'y* argumentieren.

2.4.3 Säulen (*'Arkān* / أَرْكَان) des *Qiyās*

Wie aus der Definition klar hervorgeht, beruht *Qiyās* auf vier Säulen. Diese werden hier näher erläutert und ihre Bedingungen erklärt.

2.4.3.1 *'Aṣl* / الأَصْل

'Aṣl / الأَصْل: »Die Islamrechtsfrage, welcher im Text (von Koran od. *Sunnah*) die entsprechende Beurteilung (*Ḥukm*) zugeschrieben ist«

auch genannt: *al-maqīs ʿalayh* / المَقِيس عَلَيْه – nach dem bemessen wird.[138]

2.4.3.2 *Farʿ* / الفَرْع

Farʿ / الفَرْع: »Die Islamrechtsfrage, welcher nicht in einem Text (von Koran od. *Sunnah*) die entsprechende Beurteilung (*Ḥukm*) zugeschrieben ist und welche mit dem *'Aṣl* im *Ḥukm* gleichgesetzt wird«

Auch genannt: *al-maqīs* / المَقِيس – das bemessen wird.[139]

Bedingungen in 'Aṣl und Farʿ:[140]

Der *Ḥukm* im *Farʿ* darf nicht bereits im Text zugeschrieben oder durch „*'Idjmāʿ*" bestimmt sein.

Zwischen *'Aṣl* und *Farʿ* darf es keinen maßgeblichen Unterschied geben, welcher ihre Gleichsetzung inkorrekt machen würde.

2.4.3.3 *Ḥukm al-Aṣl* / حُكْمُ الأَصْل

Ḥukm al-Aṣl / حُكْمُ الأَصْل: »Die Schariabeurteilung, welche dem *'Aṣl* im Text zugeschrieben ist und auch dem *Farʿ* gegeben werden soll«[141]

---

138 Khallāf, 60: "ما ورد بحكمه النص".

139 Ebda: "ما لم يرد بحكمه النص".

140 Vgl. 'Abū Zahrah, 215 f.; Khallāf, 61.

Bedingungen im Ḥukm, damit er auf Far' übertragen werden kann:[142]

1) Der *Ḥukm* muss eine praktische Islamrechtsbeurteilung sein.

D.h., dass *Qiyās* in *'Aqīdah* (Inhalten der Glaubensüberzeugung), oder *Sulūk* (reinen, nicht handlungsverbundenen Charaktereigenschaften) nicht anwendbar ist, da diese sich nicht direkt mit praktischen, offensichtlichen Handlungen befassen, sondern mit Überzeugungen und Gefühlen.

2) Der *Ḥukm* von *'Aṣl* muss im Text (Koran oder *Sunnah*) zugeschrieben sein.

Was selbst durch *Qiyās* bestimmt wurde, kann nicht gleichzeitig *'Aṣl* für etwas anderes darstellen, wie z.B. der Konsum von Most nicht durch *Qiyās* auf Bier verboten ist, sondern ebenfalls durch *Qiyās* auf Wein, welcher im Koran beschrieben ist, beurteilt wird.

3) Der Nutzen des *Ḥukm* muss vernunftmäßig erfassbar / nachvollziehbar sein – *ma'qūl al-ma'nā* / مَعْقُول المَعْنَى

Auch wenn jede Beurteilung (*Ḥukm*) zum Nutzen der Menschen verordnet ist, werden die Beurteilungen (*'Aḥkām*) allgemein hinsichtlich der vernunftgemäßen Nachvollziehbarkeit des Nutzens in zwei Kategorien aufgeteilt:

A) *vernunftmäßig erfassbar / nachvollziehbar – ma'qūl al-ma'nā* / مَعْقُول المَعْنَى, auch bezeichnet als *mu'allalah* / مُعَلَّلَة: Das Erfassen ihrer weisen Ursachen hat Allah nicht auf Sich beschränkt, sondern Er leitet den Verstand zu ihrer Erkenntnis. Von dieser Kategorie sind die meisten praktischen Schariabeurteilungen im Bereich der zwischenmenschlichen Interaktionen (*Mu'āmalāt*), wie Handels-, Vertrags-, Familienrecht usw.

B) *nicht vernunftmäßig erfassbar / nachvollziehbar – ghayr ma'qūl al-ma'nā* / غَيْر مَعْقُول المَعْنَى oder auch bezeichnet als rein gottesdienstlich (ohne augenscheinlichen Nutzen) – *ta'abbudiyyah* / تَعَبُّدِيَّة : Die weise Ursache ihrer Beurteilung kennt Allah und ist dem Menschen weder bekannt noch ergründbar. Beispielsweise ist der spezifische Nutzen hinter der speziellen Anzahl der Gebete und ihrer unterschiedlichen Gebetseinheiten oder dem Ausmaß der Sühnen (*Kaffārāt*) usw. nicht vernunftgemäß bestimmbar, obwohl auch darin eine Weisheit (*Ḥikmah*) Gottes verborgen liegt. Von dieser Kategorie sind im Allgemeinen die Einzelheiten der *'Ibādāt* (rituellen Gottesdienste).

---

141 Khallāf, 60: "الحكم الشرعي الذي ورد به النص في الأصل، و يراد أن يكون حكما للفرع".

142 Vgl. 'Abū Zahrah, 212 ff.; Khallāf, 61 ff.; vgl. al-Djuday', *Taysīr 'ilm 'uṣūl al-fiqh*, 162 f.; al-Zuḥaylī, I, 605-611.

Da *Qiyās* darauf basiert, dass die ausschlaggebende Wirkungsursache (*ʿIllah*) für den *Ḥukm* im *ʾAṣl* auch in der neuen, zu ergründenden Rechtsfrage (*Farʿ*) vorhanden ist, kann ein *Ḥukm*, dessen Wirkungsursache (*ʿIllah*) vernunftmäßig gar nicht erfassbar ist, auch nicht auf eine andere Rechtsfrage übertragen werden.

4) Der *Ḥukm* darf nicht auf das *ʾAṣl* beschränkt sein.

Diese Beschränkung ist durch einen Beleg ersichtlich, wie die Beurteilungen, welche speziell für den Propheten (sas) galten, oder dass die Zeugenaussage von Khuzaymah ibn Thābit doppelt zählt, wie ersichtlich durch einen *Ḥadīth ṣaḥīḥ* bei ʾAbū Dāwūd (III, 308, # 3607 / Alb: s) und al-Nasāʾī (VII, 301, # 4647 / Alb: s).[143]

2.4.3.4 *al-ʿIllah* / العِلَّة

2.4.3.4.1 Definition

ʿIllah / عِلَّة kann sprachlich bedeuten: Krankheit; (Hinderungs-)Ursache.[144]

Die fachspezifisch Bedeutung ist: **»Ein Charakteristikum im *ʾAṣl*, auf welchem sein *Ḥukm* beruht, und basierend auf seiner Existenz im *Farʿ* derselbe *Ḥukm* auch für den *Farʿ* ersichtlich ist«**,[145]

oder:

»Das Charakteristikum, auf welchem die Zuschreibung des *Ḥukm* an das *ʾAṣl* basiert, und basierend auf seiner Existenz im *Farʿ*, dieser dem *ʾAṣl* im *Ḥukm* [ebenso] gleichgesetzt wird«.[146]

---

143 سنن النسائي:
عَنْ عُمَارَةَ بْنِ خُزَيْمَةَ، أَنَّ عَمَّهُ حَدَّثَهُ، وَهُوَ مِنْ أَصْحَابِ النَّبِيِّ صَلَّى اللهُ عَلَيْهِ وَسَلَّمَ، أَنَّ النَّبِيَّ صَلَّى اللهُ عَلَيْهِ وَسَلَّمَ ابْتَاعَ فَرَسًا مِنْ أَعْرَابِيٍّ، وَاسْتَتْبَعَهُ لِيَقْبِضَ ثَمَنَ فَرَسِهِ، فَأَسْرَعَ النَّبِيُّ صَلَّى اللهُ عَلَيْهِ وَسَلَّمَ وَأَبْطَأَ الْأَعْرَابِيُّ، وَطَفِقَ الرِّجَالُ يَتَعَرَّضُونَ لِلْأَعْرَابِيِّ، فَيَسُومُونَهُ بِالْفَرَسِ، وَهُمْ لَا يَشْعُرُونَ أَنَّ النَّبِيَّ صَلَّى اللهُ عَلَيْهِ وَسَلَّمَ ابْتَاعَهُ حَتَّى زَادَ بَعْضُهُمْ فِي السَّوْمِ عَلَى مَا ابْتَاعَهُ بِهِ مِنْهُ، فَنَادَى الْأَعْرَابِيُّ النَّبِيَّ صَلَّى اللهُ عَلَيْهِ وَسَلَّمَ فَقَالَ: إِنْ كُنْتَ مُبْتَاعًا هَذَا الْفَرَسَ وَإِلَّا بِعْتُهُ، فَقَامَ النَّبِيُّ صَلَّى اللهُ عَلَيْهِ وَسَلَّمَ حِينَ سَمِعَ نِدَاءَهُ، فَقَالَ: «أَلَيْسَ قَدِ ابْتَعْتُهُ مِنْكَ؟»، قَالَ: لَا وَاللهِ، مَا بِعْتُكَهُ، فَقَالَ النَّبِيُّ صَلَّى اللهُ عَلَيْهِ وَسَلَّمَ: «قَدِ ابْتَعْتُهُ مِنْكَ»، فَطَفِقَ النَّاسُ يَلُوذُونَ بِالنَّبِيِّ صَلَّى اللهُ عَلَيْهِ وَسَلَّمَ وَبِالْأَعْرَابِيِّ، وَهُمَا يَتَرَاجَعَانِ، وَطَفِقَ الْأَعْرَابِيُّ يَقُولُ: هَلُمَّ شَاهِدًا يَشْهَدُ أَنِّي، قَدْ بِعْتُكَهُ، قَالَ خُزَيْمَةُ بْنُ ثَابِتٍ: أَنَا أَشْهَدُ أَنَّكَ قَدْ بِعْتَهُ، قَالَ: فَأَقْبَلَ النَّبِيُّ صَلَّى اللهُ عَلَيْهِ وَسَلَّمَ عَلَى خُزَيْمَةَ فَقَالَ: «لِمَ تَشْهَدُ؟»، قَالَ: بِتَصْدِيقِكَ يَا رَسُولَ اللهِ، قَالَ: فَجَعَلَ رَسُولُ اللهِ صَلَّى اللهُ عَلَيْهِ وَسَلَّمَ شَهَادَةَ خُزَيْمَةَ شَهَادَةَ رَجُلَيْنِ

144 Vgl. s. v. (علل): *al-Miṣbāḥ al-munīr*; *al-Qāmūs al-muḥīṭ*; *Lisān al-ʿarab*.

145 Khallāf, 63: "وصف في الأصل بني عليه حكمه و يعرف به وجود هذا الحكم في الفرع".

146 al-Djudayʿ, *Taysīr ʿilm ʿuṣūl al-fiqh*, 164: "الوصف الذي بُنِيَ عليه حكم (الأصل)، و بناء على وجوده في (الفرع) يساوي (بالأصل) في حكمه".

Die Grundlage von *Qiyās* wird durch die folgende *'Uṣūl*-Regel ausgedrückt:

»Die Schariabeurteilung (*Ḥukm*) ist gebunden an ihre *'Illah*, in Existenz und Inexistenz – الحكم يدور مع علته وجودا وعدما«.[147]

Das bedeutet, dass immer wenn die *'Illah* in einer Sache vorliegt, auch der entsprechende *Ḥukm* besteht, und genauso umgekehrt, dass immer wenn die *'Illah* in einer Sache nicht vorliegt, auch der *Ḥukm* nicht besteht.

Bsp.: Alles was eine berauschende Wirkung hat, ist verboten einzunehmen wie Wein (Bier, Marihuana, …). Wenn diese berauschende Wirkung nicht vorhanden ist, ist die Sache einzunehmen auch nicht verboten, wie Essig, dessen Essenz (Wein) ursprünglich verboten war, da sie berauschend war, hat seine berauschende Wirkung (*'Illah* für das Verbot) verloren und verliert daher auch den *Ḥukm* (das Verbot).

Deshalb wird die *'Illah* auch bezeichnet als: *al-Manāṭ* / المَنَاط – „an dem etwas aufgehängt ist", da der *Ḥukm* an (auf) es gehängt ist und untrennbar damit verbunden ist. Wo dieses Charakteristikum vorhanden ist, ist auch der *Ḥukm* dazu vorhanden.

Manchmal wird die *'Illah* auch genannt: *Sabab* / سبب – Grund.[148]

2.4.3.4.2 Unterscheidung zwischen Ḥikmah (Weisheit), 'Illah (Wirkungsursache) und Sabab (äußerer Grund) einer Beurteilung:[149]

Nach Meinung der breiten Mehrheit der Gelehrten wurde die Scharia von Allah ausschließlich zum Nutzen Seiner Diener im Diesseits sowie im Jenseits verordnet. Dies umfasst das Erlangen von Nützlichem sowie das Abhalten von Schädlichem.

Dieser Zweck ist die Grundlage von jedem einzelnen *Ḥukm* (Islamrechtsbeurteilung) in der Scharia. Diesem allgemeinen Zweck entsprechend wird der spezifische Zweck hinter einer spezifischen Islamrechtsbeurteilung als *Ḥikmah al-Ḥukm* / حِكْمَةُ الْحُكْم – Weisheit hinter (der Verordnung von) dem *Ḥukm* bezeichnet.

Oft ist jedoch die Verwirklichung dieser *Ḥikmah* verborgen (*khafiyyah* / خَفِيَّة), nicht offensichtlich (*ghayr ẓāhirah* / غَيْرُ ظَاهِرَة) und schwer erfassbar. Wie beispielsweise die Vervollständigung / Reifung des Verstandes der eigentliche

---

147 Ḥasan al-'Aṭṭār, *Ḥāshiyah al-'aṭṭār 'alā Djam' al-djawāmi'* (Beirut: Dār al-kutub al'ilmiyyah), II, 276; vgl. Ibn Qayyim al-Djawziyyah, *'Ilām al-muwaqqi'īn* (Kairo: Maktabah al-kulliyyah al-'azhariyyah, 1968), IV, 108.

148 Vgl. Khallāf, 63 f.; 'Abū Zahrah, 216 f.; al-Djuday', *Taysīr 'ilm 'uṣūl al-fiqh*, 166.

149 Vgl. Khallāf, 64-68; al-Djuday', *Taysīr 'ilm 'uṣūl al-fiqh*, 164 ff.; al-Zuḥaylī, I, 617-620.

Grund dafür ist, dass ein Mensch *Mukallaf* (vor Allah verantwortlich / mündig) wird. Die Verwirklichung dieser *Ḥikmah* (Weisheit) ist jedoch schwer erfassbar und nicht offensichtlich.

Oder die Verwirklichung der *Ḥikmah* ist zwar offensichtlich (*ẓāhirah* / ظَاهِرَة), jedoch undefinierbar (*ghayr munḍabiṭah* / غَيْرُ مُنْضَبِطَة), d.h. unbestimmbar im Ausmaß. So ist die „übermäßige Belastung" beim Fasten eines Kranken oder Reisenden Grund dafür, beiden das Nichtfasten im Ramadan zu erlauben. Diese *Ḥikmah* (Weisheit) hinter dieser Verordnung ist vielleicht offensichtlich, jedoch ist nicht genau definierbar, ab wann sie „übermäßig" wird. Zusätzlich ist „Übermäßigkeit" auch unterschiedlich gemäß der Verfassung und Belastbarkeit des *Mukallaf* (vor Allah Verantwortlichen / Mündigen), wie auch der Art und Länge der Reise oder Krankheit.

Zur Gewährleistung der praktischen Befolgbarkeit müssen die *'Aḥkām* (Islamrechtsbeurteilungen) mit anderen Charakteristiken verbunden werden, welche offensichtlich (*ẓāhir* / ظاهر) und definierbar / bestimmbar im Ausmaß (*munḍabiṭ* / منضبط) sind und gleichzeitig die *Ḥikmah* in der Regel umfassen, damit der *Taklīf* (Beauftragung / Verantwortlichkeit) zur Befolgung der *'Aḥkām* klar ersichtlich wird. Deshalb vertreten die Gelehrten fast ausnahmslos, was in folgender *'Uṣūl*-Norm ausgedrückt werden kann:

»Die Islamrechtsbeurteilungen sind in ihrer Existenz sowie Inexistenz mit ihrer *ʿIllah* verbunden und nicht mit ihrer *Ḥikmah*.«[150]

Veranschaulichung bei den erwähnten Beispielen:

Die verborgene *Ḥikmah* (Weisheit): „die Vervollständigung, Reifung des Verstandes", hinter dem *Taklīf* (Verantwortlichkeit / Mündigkeit vor Allah) eines Menschen, wird ersetzt durch das Charakteristikum (*ʿIllah*): „Geschlechtsreife (durch Anzeichen oder Alter)", da diese offensichtlich und definierbar ist und erwartungsgemäß (im Regelfall) die erwähnte *Ḥikmah* umfasst.

Die meist undefinierbare *Ḥikmah*: Abwendung von „übermäßiger Belastung", hinter der Erlaubnis zum Nichtfasten für einen Reisenden, wird ersetzt durch das offensichtliche, definierbare Charakteristikum (*ʿIllah*): „das Reisen", da dieses offensichtlich und definierbar ist und erwartungsgemäß (im Regelfall) die erwähnte *Ḥikmah* umfasst.

Hier ist anzumerken, dass es für den *Ḥukm* (Islamrechtsbeurteilung) ausschlaggebend ist, dass die *ʿIllah* erfüllt wird, und nicht, dass die *Ḥikmah* sicher erfüllt ist. So ist das Nichtfasten im Ramadan auf Reisen auch gestattet, wenn

150 Khallāf, 66: "الأحكام الشرعية تدور وجودا و عدما مع عللها لا مع حكمها"; Vgl. al-Djudayʿ, *Taysīr ʿilm ʿuṣūl al-fiqh*, 165; ʿAbd al-Karīm Zaydān, *al-Wadjīz fī 'uṣūl al-fiqh* (Beirut: Mu'assasah al-risālah, 2003), 203; 'Abū Zahrah, 216 f.; al-Zuḥaylī, I, 218 f.

man in einem klimatisierten Erste-Klasse-Abteil von Wien nach München fährt. Umgekehrt ist es nicht gestattet sein Fasten zu brechen, wenn man im Sommer auf einer Baustelle arbeitet, solange es im Bereich der bloßen Anstrengung bleibt und nicht zu Krankheit führt. Wird die *Ḥikmah* jedoch mit Sicherheit gänzlich nicht mehr erfüllt, so hat dies auch Auswirkungen auf die Gültigkeit einer Beurteilung. Mehr dazu unter der dritten Bedingung der *'Illah*: der *Munāsabah* – Entsprechung der *Maqāṣid* (Maximen) des Schariagebers.

Demnach können *Ḥikmah* und *'Illah* folgendermaßen genauer definiert werden:

Ḥikmah al-Ḥukm / حِكْمَةُ الْحُكْمِ: »**Der Nutzen, dessen Verwirklichung oder Vervollständigung der Schariageber mit der Verordnung des *Ḥukm* (der Beurteilung) bezweckt**«;[151]

'Illah al-Ḥukm / عِلَّةُ الْحُكْمِ: Das offensichtliche, definierbare Charakteristikum, auf welches der *Ḥukm* aufbaut und mit dem er verbunden ist in seiner Existenz und Inexistenz, [… um die *Ḥikmah* (Weisheit) der Verordnung des *Ḥukm* erwartungsgemäß zu erfüllen].[152]

Wie bereits erwähnt, wird die *'Illah* (Wirkungsursache) auch manchmal als *Sabab* (Grund) bezeichnet.

Der Begriff *'Illah* wird im Gegensatz zu *Sabab* nur für ein maßgebliches Charakteristikum verwendet, welches eine *Ḥikmah* umfasst, die vernunftgemäß nachvollziehbar ist (*ma'qūl al-ma'nā*). So ist die berauschende Wirkung der Einnahme von Wein ein vernunftmäßig nachvollziehbarer Grund für das Verbot, da dies den Verstand trübt, welchen Allah (der Schariageber) zu schützen bezweckt.

Sabab jedoch wird auch für ein Charakteristikum verwendet, dessen *Ḥikmah* (Weisheit) nicht vernunftgemäß nachvollziehbar / erfassbar ist (*ghayr ma'qūl al-ma'nā*), wie beispielsweise der Sonnenuntergang als äußerer Grund (*Sabab*) für die Verpflichtung zum Abendgebet.

Hieraus ergibt sich, dass die *'Illah* die im Folgenden angeführten Bedingungen erfüllen muss.

---

151 Khallāf, 65: "المصلحة التي قصد الشارع بتشريع الحكم تحقيقها أو تكميلها"; ähnlich bei al-Djudayʿ, *Taysīr 'ilm 'uṣūl al-fiqh*, 166.

152 Khallāf, 65:
"الأمر الظاهر المنضبط الذي بني الحكم عليه و ربط به وجودا وعدما [... لتحقيق حكمة تشريع الحكم، وهي مظنة تحقيق حكمة الحكم]"
Vgl. al-Djudayʿ, *Taysīr 'ilm 'uṣūl al-fiqh*, 166; ʿAbd al-Karīm Zaydān, 204.

2.4.3.4.3 Bedingungen der ʿIllah – Shurūṭ al-ʿIllah / شُرُوط العلة [153]

Die *ʿIllah* muss sein:

1) *ẓāhir* / ظَاهِر – offensichtlich (wahrnehmbar)

Die *ʿIllah* muss ein Charakteristikum (*Waṣf* / وَصْف) sein, welches mit den Sinnen sowohl im *ʾAṣl* als auch im *Farʿ* wahrnehmbar ist. So ist ein Charakteristikum, welches diese Bedingung nicht erfüllt, nicht als *ʿIllah* zulässig, da es nicht möglich ist, dessen Existenz oder Inexistenz zu erfassen.

Bsp.: Die Geschlechtsreife ist die *ʿIllah* (Wirkungsursache) für den *Taklīf* (Verantwortlichkeit / Mündigkeit vor Allah) und nicht die tatsächliche Reifung des Verstandes.

2) *munḍabiṭ* / مُنْضَبِط – definiert (bestimmbar im Ausmaß)

Die *ʿIllah* muss ein Charakteristikum (*Waṣf* / وَصْف) sein, welches im Ausmaß definiert und bestimmt ist und im gleichen oder ähnlichen Ausmaß im *Farʿ* vorhanden ist.

Bsp.: Die Reise ist die *ʿIllah* (Wirkungsursache) für die Erlaubnis zum Nicht-Fasten im Ramadan und nicht die Abwendung von übermäßiger Anstrengung.

3) *munāsib* / مُناسِب – entsprechend (gemäß der weisen Vorgehensweise, d. h. den Zielen / Maximen (*Maqāṣid*) des Schariagebers (Allahs))

Die *ʿIllah* muss ein Charakteristikum (*Waṣf* / وَصْف) sein, welches erwartungsgemäß (im Regelfall) die *Ḥikmah* (Weisheit) hinter dem *Ḥukm* (Beurteilung) erfüllt. Das bedeutet, dass es den Zielen / Maximen (*Maqāṣid*) des Schariagebers entspricht und entweder Nützliches dadurch erlangt wird oder Schaden dadurch abgewendet wird.

Würde die *Ḥikmah* (ergründete Weisheit) selbst die zwei vorangegangenen Bedingungen erfüllen, würde der *Ḥukm* von ihr abhängig gemacht werden. Da dies jedoch in der Regel nicht der Fall ist, wird die *Ḥikmah* durch ein offensichtliches, definierbares Charakteristikum vertreten, welches zur *Ḥikmah* des Schariagebers passt bzw. ihr entspricht und sie erwartungsgemäß erfüllt.

---

153 Vgl. ʾAbū Zahrah, 217-220; al-Kallāf, 68 ff.; al-Djudayʿ, *Taysīr ʿilm ʿuṣūl al-fiqh*, 166-169; al-Zuḥaylī, I, 618 f.: Er weist in der Fußnote auch darauf hin, dass wenige einzelne *ʾUṣūl*-Gelehrte nicht auf die ersten zwei Bedingungen der Offensichtlichkeit und Definiertheit der *ʿIllah* bestehen und somit die ersichtliche *Ḥikmah* (Weisheit) für sie ausreicht.

So ist als *'Illah* unzulässig:

- Ein Charakteristikum, welches nicht der *Ḥikmah* (Weisheit) des Schariagebers entspricht, wie beispielsweise das Verbieten des Weinkonsums wegen seiner flüssigen, säuerlichen oder roten Eigenschaft.
- Ein ursprünglich passendes Charakteristikum, welches mit Gewissheit nicht mehr die beabsichtigte *Ḥikmah* (Weisheit) hinter der Verordnung des *Ḥukm* (Beurteilung) erfüllt. So bewirkt der Kaufvertrag eines dazu Genötigten nicht Eigentumsübergang, da die *Ḥikmah* dahinter, nämlich das Erfüllen von gegenseitigem Bedürfnis, auf welches das gegenseitig bekundete Einverständnis hinweist, mit Sicherheit nicht erfüllt ist.[154]

4) nicht auf das *'Aṣl* beschränkt – غَيْرُ قَاصِرٍ عَلَى الأَصْلِ

Die *'Illah* muss ein Charakteristikum – *waṣf* / وَصْف sein, welches in verschiedenen Rechtsfragen außer dem *'Aṣl* auftreten kann. Andernfalls kann diese nicht als Grundlage für einen *Qiyās* dienen, da der *Qiyās* auf dem Vorkommen der *'Illah* im *Far'* beruht.

So ist die Erlaubnis zur Ehe mit mehr als vier Ehefrauen auf den Propheten beschränkt, da die *'Illah* „das Prophetentum" nur auf ihn in seiner *'Ummah* beschränkt ist. (Bei den Hanafiten wird ein Charakteristikum dieser Art erst gar nicht als *'Illah* bezeichnet.)

2.4.3.4.4 Arten von 'Illah in Hinsicht auf ihre Berücksichtigung durch den Schariageber – 'Aqsām al-'Illah / أقسام العلة

A) entsprechende berücksichtigte Eigenschaft – *munāsib mu'aththir* / مُنَاسِبٌ مُؤَثِّرٌ[155]

Berücksichtigung von **bestimmtem Charakteristikum** (*'ayn al-waṣf* / عين الوصف) als *'Illah*...	...**für bestimmten *Ḥukm*** (*'ayn al-ḥukm* / عين الحكم)

Diese Berücksichtigung ist durch Text (Koran od. *Sunnah*) oder *'Idjmā'* ersichtlich. z.B. in:

﴿ وَيَسْـَٔلُونَكَ عَنِ ٱلْمَحِيضِ ۖ قُلْ هُوَ أَذًى فَٱعْتَزِلُوا۟ ٱلنِّسَآءَ فِى ٱلْمَحِيضِ [...] ﴾

﴿Und sie werden dich fragen nach den monatlichen Perioden (der Frauen). Sag: »Es ist ein verletzlicher Zustand [/ Schaden darin]. **[So]** Haltet euch darum [mit Beischlaf] fern von den Frauen während ihrer monatlichen Perioden [...]﴾ (Asad) (2:222)

154 'Abd al-Karīm Zaydān, 204.

155 Vgl. 'Abū Zahrah, 220; Khallāf, 71 f., al-Zuḥaylī, I, 648.

Der Schaden (das Schädigen) ist das als *'Illah* bestimmte Charakteristikum für den bestimmten *Ḥukm* des Verbots zum Beischlaf.

Als ein Bsp. für *'Idjmā'* wird erwähnt, dass die *'Illah* für die finanzielle Bevormundung der Waisen ihre Nicht-Geschlechtsreife ist.

B) entsprechende übereinstimmende Eigenschaft – *munāsib mulā'im* / مناسب مُلائم[156]

Der Schariageber berücksichtigt nicht in einem Text (oder *'Idjmā'*) ein bestimmtes Charakteristikum als *'Illah* für einen bestimmten *Ḥukm*. Seine Berücksichtigung ist jedoch passend oder übereinstimmend mit der Beurteilung des Schariagebers.

156 Vgl. 'Abū Zahrah, 220 f.; Khallāf, 72 ff.; al-Zuḥaylī, I, 648-654.

Diese schwächere, unklarere Berücksichtigung kann indirekt in drei abgestuften Stärken ersichtlich sein:

Berücksichtigung eines **bestimmtem Charakteristikums** (*'ayn al-waṣf* / عين الوصف) als *'Illah*...	... **für** eine **Art von** ***Ḥukm*** (*djins al-ḥukm* / جنس الحكم)
Bsp.: (Berücksichtigung der) Nicht-Geschlechtsreife (als *'Illah*)...	...für alle Arten der Bevormundung >
Durch *'Idjmā'* ist bestimmt, dass die Nicht-Geschlechtsreife die *'Illah* für den bestimmten *Ḥukm* der finanziellen Bevormundung ist.	Die bestimmte *'Illah* für diese Bevormundung wird auf alle anderen Arten der Bevormundung (Entscheidungen...) durch eine Form von *Qiyās* übertragen, sofern dem kein stärkerer Beleg widerspricht.

Berücksichtigung einer **Art von Charakteristikum** (*djins al-waṣf* /جنس الوصف) als *'Illah*...	...**für** einen **bestimmten** ***Ḥukm*** (*'ayn al-ḥukm* /عين الحكم)
Bsp.: (Berücksichtigung von) Arten von Erwartung von Bedrängnis und übermäßiger Anstrengung (als *'Illah*)...	...für die Erlaubnis Gebete zusammen zu legen (*al-djam'* / الجمع) >
Durch Texte aus *Kitāb* und *Sunnah* ist die Reise / Krankheit / starker Regen als *'Illah* bestimmt, um Gebete zusammenlegen zu dürfen.	Durch eine Form von *Qiyās* wird diese bestimmte Erlaubnis (Gebete zusammenlegen) auf andere Fälle in gleicher Art von *'Illah* übertragen, so z.B. auf Gebet bei starker Kälte oder starker Verspätung der Eintrittszeit des Nachtgebets.

Berücksichtigung einer **Art von Charakteristikum** (*djins al-waṣf* /جنس الوصف) als *'Illah*...	...**für** eine **Art von** ***Ḥukm*** (*djins al-ḥukm* / جنس الحكم)
Bsp.: (Berücksichtigung von) Arten von Erwartung von Bedrängnis und übermäßiger Anstrengung (als *'Illah*)...	...für Arten der Erleichterung (*Rukhṣah* / رخصة) >
Durch Texte aus Koran und *Sunnah* sind z.B. Reise und Krankheit als *'Illah* für die Erlaubnis zum Nicht-Fasten berücksichtigt; ... ist die Reise als *'Illah* für die Erlaubnis zur Gebetsverkürzung berücksichtigt;...	So ist der Frau nicht vorgeschrieben ihre Gebete nachzuholen, welche sie während der Menstruation verpasst hat (obwohl sie das Fasten nachholen muss).

C) entsprechende unerwähnte Eigenschaft – *munāsib mursal* / مناسب مُرْسَل [157]

Dies ist ein Charakteristikum, welches weder in einem Text (oder *'Idjmā'*) in irgendeiner Form als *'Illah* berücksichtigt wird, noch als *'Illah* negiert wird. Jedoch ist es gemäß der Weisheit des Schariagebers passend (eine bestimmte Beurteilung daran zu knüpfen), da es Nutzen verwirklicht.

Dieses Charakteristikum wird als *mursal* (in der Bedeutung von freigegeben, losgelassen) bezeichnet, da es sowohl losgelöst von einem Beleg ist, welcher es als *'Illah* berücksichtigt, als auch losgelöst von einem Beleg, welcher es als *'Illah* annulliert.

Ein solches Charakteristikum wird als *munāsib* (passend) bezeichnet, da die Gründung eines entsprechenden *Ḥukms* auf diesem Charakteristikums passend gemäß der Weisheit des Schariagebers ist, indem dadurch Nützliches erlangt wird oder Schädliches abgewendet wird.

Über die Berücksichtigung dieser Art von Charakteristiken in der *Scharia* herrscht Meinungsverschiedenheit zwischen den Gelehrten. Diese Art von Beleg wird als *Maṣlaḥah mursalah* /مَصْلَحَة مُرْسَلَة bezeichnet und als eigener Schariabeleg später genauer behandelt.

Bsp.: Sammlung des Korans in Buchform unter 'Abū Bakr; schriftliche Aufzeichnung der *'Aḥādīth*; u.a.

D) scheinbar entsprechende negierte Eigenschaft – *„munāsib" mulghā* / "مناسب" مُلْغَى[158]

Dies ist ein Charakteristikum, durch dessen Berücksichtigung im *Ḥukm* scheinbar Nutzen verwirklicht würde, jedoch weist ein Schariabeleg darauf hin, dass der Schariageber seine Berücksichtigung negiert.

Im Gesamten ist dieser erlangte Nutzen jedoch nur ein scheinbarer Nutzen, da in Wirklichkeit in Summe der Schaden überwiegen würde, auch wenn er verborgen und unscheinbar ist.

Bsp.: Der Verkauf von Wein mag einen gewissen „scheinbaren" Nutzen bringen, jedoch hat Allah dies den Muslimen durch ein Prophetenwort[159] allgemein untersagt. Der Schaden, welcher damit nicht nur in der Gesellschaft angerichtet wird, ist in Summe größer als der beschränkt betrachtete Nutzen.

157 Vgl. 'Abū Zahrah, 221; Khallāf, 74 f.; al-Zuḥaylī, I, 654 ff.

158 Vgl. Khallāf, 75; al-Zuḥaylī, I, 646 f.

159 »[…] {Wahrlich, Allah und Sein Gesandter haben [für Muslime] den Verkauf von Wein verboten, und von Verendetem und Schwein und Götzen. – إِنَّ اللَّهَ وَرَسُولَهُ حَرَّمَ بَيْعَ الخَمْرِ، وَالمَيْتَةِ وَالخِنْزِيرِ وَالأَصْنَامِ} […]« (Bu, III, 84, # 2236)

2.4.3.4.5 *Ergründungsformen (Wege zur Erkennung) der ʿIllah – Masālik al-ʿIllah* / مَسَالِكُ الْعِلَّة : [160]

Da die *ʿIllah* der Grundpfeiler für den *Qiyās* bildet, ist ihre gesicherte Erfassung / Erkennung im *'Aṣl* (beschriebene Schariarechtsfrage) von großer Bedeutung.

1) Ersichtlichkeit aus dem Text[161]

Die *ʿIllah* ist im Text von *Kitāb* oder *Sunnah* direkt erwähnt oder angedeutet. Die Arten, wie der Text die *ʿIllah* zu erkennen gibt, sind dreierlei:

1.1) Expliziter, definitiver Hinweis des Textes (*Dalālah ṣarīḥah qaṭʿiyyah* / دلالة صريحة قطعية)

Der Ausdruck des Textes weist explizit (*ṣarīḥ* / صَرِيح) und definitiv klar (*qaṭʿiyy* / قَطْعِي) darauf hin, dass ein spezielles Charakteristikum (*Waṣf* / وَصْف) die *ʿIllah* (Wirkungsursache) für den beschriebenen *Ḥukm* (Beurteilung) ist,[162] sodass mit Gewissheit mit dem Ausdruck nichts anderes gemeint ist als die Beurteilung des Charakteristikums als *ʿIllah*.[163]

Dies zeigt sich durch direkte Ausdrücke wie: „*l(i)-ʿillah* / لِعِلَّة, *l(i)-sabab(i)* / لِسَبَبِ, *l(i)-'adjl(i)* / لِأَجْلِ – auf Grund von; *kay* / كَي, *l(i)-kay* / لِكَيْ – damit" und ähnliche Ausdrücke. Bsp.:

﴿[...]فَلَمَّا قَضَىٰ زَيْدٌ مِّنْهَا وَطَرًا زَوَّجْنَٰكَهَا لِكَيْ لَا يَكُونَ عَلَى ٱلْمُؤْمِنِينَ حَرَجٌ فِيٓ أَزْوَٰجِ أَدْعِيَآئِهِمْ إِذَا قَضَوْا۟ مِنْهُنَّ وَطَرًا [...]﴾

﴿[...] (Aber) dann, als Zayd an das Ende seiner Verbindung mit ihr gelangt war, gaben Wir sie dir zur Heirat, <u>so daß</u> [oder: <u>damit</u>] (in Zukunft) den Gläubigen kein Tadel dafür anhaften soll, die Ehepartner ihrer angenommenen Kinder

---

160 Vgl. Khallāf, 75-79; al-Djudayʿ, Taysīr ʿilm ʿuṣūl al-fiqh, 169-173; 'Abū Zahrah, 221 ff.; al-Zuḥaylī, I, 628-658.

161 Die hier im Folgenden angeführten Beispiele werden in *'Uṣūl*-Werken oft als Musterbeispiele in der Beschreibung der *ʿIllah* durch den Text herangezogen. Es soll jedoch darauf hingewiesen werden, dass diese zwar generell den Grund für eine Bestimmung oder Vorgangsweise Allahs ausdrücken, ob damit aber die Klarlegung der ausschlaggebenden *ʿIllah* – Wirkungsursache für die Gültigkeit einer Bestimmung / Beurteilung, oder aber „nur" die Kundgebung der *Ḥikmah* – des weisen Hintergrundes für die Bestimmung und Vorgangsweise Allahs beschrieben wird, ist nicht automatisch gesagt. Auch könnte es nur eine Teil-*Ḥikmah* unter anderen darstellen. Diese Identifikation bedarf im konkreten Fall dann einer näheren Betrachtung.

162 … oder zumindest die *Ḥikmah* (die zu Grunde liegende Weisheit dahinter) oder eine *Ḥikmah* unter anderen.

163 … oder zumindest als *Ḥikmah* oder Teil-*Ḥikmah*.

zu heiraten, wenn letztere an das Ende ihrer Verbindung mit ihnen gelangt sind [geschieden sind. …]❩ (33:37, Übers. Asad).

In diesem Vers begründet Allah ausdrücklich den *Ḥukm* (die Heirat mit Zaynab bint Djaḥsh, nachdem sich Zayd scheiden ließ) durch den Wortlaut „*li-kay* / لِكَيْ – damit“, mit der Klarlegung, dass nichts Verpöntes darin liegt, die Exfrau seines Ziehsohnes zu heiraten, und dass dies nicht wie die verbotene Heirat mit der Exfrau seines leiblichen Sohnes ist.

Ein weiteres Beispiel dafür finden wir im *Ḥadīth* (Prophetenwort) überliefert von Sahl ibn Saʿd:

{Gewiss ist das Bitten um Erlaubnis vor dem Eintritt aufgrund der [verbotenen, unziemlichen] (An-)Blicke [oder des Sehsinns] gemacht. – إنّما جُعِلَ الإسْتِئْذانُ مِن أَجْلِ البَصَرِ} (Bu, IXX, 259).

1.2) Expliziter, wahrscheinlicher Hinweis des Textes (*Dalālah ṣarīḥah ẓanniyyah* / دلالة صريحة ظنية)

Der Ausdruck des Textes weist explizit (*ṣarīḥ* / صَرِيح) und wahrscheinlich klar (*ẓanniyy* / ظَنِّي) darauf hin, dass ein spezielles Charakteristikum (*Waṣf* / وَصْف) die *ʿIllah* für den beschriebenen *Ḥukm* ist, sodass (höchst)wahrscheinlich mit dem Ausdruck nichts anderes gemeint ist als die Beurteilung des Charakteristikums als *ʿIllah*. Jedoch bleibt die Möglichkeit, dass etwas anderes als die Klarlegung der *ʿIllah* damit gemeint ist.

Dies zeigt sich durch direkte Ausdrücke, welche offensichtlich zur Begründung verwendet werden, aber auch in anderer Bedeutung vorkommen können, wie: „*l(i)* / لِ, *b(i)* / بِ, *'inn(a)* / إنَّ“. Bsp.:

❨ فَبِظُلْمٍ مِّنَ ٱلَّذِينَ هَادُواْ حَرَّمْنَا عَلَيْهِمْ طَيِّبَٰتٍ أُحِلَّتْ لَهُمْ وَبِصَدِّهِمْ عَن سَبِيلِ ٱللَّهِ كَثِيرًا ❩

❨Wegen Ungerechtigkeit derer, die dem Judentum angehören, hatten Wir ihnen gute Dinge verboten, welche ihnen erlaubt gewesen waren, und wegen ihres vielen Abhaltens von Allahs Weg.❩ (4:160, mod. Übers.)

Weiter ist auch ein Beispiel dafür im *Ḥadīth* (Prophetenwort) über jemanden, welcher im *'Iḥrām*-(Weihe-)zustand der Pilger- bzw. Wallfahrt verstorben war und beerdigt werden sollte (überliefert von ʿAbdullāh ibn ʿAbbās):

{[…] und bedeckt nicht seinen Kopf, denn er wird am Tag der Auferstehung die *Talbiyyah* rufend (Spezielle Anrufung Gottes bei der Pilger- und Wallfahrt) hervorgebracht [wiederauferstehen]. – و لا تُخَمِّروا رَأْسَهُ فَإنَّهُ يُبْعَثُ يومَ القِيامة مُلَبِّيًا} (Bu, IV, 500).

1.3) Andeutung des Textes (*Dalālah al-'ishārah* / دلالة الإشارة)

Der Text deutet durch die Erwähnung des *Ḥukm* im Zusammenhang mit einem bestimmten Charakteristikum auf die Beurteilung dieses Charakteristikums als *'Illah* für den beschriebenen *Ḥukm*. Ansonsten würde die Erwähnung dieses Zusammenhangs keinen Sinn machen.

Bsp.: Im *Ḥadīth* (Prophetenwort): {Allah, dessen Name erhaben ist, hat ja gewiss jedem Berechtigten sein Recht gegeben, und kein (finanzielles) Vermächtnis [ist zulässig] für einen Erben. – إن الله عز اسمه قد أعطى كل ذي حق حقه ولا وصية لوارث } (Na, VI, 247 / Alb: s). Gemäß diesem *Ḥadīth* ist es für einen Erben nicht zulässig, mehr als seinen / ihren Pflichtanteil durch ein grundsätzlich erlaubtes Vermächtnis von bis zu einem Drittel des Vermögens des Verstorbenen zu erhalten. Grund dafür ist das Charakteristikum, dass er bereits Erbe ist.

2) Untersuchung und Einteilung der Eigenschaften in passende und unpassende Eigenschaften – (*al-Sabr wa al-Taqsīm* / السَبْرُ وَ التَّقْسِيم)

Wenn die *'Illah* (Wirkungsursache) der im Text bestimmten Schariarechtsfrage (*'Aṣl*) im Text weder direkt noch angedeutet erwähnt wird, wird versucht, durch diesen Weg die *'Illah* zu ergründen.

Taqsīm / تَقْسِيم bedeutet sprachlich: Teilung, Einteilung, Aufteilung. Fachlich ist dies: „Die Erfassung der Charakteristiken im *'Aṣl*, welche möglicherweise als *'Illah* (Wirkungsursache) gelten können."

Sabr / سَبْرٌ bedeutet sprachlich: Untersuchung, Ergründung. Fachlich ist es: „Die Untersuchung und Prüfung dieser Charakteristiken (*'awṣāf* / أوصاف) hinsichtlich ihrer Erfüllung der verlangten Bedingungen der *'Illah*, um das als *'Illah* geltende Charakteristikum zu extrahieren und es von anderen zu unterscheiden."

Bsp. zur Veranschaulichung: Die *'Illah* im Verbot von Weinkonsum: Im Text aus dem Koran wird das Verbot von Weinkonsum nicht mit einer konkreten *'Illah* begründet. Durch *Taqsīm* werden „mögliche" Eigenschaften aufgelistet wie: flüssig, säuerlich, berauschend usw. Diese Eigenschaften werden durch *Sabr* untersucht und die berauschende Wirkung als einzig passende bestimmt.

Anmerkung: Dieses Beispiel findet oft wegen seiner Einfachheit als Musterbeispiel Erwähnung, jedoch wird hier nicht *Sabr & Taqsīm* zur Ergründung der *'Illah* benötigt, da sie bereits im Text des *Ḥadīth* (Prophetenwortes) angedeutet ist, welcher von Ibn 'Umar überliefert ist: {[...] كل مسكر خمر و كل مسكر حرام – Alles Berauschende ist *Khamr* (Wein) und alles Berauschende ist *ḥarām* (verboten) [...]} (Mu, X, 258).

3) *'Idjmā'*

Als Weg zur Ergründung einer *'Illah* wird auch oft der *'Idjmā'* erwähnt. Jedoch stellt dieser keinen Weg an sich dar, sondern hat entweder einen Text als Grundlage oder den Weg, welcher in Punkt zwei behandelt wird. *'Idjmā'* hebt eine auf diesen Wegen erkannte *'Illah* eher in die Stufe der definitiven Gewissheit (*qaṭ'iyy* / قطعي). Es besteht aber der Einwand, dass diesbezüglich kein *'Idjmā'* zustande kommen kann, da nicht die Gesamtheit der *Mudjtahidūn Ta'līl* (vernunftmäßige Nachvollziehbarkeit) vertritt.

Bsp.: Mit „*'Idjmā'*" ist die Nicht-Geschlechtsreife als *'Illah* für die finanzielle Bevormundung deklariert.

2.4.3.4.6 Arten von Idjtihād bezüglich der 'Illah – مجاري الاجتهاد في العلة [164]

A) *Takhrīdj al-manāṭ* / تَخْرِيج المناط

Takhrīdj bedeutet hier: Extrahierung; *Manāṭ* ist wie zuvor erwähnt die *'Illah* des *Ḥukm*.

Takhrīdj al-manāṭ ist: „Die Extrahierung der *'Illah* des im Text (*'Aṣl*) beschriebenen *Ḥukm*, welche im Text nicht oder nur angedeutet erwähnt wird, durch *Idjtihād*."

Dieser *Idjtihād* erfolgt in Form der zuvor erwähnten Untersuchung und Einteilung der Eigenschaften in passende und unpassende Eigenschaften – *Sabr & Taqsīm* / السَبْر وَ التَقْسِيم, falls die *'Illah* im Text weder direkt noch angedeutet Erwähnung findet.

Ist die *'Illah* im Text angedeutet so erfolgt dieser *Idjtihād* zur Identifizierung der *'Illah* im Verständnis des Textes.

B) *Tanqīḥ al- manāṭ* / تَنْقِيح المناط

Tanqīḥ bedeutet sprachlich: Sorgfältige Durchsicht, Korrektur, Bereinigung.

Tanqīḥ al-manāṭ ist: „Die sorgfältige Durchsicht der im Text in Verbindung mit *'Illah* erwähnten Charakteristiken und die Bereinigung der *'Illah* von verbundenen Charakteristiken (*'awṣāf* / أوصاف), welche nicht angemessen sind eine *'Illah* zu sein."

Wenn der Text auf die *'Illah* vermischt mit verschiedenen Charakteristiken hinweist, so wird versucht, diese aus den beinhalteten Charakteristiken zu bestimmen und von den restlichen, für den *Ḥukm* unwesentlichen, zu bereinigen.

Unterschiede in der genauen Beurteilung der *'Illah* führen meist zu Meinungsverschiedenheiten im *Fiqh*.

164 Vgl. al-Djuday', *Taysīr 'ilm 'uṣūl al-fiqh*, 173 f.; Khallāf, 78 f.; al-Zuḥaylī, I, 658 f.

Bsp.: In einem *Ḥadīth* befiehlt der Prophet (sas) einem Wüstenaraber *Kaffārah* (Sühne) dafür zu erbringen, dass er während des Fastens im Ramadan mit seiner Frau Beischlaf vollzog. Im Wortlaut: »[…] „Ich verübte Beischlaf mit meiner Frau während ich fastete.“ So antwortete der Gesandte Allahs (sas): {Kannst du einen Sklaven befreien} […]« (Bu, III, 32, # 1936)[165].

Im Text ist die Anordnung zur *Kaffārah* (Sühne) klar in Verbindung mit dem Geschehnis (Geschlechtsverkehr eines Wüstenarabers mit seiner Frau während des Fastens im Ramadan) erwähnt. Eine Reihe von Charakteristiken steht hier in Verbindung mit dem beschriebenen Grund für den *Ḥukm*. Zu diesen gehören: männlich, Wüstenaraber, das Fasten absichtlich brechend, Geschlechtsverkehr ausübend. Das Fallenlassen von für den *Ḥukm* unwesentlichen Charakteristiken und das Bestimmen des Maßgeblichen nennt man *Tanqīḥ al-manāṭ*.

Die Hanafiten und Malikiten erachten als für den *Ḥukm* maßgebliches Charakteristikum (*ʿIllah*) das absichtliche Fastenbrechen. So ist die gleiche Sühne Pflicht bei allen anderen Arten des Fastenbrechens, wenn es absichtlich und unrechtmäßig geschieht, wie zum Beispiel zu essen.

Bei den Schafiiten und Hanbaliten wird jedoch das Fastenbrechen durch Geschlechtsverkehr als *ʿIllah* angesehen. Dies hat zur Folge, dass ein *Qiyās* anderer Arten von Fastenbrechen hier nicht erfolgen kann.[166]

C) *Taḥqīq al-manāṭ* / تَحْقيق المَناط

Objekt dieser Art von *Idjtihād* bezüglich der *ʿIllah* ist nicht *ʾAṣl*, sondern *Farʿ*!

Taḥqīq bedeutet sprachlich: Verwirklichung, Feststellung, …

Taḥqīq al-manāṭ bedeutet: Die Feststellung der Existenz (Verwirklichung) oder Inexistenz der nicht offensichtlichen *ʿIllah* im *Farʿ*.

Beispiele:

Die Verwirklichung von berauschender Wirkung (*ʿIllah*) im Bierkonsum.

Die Verwirklichung Vertrauenswürdigkeit (*ʿAdālah* / عدالَة) eines konkreten Zeugen, welche die *ʿIllah* in der Annahme seiner Zeugenaussage ist. Diese *ʿIllah* ist durch den Text[167] im *Kitāb* vorgeschrieben. Die Verwirklichung dieser

---

165 أَنَّ أَبَا هُرَيْرَةَ رَضِيَ اللَّهُ عَنْهُ، قَالَ: بَيْنَمَا نَحْنُ جُلُوسٌ عِنْدَ النَّبِيِّ صَلَّى اللهُ عَلَيْهِ وَسَلَّمَ، إِذْ جَاءَهُ رَجُلٌ فَقَالَ: يَا رَسُولَ اللَّهِ هَلَكْتُ. قَالَ: «مَا لَكَ؟» قَالَ: وَقَعْتُ عَلَى امْرَأَتِي وَأَنَا صَائِمٌ، فَقَالَ رَسُولُ اللَّهِ صَلَّى اللهُ عَلَيْهِ وَسَلَّمَ: «هَلْ تَجِدُ رَقَبَةً تُعْتِقُهَا؟» قَالَ: لاَ، قَالَ: «فَهَلْ تَسْتَطِيعُ أَنْ تَصُومَ شَهْرَيْنِ مُتَتَابِعَيْنِ»، قَالَ: لاَ، فَقَالَ: «فَهَلْ تَجِدُ إِطْعَامَ سِتِّينَ مِسْكِينًا». قَالَ: لاَ، قَالَ: فَمَكَثَ النَّبِيُّ صَلَّى اللهُ عَلَيْهِ وَسَلَّمَ، فَبَيْنَا نَحْنُ عَلَى ذَلِكَ أُتِيَ النَّبِيُّ صَلَّى اللهُ عَلَيْهِ وَسَلَّمَ بِعَرَقٍ فِيهَا تَمْرٌ - وَالعَرَقُ المِكْتَلُ - قَالَ: «أَيْنَ السَّائِلُ؟» فَقَالَ: أَنَا، قَالَ: «خُذْهَا، فَتَصَدَّقْ بِهِ» فَقَالَ الرَّجُلُ: أَعَلَى أَفْقَرَ مِنِّي يَا رَسُولَ اللَّهِ؟ فَوَاللَّهِ مَا بَيْنَ لاَبَتَيْهَا - يُرِيدُ الحَرَّتَيْنِ - أَهْلُ بَيْتٍ أَفْقَرُ مِنْ أَهْلِ بَيْتِي، فَضَحِكَ النَّبِيُّ صَلَّى اللهُ عَلَيْهِ وَسَلَّمَ حَتَّى بَدَتْ أَنْيَابُهُ، ثُمَّ قَالَ: «أَطْعِمْهُ أَهْلَكَ»

166 al-Djudayʿ, *Taysīr ʿilm ʿuṣūl al-fiqh*, 173.

167 ﴿[...] وَأَشْهِدُوا ذَوَيْ عَدْلٍ مِنْكُمْ [...]﴾ ﴿[…] und lasst zwei mit Vertrauenswürdigkeit von euch Zeugen sein […]﴾ (65:2)

Vertrauenswürdigkeit bei einer konkreten Person bedarf aber dieser unumgänglichen Art des *Idjtihād.*

Hier wird deutlich, dass selbst die Negierer des *Qiyās* nicht ohne diese Art von *Idjtihād* (*Qiyās*) in der Umsetzung der Texte auskommen.

2.4.3.5 Eine weitere Art von *Qiyās*, welche nicht auf einer identifizierten *ʿIllah* gründet, ist: *Qiyās al-shabah* /قِياسُ الشَّبَه – Auf Ähnlichkeit basierender *Qiyās*:

Die herkömmliche Art des *Qiyās*, auch genannt ***Qiyās al-ʿIllah***, ist wie erläutert die analogische Übertragung der Islamrechtsbeurteilung (*Ḥukm*), basierend auf einer ausgemachten / identifizierten *ʿIllah* (ausschlaggebenden Wirkungsursache). Zusätzlich gibt es aber auch noch eine andere Art von *Qiyās*, die weniger breite Anerkennung findet, nämlich ***Qiyās al-shabah.*** Dies ist ein *Qiyās* – analogische Übertragung der Islamrechtsbeurteilung (*Ḥukm*) – aufgrund starker Ähnlichkeit der im Text unerwähnten, zu ergründenden Fragestellung (*Farʿ*) mit der erwähnten Fragestellung (*ʾAṣl*). Die *ʿIllah* für die Beurteilung ist nicht klar identifizierbar und / oder wird zum *Qiyās* nicht benötigt, da kein maßgeblicher Unterschied zwischen beiden Fragestellungen erkennbar ist.[168]

---

168 Zu den Befürwortern gehört Imam al-Shāfiʿī. Vgl. ʾAbū Ḥāmid al-Ghazālī, *al-Mustaṣfā min ʿilm al-ʾuṣūl* (Dschidda: Sharikah al-madīnah al-munawwarah l(i)-l-ṭibāʿah wa al-nashr), III, 641-644; al-Djudayʿ, *Taysīr ʿilm ʿuṣūl al-fiqh*, 175; al-Zarkashī, IV, 36-41.

2.5 *al-Maṣlaḥah al-mursalah* / المَصْلَحَة المُرْسَلَة – unerwähnter Nutzen / gesicherter Nutzen, welcher von den Schariatexten weder belegt noch negiert wird

2.5.1 Einführung

Maṣlaḥah / مصلحة ist der Singular von *Maṣāliḥ* / مصالح und bedeutet sprachlich: Nutzen, Wohl, wie auch gute, nützliche Angelegenheit.[169]

Wie bereits zuvor bei der Einführung zu *Ḥikmah* und *ʿIllah* unter *Qiyās* (Analogiebildung) erwähnt, hat nach Meinung der breiten Mehrheit der Gelehrten Gott die Scharia ausschließlich zum Nutzen seiner Diener (*li-maṣāliḥ al-ʿibād* / لِمَصالح العِباد) im Diesseits sowie im Jenseits verordnet. Dies umfasst das Erlangen von Nützlichem sowie das Abhalten von Schädlichem (*Djalb al-maṣāliḥ wa darʾ al-mafāsid* / جَلْب المَصالح و دَرْأ المَفاسِد). Die Verwirklichung von Nutzen (*Maṣlaḥah*) für die Menschen ist somit die Grundlage von jedem *Ḥukm* (Beurteilung) in der Scharia.

Nutzen – *Maṣāliḥ* lassen sich hinsichtlich verschiedener Augenmerke einteilen:

2.5.1.1 Arten von Maṣlaḥah in Hinsicht auf ihre Notwendigkeit:

A) *Ḍarūriyyāt* / ضَرُورِيَّات – *Unentbehrliches:*

Diese sind existenzielle Nutzen, deren Verwirklichung unverzichtbar für die Allgemeinheit sowie die Individuen ist, um das Leben und den sozialen Frieden aufrecht zu erhalten. Diese werden zusammengefasst unter: Bewahrung (*Ḥifẓ* / حِفْظ) der Religion (*al-Dīn* / الدِّين), des Lebens (*al-Nafs* / النَّفْس), des Intellekts (*al-ʿAql* / العَقْل), des Vermögens (*al-Māl* / المال) und der Fortpflanzung (*al-Nasal* oder *al-Nasab* / النَّسْل أو النَّسَب). Ein Beispiel im Bereich der Nahrung ist die Unentbehrlichkeit von Essen und Trinken (wenn auch nur Brot und Wasser). Ohne diese kann das Leben nicht weiterbestehen.

B) *Ḥādjiyyāt* / حَاجِيَّات – *Erforderliches:*

Diese sind Nutzen, deren Verwirklichung erforderlich ist, um ein gut funktionierendes Leben ohne Bedrängnis zu gewährleisten. Ein Beispiel hierfür ist das Er-

---

169 Vgl. *al-Miṣbāḥ al-munīr* s. v. (صلح).

fordernis von ausgewogenem Essen wie Gemüse und Obst, da ansonsten der Mensch auf Dauer Mangelerscheinungen erfährt und zu Schaden kommt, auch wenn er deshalb nicht sein Leben verliert.

C) *Taḥsīniyyāt* / تَحْسِينِيَّات – *Verschönerndes:*

Diese sind vervollständigende Nutzen, durch deren Verwirklichung das Leben individuell und gesellschaftlich ihre Blütezeit in Schönheit und Leichtigkeit erreicht. Im Bereich der Ernährung liegt beispielsweise die Geschmacksverbesserung der Nahrung durch Gewürze, ohne welche wir weder Vergängnis noch Bedrängnis erfahren, jedoch wird dadurch unser Leben „versüßt".

All diese Arten von Nutzen sind in der Regel gottgewollt erstrebenswert, wobei die Prioritäten absteigend zu setzen sind.[170]

2.5.1.2 Arten von Nutzen – *Maṣāliḥ* in Hinsicht auf ihre Berücksichtigung durch den Schariageber:[171]

A) *Maṣlaḥah mu'tabarah* / مُعتَبَرَة – *berücksichtigter Nutzen:*

Dies ist ein Nutzen, zu dessen Verwirklichung Allah Schariabeurteilungen verordnet hat.

In diesem Fall überwiegt stark der Nutzen in einer Angelegenheit gegenüber eventuellem Schaden darin.

B) *Maṣlaḥah mulghāh* / مُلغاة – *ungültiger scheinbarer „Nutzen":*

Dies ist ein scheinbarer, irrealer Nutzen, da Allah ihm widersprechende Schariabeurteilungen verordnet hat und ihn somit unberücksichtigt lässt. Bei solch scheinbarem Nutzen in einer Angelegenheit überwiegt in Summe der Schaden darin.

Bsp.: „Glücks"-spiel: Darin mag zwar ein gewisser Nutzen im Unterhaltungswert oder Weiterem stecken, der Schaden beispielsweise in der Gesellschaft durch Spielsucht für Betroffene und ihre Angehörigen ist jedoch oft erheblich.

---

170 Siehe al-Shāṭibī, II, 7 ff.; Ibn 'Āshūr, 303-308.

171 Vgl. Khallāf, 71-75, 84-87; al-Djuday', *Taysīr 'ilm 'uṣūl al-fiqh*, 182 ff.; Muṣṭafā al-Bughā, *'Athar al-'Adillah al-mukhtalaf fī-hā fī al-fiqh al-'islāmī* (Damaskus: Dār al-qal' und Dār al-'ulūm al-'insāniyyah, 4. Aufl. 2007), 32-36.

C) *Maṣlaḥah mursalah* / مُرسَلَة – *„unerwähnter" Nutzen:*

Dies ist ein offensichtlicher Nutzen, welcher durch Allah weder mit entsprechenden Schariabeurteilungen[172] berücksichtigt wird, noch mit widersprechenden Beurteilungen als ungültig erklärt wird.

Muṣṭafā al-Bughā definiert dies wie folgt: » ***Maṣlaḥah mursalah* ist jeder Nutzen, welcher den Zielen der Scharia entspricht, ohne durch einen Beleg bestätigt noch für ungültig erklärt zu werden.**« Weiter erläutert er, dass dies nicht bedeutet, dass eine *Maṣlaḥah mursalah* absolut nicht von Allah berücksichtigt wird. Vielmehr berücksichtigt Er sie in ihrer Art im entfernten Sinne, im Rahmen der Maximen / höheren Ziele der Scharia.[173]

Als Beispiel zur Veranschaulichung wird oft der Nutzen (*Maṣlaḥah*) in der Zusammenstellung des Korans in einem *Muṣḥaf* (gebundene Buchform) genannt. Der Prophet (sas) hatte dies weder durch eine Beurteilung angeordnet noch untersagt. Da darin aber Nutzen zur weiteren Bewahrung des Korans und der Einheit der Muslime lag, welche den Maximen / höheren Zielen der Scharia entspricht, wurde diese Zusammenstellung als religiös verpflichtend (*wādjib*) gewertet, auf Basis von *Maṣlaḥah mursalah* („unerwähntem" Nutzen).

Dieser Beleg, die **Argumentation mit *Maṣlaḥah mursalah***, wird oft auch ***Istiṣlāḥ*** / إِستِصْلاح (Forderung von Nutzen / Gutem) genannt und kann folgendermaßen definiert werden:

Istiṣlāḥ ist »das Zuweisen einer Schariabeurteilung zu einer im Text unbeschriebenen und konsenslosen Rechtsfrage, basierend auf *Maṣlaḥah mursalah* („unerwähntem" Nutzen)«.[174]

2.5.2 Legitimität / Beweiskraft (حُجِّيَّة) der *Maṣlaḥah Mursalah* / *Istiṣlāḥ*

2.5.2.1 Im Bereich der *'Ibādāt* (rituellen Gottesdienste):

Hier ist *Maṣlaḥah mursalah* kein legitimer Beleg bei allen Gelehrten. Denn die *'Ibādāt* reduzieren sich auf das im Text Erwähnte und können nicht durch den Verstand festgelegt und bestimmt werden.

172 Im Text von Koran oder *Sunnah* oder *Qiyās*.

173 al-Bughā, 35 f.

174 Ebda., 41: "ترتيب الحكم الشرعي في واقعة، لا نص فيها و لا إجماع، بناء على مراعاة مصلحة مرسلة".

2.5.2.2 Im Bereich der *Muʿāmalāt* (zwischenmenschlichen Interaktionen):

Da der Regelfall in den *Muʿāmalāt* (im Gegensatz zu den *ʿIbādāt*) die Nachvollziehbarkeit und Erfassbarkeit des Nutzens gemäß der menschlichen Vernunft ist, steht in diesem Bereich die Argumentation mit *Maṣlaḥah Mursalah* zur Diskussion.

In vielen *ʾUṣūl*-Lektüren wird zahlreichen Gelehrten und Rechtsschulen die Negierung dieses Beleges zugeschrieben. Jedoch zeigt sich in der Praxis des *Fiqh*, dass auch diese mit *Maṣlaḥah Mursalah* argumentieren, auch wenn dies nicht unbedingt so benannt wird.[175]

a) Befürworter von Maṣlaḥah Mursalah im Bereich der Muʿāmalāt:

Als Befürworter werden in den *ʾUṣūl*-Lektüren vor allem die Malikiten und die Hanbaliten erwähnt. Al-Ghazālī (von den Schafiiten) erachtet dies als legitimen Beleg, wie im Anschluss erwähnt wird, jedoch mit strengeren Bedingungen. Bei den Hanafiten wird diese Argumentationsart *Istiḥsān al-ḍarūrah* genannt.[176]

Wichtigste Belege zur Befürwortung:

1) Die Angelegenheiten der Menschen entwickeln und erneuern sich mit der Zeit unter verschiedenen Umständen. Würde sich die Islamrechtsgebung auf die in den Texten berücksichtigten Nutzen beschränken, würden den Menschen viele unerwähnte, später auftretende Nutzen verloren gehen. Dies ist jedoch nicht im Sinne des Schariagebers.
2) Weiter kann argumentiert werden, dass diese „unerwähnten" Nutzen in allgemeinen Texten von *Kitāb* und *Sunnah* Erwähnung finden, und zwar in Form von Verbot von Schädigung oder Verordnung von Gutem.

Zum Beispiel sagte der Gesandte Allahs (sas): {Kein initiales Schädigen und kein Schädigen als Schadenserwiderung […] – [...] لا ضَرَر و لا ضِرار}(Ha, II, 66, # 2345; Dha: s); oder: »{Wahrlich Allah ist gut, er nimmt nichts an außer Gutes […] – [...] إن الله طيب لا يقبل إلا طيبا }« (Mu, II, 703, # 1015).

3) Die Anwendung von *Istiṣlāḥ* im *Fiqh* der *Ṣaḥābah*, der *Tābiʿīn*.

Beispiele sind:[177]

die Sammlung des Korans von ʾAbū Bakr;
die schriftliche Aufzeichnung der *ʾAḥādīth*;
die Einführung von Haftstrafen von ʿUmar.

175 A.K. Zaydān, 238; al-Djudayʿ, *Taysīr ʿilm ʿuṣūl al-fiqh*, 184 ff.; Vgl. ʾAbū Zahrah, 256 ff., Siehe zu al-Shafiʿī: al-Zuḥaylī, II, 47.

176 al-Djudayʿ, *Taysīr ʿilm ʿuṣūl al-fiqh*, 184 f., al-Zuḥaylī, II, 40 f.

177 Vgl. ʾAbū Zahrah, 253 ff.; al-Djudayʿ, *Taysīr ʿilm ʿuṣūl al-fiqh*, 186.

Bedingungen zur Argumentation mit *Maṣlaḥah Mursalah*:[178]

Damit durch diesen Beleg nicht etwas als Schariarechtsbeurteilung deklariert wird, was dieser widerspricht und auf menschlichem Gutdünken basiert, wurden folgende Bedingungen festgelegt:

1) Der Nutzen (*Maṣlaḥah*) muss ein reeller Nutzen sein.
2) Er muss den Zielen der Scharia entsprechen.
3) Er darf keinem Beleg aus *Kitāb*, *Sunnah*, oder *'Idjmā'* widersprechen.

Al-Ghazālī und andere stellen noch weitere Bedingungen:

4) Es muss ein Nutzen für die Allgemeinheit und nicht für ein Individuum sein.
5) Der Nutzen muss absolut sicher sein.
6) Der Nutzen muss zur Bewahrung von *Ḍarūriyyāt* (Unentbehrlichem) dienen.

b) Negierer von Maṣlaḥah Mursalah im Bereich der Mu'āmalāt:[179]

Klarerweise negieren die Zahiriten diesen Beleg, da sie die *'Aḥkām* (Islamrechtsbeurteilungen) im gesamten als nicht rational nachvollziehbar erachten. Ebenso negieren die Schiiten diesen Beleg.

Aber auch die Schafiiten werden in den meisten *'Uṣūl*-Werken als Negierer dieses Beleges bezeichnet. Als Hauptargumente werden erwähnt:

1) Es gibt keine wirkliche *Maṣlaḥah*, welche nicht auf irgendeine Weise in der Scharia Berücksichtigung findet (durch den Text oder Arten von *Qiyās*).
2) Die Legitimierung der Argumentation mit *Maṣlaḥah mursalah* würde die Tore öffnen um nach menschlichem Gutdünken / menschlicher Neigung *'Aḥkām* vorzuschreiben.

Beispiele von Argumentation mit Maṣlaḥah Mursalah: [180]

Im malikitischen *Fiqh* besteht die Erlaubnis von zusätzlichen Steuervorschreibungen für die Reichen, wenn die Staatskasse leer ist und notwendige Ausgaben anstehen.

Bei den Schafiiten gilt die Erlaubnis, die Reittiere des Feindes zu töten, wenn dies nötig ist.

politische Entscheidungen, welche oft auf *Istiṣlāḥ* beruhen.

---

178 Vgl. 'Abū Zahrah, 252 f., 257; al-Djuday', *Taysīr 'ilm 'uṣūl al-fiqh*, 185; Khallāf, 86; al-Zuḥaylī, II, 39.

179 Vgl. 'Abū Zahrah, 252 f., 255 f.; Khallāf, 87 f.; al-Zuḥaylī, II, 38, 40 f.

180 'Abū Zahrah, 258.

2.6 *al-Istiḥsān* / الاِسْتِحْسان – Juristische Präferenz (durch begründete Billigkeit)[181]

2.6.1 Definition und Erklärung:

Sprachlich bedeutet *Istiḥsān* / اِسْتِحْسان: etwas als gut erachten.

Es gibt unterschiedliche fachspezifische Definitionen, welche laut ʿAbd al-Karīm Zaydān wie auch Khallāf [182] zwei Arten umfassen, die in folgender Definition ersichtlich sind:

Istiḥsān ist entweder

(a): das Vorziehen eines unscheinbaren *Qiyās* (*Qiyās khafiyy* / قياس خَفِي) gegenüber einem vordergründigen *Qiyās* (*Qiyās djaliyy* / قياس جَلِي), oder

(b): die Ausnahme (*Istithnā'* / اِسْتِثْناء) einer spezifischen Schariarechtsangelegenheit aus einer allgemeinen, sie eigentlich umfassenden Schariabeurteilung (*Ḥukm kulliyy* / *ʿāmm* / حكم كُلِّي أو عَام) aufgrund eines Beleges (*Dalīl* / *Wadjh al-Istiḥsān* / وَجْهُ الاِسْتِحْسان), welcher nach Meinung des *Mudjtahid* (zur Ergründung eines *Ḥukm* Befähigten) die Ausnahme verlangt.

Beispiele zur Veranschaulichung:

Für (a): Die Rechtsfrage, ob bei einem *Waqf* (fromme Stiftung) eines Ackerlandes auch automatisch das Nutzungsrecht von Wasser und Wegerecht mit eingeschlossen sind, ohne dies speziell im *Waqf*-Vertrag festzuhalten, ist nicht im Text von Koran und *Sunnah* festgelegt. Der *Ḥukm* dafür wird durch *Qiyās* ergründet, jedoch steht diese Rechtsfrage zwischen zwei *Qiyās* auf unterschiedliche *'Aṣl* (beschriebene Schariarechtsangelegenheiten).

Der erste *Qiyās* ist vordergründig: *Qiyās* auf den Verkauf von Ackerland, bei welchem diese Rechte nur mit eingeschlossen sind, wenn sie im Vertrag festgehalten sind. Die vordergründige *ʿIllah* hierbei ist das Abgeben von Eigentum.

Der zweite *Qiyās* ist unscheinbar: *Qiyās* auf die Verpachtung von Ackerland, bei welcher diese Rechte automatisch mit eingeschlossen sind. Die unscheinbare *ʿIllah* hierbei ist, dass beide Verträge den Besitz von Nutzrecht ohne Eigentumsrecht darstellen.

Die Vorziehung des unscheinbaren *Qiyās* ist *Istiḥsān*. Der Beleg dafür (*Dalīl* / *Wadjh al-Istiḥsān*) (دَليل / وَجْهُ الاِسْتِحْسان) ist, dass das Beabsichtigte von *Waqf*

---

181 Übersetzung in Anlehnung an: Sano, 52: „Juristic preference Equity".

182 A.K. Zaydān, 231; Khallāf, 45.

(fromme Stiftung) die Nutznießung ist, welche nur besteht, wenn auch die damit verbundenen Nutzungsrechte von Wasser und Weg mit eingeschlossen sind.

Für (b): Die Schariarechtsfrage, ob eine wohltätige *Waṣiyyah*[183] eines Entmündigten in Finanzhandlungen (wegen seiner Unzurechnungsfähigkeit darin) Gültigkeit hat, fällt unter den allgemeinen *Ḥukm* der Ungültigkeit seiner Spenden. Durch *Istiḥsān* wird jedoch diese spezielle Rechtsfrage von dem allgemeinen *Ḥukm* ausgenommen und für gültig erklärt (innerhalb eines Drittels seines Vermögens), aufgrund des Beleges (*Dalīl = Wadjh al-Istiḥsān*), dass die *Waṣiyyah* für einen gottesdienstlichen Zweck nicht im Grund für die Entmündigung steht, welcher der Schutz seines Vermögens ist, da sie erst nach seinem Ableben wirksam wird.

Wie ersichtlich, muss *Istiḥsān* auf einem maßgeblichen Beleg beruhen und darf nicht nach bloßem Belieben des *Mudjtahids* oder jemandes anderen erfolgen.

Die kurze Definition von ´Abū al-Hasan al-Karkhī von den Hanafiten umfasst auch die genannten zwei Bedeutungen (a & b):

Istiḥsān ist: »das Abwenden in einer Rechtsfrage von herkömmlichen Vergleichsfällen zu einem anderen *Ḥukm*, aufgrund eines stärkeren Argumentes, welches dieses Abwenden verlangt.«[184]

2.6.2 Mögliche maßgebliche Belege für *Istiḥsān* (*dalīl al-istiḥsān* / دَلِيل الاِسْتِحْسان oder *wadjh al-istiḥsān* / وَجْهُ الاِسْتِحْسان):[185]

1) ein spezieller Text aus *Kitāb* oder *Sunnah*, welcher eine spezielle Rechtsfrage aus einem allgemeinen *Ḥukm* ausnimmt. Auch wenn diese Form speziell bei Hanafiten manchmal als *Istiḥsān* bezeichnet wird, fällt sie unter Spezifizierung eines allgemeinen *Ḥukm* / Textes durch einen speziellen Text und nicht unter *Istiḥsān*.
   Beispiel: Der Verkauf von etwas Inexistentem oder was man nicht besitzt ist gemäß mehreren *´Aḥādīth*[186] allgemein verboten. Andere Texte neh-

183 Vermächtnis / finanzielle Gelobung, welche nach dem Versterben umgesetzt wird.

184 al-Bughā, 166: "هو العدول بالمسألة عن حكم نظائرها على حكم آخر، لوجه أقوى يقتضي هذا العدول".

185 Vgl. al-Zuḥāylī, II, 22-29; ´Abū Zahrah, 242, ff.; al-Djuday', *Taysīr 'ilm 'uṣūl al-fiqh*, 178 ff.

186 Z.B. bei IMa: II, 737, # 2187; Alb: s: حَدَّثَنَا مُحَمَّدُ بْنُ بَشَّارٍ قَالَ: حَدَّثَنَا مُحَمَّدُ بْنُ جَعْفَرٍ قَالَ: حَدَّثَنَا شُعْبَةُ، عَنْ أَبِي بِشْرٍ، قَالَ: سَمِعْتُ يُوسُفَ بْنَ مَاهَكَ، يُحَدِّثُ عَنْ حَكِيمِ بْنِ حِزَامٍ، قَالَ: قُلْتُ: يَا رَسُولَ اللَّهِ الرَّجُلُ يَسْأَلُنِي الْبَيْعَ وَلَيْسَ عِنْدِي، أَفَأَبِيعُهُ؟ قَالَ: «لَا تَبِعْ مَا لَيْسَ عِنْدَكَ»

men aber spezielle Formen aus wie den *Salam*-Vertrag, bei dem bei sofortiger Bezahlung etwas genau Bestimmtes Bekanntes (evtl. noch nicht Existentes) verkauft wird, was zum Abschluss des Vertrages nicht vorliegt.[187]

2) *'Idjmāʿ*
3) allgemeine Islamrechtsnormen, welche durch andere allgemeine Texte aus *Kitāb* oder *Sunnah* oder auch durch Arten von *Qiyās* bestimmt werden.
4) Wie etwa die Berücksichtigung von Existenziellem (*Ḍarūriyyāt*), oder beispielsweise wird auch das Fasten nicht durch etwas gebrochen, wovor man sich nicht schützen kann (wenn etwa eine Mücke in den Rachen fliegt). Dies und Ähnliches wird von dem allgemeinen *Ḥukm* ausgenommen.
5) *Qiyās* in verschiedenen Formen von Berücksichtigung einer *ʿIllah*.
   Als Beispiel sei der Fabrikationsvertrag – *ʿaqd al-istiṣnāʿ* / عقد الاستصناع (wird auch unter *'Idjmāʿ* behandelt) genannt, die Herstellung nach Auftrag. Eigentlich fällt diese Art von Vertrag unter den allgemein verbotenen Verkauf dessen, was nicht existiert. Diese Vertragsform wird aber vom Verbot ausgenommen aufgrund einer Form von *Qiyās*: Berücksichtigung einer Art von Charakteristikum (جنس الوصف) als *ʿIllah* für einen bestimmten *Ḥukm* (عين الحكم), hier als *Ḥukm*: „Gestattung des Vertrages“. Die Art von Charakteristikum: „benötigt von den Menschen ohne zu übermäßiger Ungewissheit und Zwietracht zu führen“, wird beim Mietvertrag, dem zuvor erwähnten *Salam*-Vertrag, etc. als *ʿIllah* berücksichtigt. (Siehe zur Form des *Qiyās* S. 90)
6) *Maṣlaḥah Mursalah*
   wurde als vorherige Islamrechtsquelle näher erläutert.

---

187 Siehe Erläuterung zu Bukhārī: Badr al-Dīn al-ʿAynī, *ʿUmdah al-Qārī* (Beirut, Dār ′īḥyā′ al-turāth al-ʿarabī), XII, 61: "بيع على موصوف في الذمة ببدل يعطي عاجلا" zum *Ḥadīth*: {Wer über Datteln einen *Salam*-Vertrag abschließt so in bekanntem Maß und bekanntem Gewicht. – مَنْ سَلَّفَ فِي تَمْرٍ، فَلْيُسْلِفْ فِي كَيْلٍ مَعْلُومٍ، وَوَزْنٍ مَعْلُومٍ } (Bu: III, 85, # 2239).
»Als der Prophet (sas) in Medina ankam, pflegten sie [die Medinenser] zwei- und dreijährige *Salam*-Verträge über Datteln abzuschließen. Da sagte er: {Wer über eine Sache einen *Salam*-Vertrag abschließt so [nur] in bekanntem Maß und bekanntem Gewicht und bekanntem Zeitraum.}« (Bu, III, 85, # 2240):
عَنِ ابْنِ عَبَّاسٍ رَضِيَ اللَّهُ عَنْهُمَا، قَالَ: قَدِمَ النَّبِيُّ صَلَّى اللهُ عَلَيْهِ وَسَلَّمَ المَدِينَةَ وَهُمْ يُسْلِفُونَ بِالتَّمْرِ السَّنَتَيْنِ وَالثَّلاَثَ، فَقَالَ: «مَنْ أَسْلَفَ فِي شَيْءٍ، فَفِي كَيْلٍ مَعْلُومٍ، وَوَزْنٍ مَعْلُومٍ، إِلَى أَجَلٍ مَعْلُومٍ»

2.6.3 Legitimität / Beweiskraft (حُجِّيَّة) des *Istiḥsān*

a) Befürworter von Istiḥsān sind:[188]

Hanafiten, einige Malikiten und Hanbaliten.

Istiḥsān ist kein eigenständiger Beleg an sich. Vielmehr bewegt er sich meist im Rahmen von *Qiyās*, wenn der unscheinbare *Qiyās* gegenüber dem vordergründigen *Qiyās* begründet bevorzugt wird, oder durch einen zu berücksichtigenden Nutzen (*Maṣlaḥah mu'tabarah*) ein allgemeiner *Ḥukm* spezifiziert wird.

b) Negierer von Istiḥsān:[189]

Generelle Negierer von *Qiyās* – wie die Zahiriten – lehnen *Istiḥsān* klarerweise auch ab.

Aber auch manche Befürworter von *Qiyās* lehnen offensichtlich *Istiḥsān* ab. Die Schafiiten sind bekannt für ihre ablehnende Haltung gegenüber *Istiḥsān*. Darüber gibt es klare Aussagen, wie die oft zitierte, heftige von al-Shāfi'ī: »Wer *Istiḥsān* macht, so hat er selbst Scharia gemacht«[190], d.h. er hat sich selbst zum „Schariageber" gemacht und nicht Allahs Scharia befolgt.

Einige *'Uṣūl*-Gelehrte begründen die heftige Ablehnung seitens al-Shāfi'ī damit, dass er darin Bezug nimmt auf die Definition von *Istiḥsān* seitens früher Hanafiten: »ein Beleg im Verstand des *Mudjtahid*, welchen er nicht formulieren kann«[191]. Auf dies deutet auch die Aussage von al-Shāfi'ī: »*Istiḥsān* ist (Beurteilung nach) Geschmack«[192], sowie die Definition von al-Ghazālī: »Das, was der *Mudjtahid*, basierend auf seinem Verstand, als besser (gut) erachtet«[193].

Dies bedeutet letztendlich: die Aussage über die Religion ohne Begründung mit einem schariakonformen Beleg. *Istiḥsān* in dieser Bedeutung wird aber allgemein abgelehnt.

Die Bedeutung, welche jedoch von den Befürwortern beschrieben ist, findet selbst unter den Schafiiten Anwendung, da sie auf die begründete Bevorzugung eines von verschiedenen Belegen hinausläuft. Ob dies als eigener Beleg unter dem Fachbegriff *Istiḥsān* erachtet wird ist Ermessenssache. Über die spezifischen Begründungen für Bevorzugungen von Belegen gibt es klarerweise geteilte Meinungen.[194]

---

188 al-Zuḥaylī, II, 29.

189 Vgl. al-Djuday', *Taysīr 'ilm 'uṣūl al-fiqh*, 180 f.; al-Zuḥaylī, II, 29 ff.

190 "من استحسن فقد شرع" siehe al-Zarkashī, IV, 386.

191 "دليل ينقدح في ذهن المجتهد لا تساعده العبارة عنه" siehe al-Bughā, 127.

192 "إنما الاستحسان تلذُّذ" al-Shāfi'ī, *al-Risālah* (Ägypten: Maktabah al-ḥalabī, 1940), 507.

193 "ما يستحسنه المجتهد بعقله" al-Ghazālī, *al-Mustaṣfā*, II, 468.

194 al-Bughā, 129; A.K. Zaydān, 234 f.

2.7 *Sharʿ man qablanā* / شَرْعُ مَن قَبْلَنَا – Scharia der früheren Propheten (as)[195]

Allah hat allen Propheten die gleiche *ʿAqīdah* (Inhalte der Glaubensüberzeugung / Theologie) offenbart und auch die Kernfragen der Scharia wurden keinen Änderungen ausgesetzt (wie das Gebot von Gebet, Fasten, Aufrichtigkeit oder das Verbot von Ehebruch, Mord…). Was jedoch Beurteilungen in den Nebenbereichen der Scharia anbelangt, so können darin Unterschiede bei den verschiedenen Propheten gemäß den unterschiedlichen Umständen und Bedürfnissen vorkommen.

Die Frage der Gültigkeit von Schariabeurteilungen früherer Propheten auch für die Gemeinschaft des Propheten Muhammad (sas) ist Thema dieses Belegs, wobei diesbezüglich nur Berichte über ursprüngliche, originale Schariabeurteilungen früherer Propheten aus annehmbar authentischen Quellen Beachtung finden. Da aber davon ausgegangen wird, dass die übriggebliebenen Texte früherer Offenbarungsschriften nicht mehr exakt dem Original entsprechen, teilweise Änderungen und Verfälschungen stattgefunden haben[196] und allgemein auch die Authentizität der Berichte im Sinne der *Ḥadīth*-Forschung (*Sanad* – Überlieferungskette) nicht mehr überprüfbar und nachweisbar ist, werden diese Überreste nicht als maßgebliche Informationsquelle dafür herangezogen, sondern nur die Offenbarungstexte von Koran und annehmbar authentischer *Sunnah*.

Die Überlieferungen über die Scharia der früheren Propheten (as) im Koran oder in der annehmbar authentischen *Sunnah* können in folgende drei Arten eingeteilt werden, wobei die letzte davon Gegenstand von Meinungsverschiedenheit ist.

A) Überlieferung aus der Scharia früherer Propheten (as) im Koran oder in der annehmbar authentischen *Sunnah* – mit der Bestimmung, dass der *Ḥukm* (Schariabeurteilung) auch noch als Scharia für die Gemeinschaft des Propheten Muḥammad (sas) gilt.

Dies bleibt bindend für die Muslime, aufgrund der Bestätigung in islamischen Quellen. Bsp.:

﴿ يَٰٓأَيُّهَا ٱلَّذِينَ ءَامَنُواْ كُتِبَ عَلَيۡكُمُ ٱلصِّيَامُ كَمَا كُتِبَ عَلَى ٱلَّذِينَ مِن قَبۡلِكُمۡ لَعَلَّكُمۡ تَتَّقُونَ ﴾

195 Siehe: al-Zuḥaylī, II, 139-144; Khallāf, 94 ff.; al-Djudayʿ, *Taysīr ʿilm ʿuṣūl al-fiqh*, 155-159; al-Bughā, 532-534.

196 Koran: 2:75,79; 3:78; 5:14-15.

﴾O die ihr glaubt, vorgeschrieben ist euch das Fasten, so wie es denjenigen vor euch vorgeschrieben war, auf dass ihr gottesbewusst werden möget.﴿ (2:183; mod. Übers.)

B) Überlieferung aus der Scharia früherer Propheten (as) im Koran oder in der annehmbar authentischen *Sunnah* – mit der Bestimmung, dass der *Ḥukm* aufgehoben / *mansūkh* ist

Dies ist ungültig für die Muslime, da in den islamischen Quellen die Aufhebung des *Ḥukm* bestimmt ist.

Beispiel: Bei Bukhārī überliefert Djābir ibn ʿAbdullāh, dass der Prophet (sas) sagte: »{Mir wurden Fünf gegeben, welche keinem Propheten vor mir gegeben wurden: […] mir wurde die Erde zur Moschee und zur Reinigung gemacht […] und mir wurde die Kriegsbeute erlaubt […]}« (Bu, I, 95, # 438)[197]

C) Überlieferung aus der Scharia früherer Propheten (as) im Koran oder in der annehmbar authentischen *Sunnah* – weder mit Bestimmung der Gültigkeit, noch der Aufhebung des *Ḥukm*

Hier gibt es Meinungsverschiedenheiten zwischen den Gelehrten.

a) Befürworter des Beleges:

Die Mehrzahl der Hanafiten und Malikiten, ʾAḥmad ibn Ḥanbal in der stärksten Überlieferung, viele Hanbaliten und manche Schafiiten betrachten diese Form als auch gültige Scharia für die Gemeinschaft des Propheten Muḥammad (sas).[198]

b) Negierer des Beleges:

Die Mehrheit der Schafiiten, Ahmad in einer anderen Überlieferung, Ibn Ḥazm al-Ẓāhirī, die Mutaziliten und Schiiten erachten diese Form als ungültig und die Scharia früherer Propheten (as) generell durch die letzte Scharia aufgehoben.[199]

---

197 حَدَّثَنَا جَابِرُ بْنُ عَبْدِ اللَّهِ، قَالَ: قَالَ رَسُولُ اللَّهِ صَلَّى اللهُ عَلَيْهِ وَسَلَّمَ: " أُعْطِيتُ خَمْسًا لَمْ يُعْطَهُنَّ أَحَدٌ مِنَ الأَنْبِيَاءِ قَبْلِي: نُصِرْتُ بِالرُّعْبِ مَسِيرَةَ شَهْرٍ، وَجُعِلَتْ لِي الأَرْضُ مَسْجِدًا وَطَهُورًا، وَأَيُّمَا رَجُلٍ مِنْ أُمَّتِي أَدْرَكَتْهُ الصَّلاَةُ فَلْيُصَلِّ، وَأُحِلَّتْ لِي الغَنَائِمُ، وَكَانَ النَّبِيُّ يُبْعَثُ إِلَى قَوْمِهِ خَاصَّةً، وَبُعِثْتُ إِلَى النَّاسِ كَافَّةً، وَأُعْطِيتُ الشَّفَاعَةَ "

198 al-Zuḥāylī, II, 144; Khallāf, 94; al-Djudayʿ, *Taysīr ʿilm ʿuṣūl al-fiqh*, 157 f.

199 Ebda; al-Djudayʿ, *Taysīr ʿilm ʿuṣūl al-fiqh*, 158.

Beispiel: Mit dem folgenden Vers argumentieren Hanafiten unter anderem für die körperliche Vergeltungsstrafe bei körperlichen, absichtlichen Schädigungen, ohne Unterscheidung zwischen Religion oder Freiheitsstatus.

﴿ وَكَتَبْنَا عَلَيْهِمْ فِيهَآ أَنَّ ٱلنَّفْسَ بِٱلنَّفْسِ وَٱلْعَيْنَ بِٱلْعَيْنِ وَٱلْأَنفَ بِٱلْأَنفِ وَٱلْأُذُنَ بِٱلْأُذُنِ وَٱلسِّنَّ بِٱلسِّنِّ
وَٱلْجُرُوحَ قِصَاصٌ ۚ فَمَن تَصَدَّقَ بِهِۦ فَهُوَ كَفَّارَةٌ لَّهُۥ ۚ وَمَن لَّمْ يَحْكُم بِمَآ أَنزَلَ ٱللَّهُ فَأُو۟لَٰٓئِكَ هُمُ
ٱلظَّٰلِمُونَ ﴾

❬Und Wir haben ihnen [den Juden] darin [in der Thora] vorgeschrieben: Leben um Leben, Auge um Auge, Nase um Nase, Ohr um Ohr, Zahn um Zahn; und (auch) für Verwundungen Widervergeltung. Wer es aber als Almosen erlässt, für den ist es eine Sühne. Wer es aber als Almosen erläßt, für den ist es eine Sühne. Wer nicht nach dem waltet, was Allah (als Offenbarung) herabgesandt hat, das sind die Ungerechten.❭ (5:45)

Weiter ist es wichtig zu beachten, dass in Fragen der *ʿAqīdah* (Inhalte der Glaubensüberzeugung) die authentischen Überlieferungen (in Koran und *Sunnah*) über frühere Propheten und deren Handlungen immer auch für die Gemeinschaft des Propheten Muḥammad (sas) unverändert Gültigkeit haben und berücksichtigt werden müssen.

In Realität ist *Sharʿ man qablanā* somit kein eigenständiger Beleg, sondern spezieller Teil des *Kitāb* (Koran) oder der *Sunnah*.

2.8 *Qawl al-Ṣaḥābī* / قَوْلُ الصَّحابِي – die Aussage eines Prophetengefährten

Auch genannt: *Madhhab al-Ṣaḥābī* / مَذْهَبُ الصَّحَابِي – Islamrechtsmeinung / „Weg" eines Prophetengefährten (*Ṣaḥābī*).

Ein *Ṣaḥābī* ist: »Wer den Propheten (sas), gläubig an ihn, traf«[200] (und als Muslim starb)[201].

Nach dem Tod des Propheten (sas) haben seine Gefährten nicht nur Koran und *Ḥadīth* überliefert und erklärt, sondern auch ihre eigenständigen Rechtsgutachten (*Fatāwā*) vorwiegend in neuen Fragestellungen entsprechend ihrem Verständnis der Scharia gefällt. Ihre Meinung ist im Allgemeinen sehr geschätzt, da ihr „Lehrer" des Islamverständnisses weitgehend der Prophet (sas) persönlich war, welcher sie lobend erwähnte, die Offenbarung in ihrer lebendigen Sprache herabgesandt wurde und sie deren Offenbarungsumstände miterlebten. In diesem Bereich sind natürlicherweise manche Prophetengefährten besonders herausgeragt und waren bewanderter als andere.[202]

Die eigenen Aussagen der *Ṣaḥābah* sind verschiedener Natur und werden folgenderweise verschieden bewertet:

2.8.1 Die Aussage, welche nicht durch *Idjtihād* ergründet werden kann, sondern Offenbarung als Grundlage haben muss

Diese wird als *Sunnah* des Propheten (sas) gewertet, da die Information nur von ihm stammen kann und ist demnach auch ein anerkannter Beleg. Z.B.: Form des Gebets, Informationen über das Jenseits usw.[203]

2.8.2 Die Aussage, welcher kein anderer *Ṣaḥābī* widerspricht, von Allgemeininteresse ist und allgemein bekannt ist

Dies ist nach der Mehrheit der Gelehrten ein zu beachtender Beleg und hat sich in den vier sunnitischen Hauptrechtsschulen durchgesetzt. In seiner Realität ist diese Art *'Idjmā' sukūtiyy* (siehe unter *'Idjmā'* auf S. 74).[204]

---

200 al-Djuday', *Taysīr 'ilm 'uṣūl al-fiqh*, 197.

201 Viele *'Uṣūl*-Gelehrte sehen noch als Bedingung (für jemanden, dessen Aussage hier berücksichtigt wird), dass er eine längere Zeit mit dem Propheten (sas) verbrachte. Siehe al-Zuḥaylī: II, 150; A.K. al-Zaydān, 260.

202 Vgl. Khallāf, 94 ff.; al-Djuday', *Taysīr 'ilm 'uṣūl al-fiqh*, 197-201; al-Bughā, 338-341; al-Khaṭīb, 385-389.

203 Khallāf, 95; al-Zuḥaylī, II, 150.

Beispielsweise die Meinung der Prophetengefährten, dass der Erbanteil einer Großmutter ein Sechstel beträgt.

2.8.3 Die Aussage, welcher kein anderer *Ṣaḥābī* widerspricht, jedoch nicht von Allgemeininteresse ist und auch nicht allgemein bekannt wurde

Sofern kein Beleg aus *Kitāb* oder *Sunnah* eine widersprüchliche Antwort auf die Islamrechtsfrage gibt, ist sie dem *Qiyās* vorzuziehen und wird mehrheitlich befolgt von Hanafiten, Malikiten, Hanbaliten und al-Shāfiʿī in der alten Schule.

Dies ist kein Beleg bei den meisten Schafiiten, Ibn Ḥazm al-Ẓāhirī, Mutaziliten und Schiiten. Auch manche der späteren Hanafiten und Malikiten übernahmen diese ablehnende Meinung und geben dem *Qiyās* Vorrang.[205]

2.8.4 Die Aussage, welcher ein oder mehrere *Ṣaḥābah* widersprechen

Eine bestimmte Meinung ist demnach kein bindender Beleg.

Nach al-Shāfiʿī ist man an keine der Meinungen gebunden, auch nach den Negierern der vorherigen Form nicht.

Nach ʾAbū Ḥanīfah darf man in der Regel jedoch den Rahmen der vorhandenen *Ṣaḥābah*-Meinungen nicht verlassen, falls kein Beleg aus *Kitāb* oder *Sunnah* die Frage beantwortet.[206]

Abschließend kann gesagt werden:

Auch wenn die auf eigenem *Idjtihād* basierende Aussage eines *Ṣaḥābī* nicht als bindender Beleg gilt, so soll sie grundsätzlich doch Beachtung im möglichen Verständnis der Scharia finden.

---

204 Shāfiʿī in der Neuen Schule (Nach seiner Übersiedlung nach Ägypten), siehe: al-Djudayʿ, *Taysīr ʿilm ʿuṣūl al-fiqh*, 197.

205 al-Zuḥaylī, II, 151 f.; vgl. al-Djudayʿ, *Taysīr ʿilm ʿuṣūl al-fiqh*, 198 f.

206 al-Kallāf, 95 f.

2.9 *al-ʿUrf* / العُرْف – Gewohnheitsrecht; (gültiges Gewohnheitsrecht – *al-ʿĀdah al-muḥkamah* / العادة المحكمة)

ʿUrf / عُرْف bedeutet sprachlich: Etwas gewohnt Gutes; Gewohnheit und Brauch; Wohltätigkeit. Fachspezifisch beschreibt es Handlungen oder Ausdrucksweisen, über die sich eine Gesellschaft einig ist und die sie gewohnt ist. *ʿUrf* wird oft auch als *ʿĀdah* / عَادَة bezeichnet.[207]

Beispiele sind die Verwendung vom Wort „*walad* / وَلَد – Geborene / -s / -r" nur für „Junge" ohne Mädchen; Kleidungsformen; Aufteilung von *Mahr* (Brautgabe) in *muqaddam* (sofortiger Teil) und *mu'akhkhar* (späterer Teil) usw.

ʿUrf wird gemäß seiner Konformität oder Widersprüchlichkeit zur Scharia eingeteilt in:

A) *ʿUrf ṣaḥīḥ* – „richtiger", schariakonformer *ʿUrf*:

»Dies ist eine allgemeine Gewohnheit, welche keinem Text aus *Kitāb* [Koran] oder *Sunnah* widerspricht, keinen maßgeblichen Nutzen verfehlt und keinen maßgeblichen Schaden bringt.«[208]

Beispielsweise: Geschenk zur Verlobung; zusätzliche Begrüßungsformen zum Friedensgruß; Zahlen mit Bankomatkarte (EC-Karte) usw.

B) *ʿUrf fāsid* – „schlechter", ungültiger *ʿUrf*:

»Dies ist eine allgemeine Gewohnheit, welche entweder einem Text aus *Kitāb* oder *Sunnah* widerspricht oder einen maßgeblichen Nutzen verfehlt oder maßgeblichen Schaden bringt; sowie jeder Brauch, der eine Art von *ʿIbādah* bestimmt, welche nicht durch einen Text belegt ist.« Letzteres ist nicht Gegenstand von Bräuchen, da die Quelle von *ʿIbādāt* (rituelle Gottesdienste) ausschließlich Offenbarung von Allah ist.[209] Diese Art von *ʿUrf* wird in der Scharia allgemein als ungültig abgelehnt. Als Beispiel dient hier die allgemein verbreitete Gewohnheit des Zinssystems.

---

207 Vgl. al-Zuḥaylī, II, 104 ff.; al-Djudayʿ, *Taysīr ʿilm ʿuṣūl al-fiqh*, 194; Khallāf, 89; A.K. Zaydān, 252; s. v. (عرف): al-Fayrūz'ābādī, *al-Qāmūs*; *al-Miṣbāḥ*; *Lisān al-ʿarab*; Wehr.

208 al-Djudayʿ, *Taysīr ʿilm ʿuṣūl al-fiqh*, 195:
"هو العادة التي لا تخالف نصا من نصوص الكتاب والسنة، ولا تفوّت مصلحة معتبرة، ولا تجلب مفسدة راجحة".

209 Ebda: "هو العادة تكون على خلاف النص، أو فيها تفويت مصلحة معتبرة، أو جلب مفسدة راجحة [...] و كذلك جميع الأعراف التي تتصل بإثبات تعبد لا نص عليه"

Argumentation mit *ʿUrf ṣaḥīḥ*

Dieser muss in der Islamrechtssprechung (*ʾIftāʾ*), sowie in islamkonformen Gerichtsentscheidungen (*Qaḍāʾ*) berücksichtigt werden.

Es wird jedoch oft nicht als eigener Schariabeleg bezeichnet, sondern als zu berücksichtigender Faktor bei der Anwendung der *ʾAḥkām*.[210]

Da sich der *ʿUrf* mit Zeit und Ort ändern kann, ändern sich auch die *ʾAḥkām* (Islamrechtsbeurteilungen), welche auf Berücksichtigung eines bestimmten *ʿUrf* beruhen. So ist beispielsweise vom *ʿUrf* abhängig, ob ein Kauf / Verkauf nur mit Handschlag gültig (abgeschlossen) ist oder bereits mit bloßer Waren- und Geldübergabe, wie an der Kasse im Supermarkt. Wenn gesagt wird: „die *Fatwā* (Islamrechtsgutachten) ändert sich mit Zeit und Ort“, handelt es sich oft um diese Art der Veränderung.[211]

210 al-Djudayʿ, *Taysīr ʿilm ʾuṣūl al-fiqh*, 196.

211 Vgl. ebda, 194 ff.; Khallāf, 89 ff.; al-Zuḥaylī, II, 109 f.

2.10 *al-Istiṣḥāb* / الاِسْتِصْحاب – Annahme der Kontinuität[212]

Istiṣḥāb / اِسْتِصْحاب bedeutet sprachlich: die Forderung von fortlaufender Begleitung.

Fachlich bedeutet es: Den ursprünglichen *Ḥukm* (Beurteilung) einer Angelegenheit fortlaufend gelten zu lassen, bis ein maßgeblicher Beleg bestimmt, dass der *Ḥukm* verändert ist.

Al-Istiṣḥāb ist kein Beleg an sich, sondern das Fortlaufenlassen der Gültigkeit des bestehenden Beleges. Es ist der letzte Schritt des *Mudjtahid* zur Ergründung einer gültigen Beurteilung.[213]

Darunter fallen:

2.10.1 *Istiṣḥāb* – Fortbestand der Gültigkeit der ursprünglichen Schariabeurteilung (*Ḥukm*) oder eines Schariabelegs, solange keine gültige Änderung durch einen weiteren maßgeblichen Schariabeleg nachgewiesen ist

2.10.2 *al-'Ibāḥah al-'aṣliyyah* / الإباحَة الأَصْلِيَّة – die Regel, dass alles (Unschädliche) erlaubt / statthaft ist, bis ein Beleg es als verboten (oder anders) bestimmt

2.10.3 *al-Barā'ah al-'aṣliyyah* / البَرَاءَة الأَصْلِيَّة – die grundsätzliche Unschuldsvermutung

212 Sano, 56 f.: „Presumption of Continuity".

213 Vgl. Khallāf, 91 f.; al-Djuday', *Taysīr 'ilm 'uṣūl al-fiqh*, 202-205.

2.11 *Sadd al-dharīʿah* / سَدُّ الذَّرِيعَة – Unterbindung der als zulässig vorgetäuschten Wege zu Verbotenem (Rechtsmissbrauch / Rechtsumgehung)

Dharīʿah / ذريعة, Pl. *Dharāʾiʿ* / ذرائع bedeutet sprachlich: Mittel / Weg zu etwas Beabsichtigtem.[214]

Obwohl der Begriff auch für Mittel zu Gebotenem, Nützlichem verwendet wird, ist damit fachspezifisch meist gemeint: Eine Angelegenheit, welche äußerlich erlaubt erscheint (ist), aber als Mittel zur Erlangung von etwas Verbotenem benützt wird. Die Unterbindung dieses Mittels wird *Sadd al-dharīʿah* genannt.

Die Möglichkeit oder Wahrscheinlichkeit zur „Zweckentfremdung" von etwas nach seiner äußeren Gestalt Statthaftem - zur Erlangung von Verbotenem - ist unterschiedlich hoch oder naheliegend. Ist ein derartiges Mittel nicht explizit durch einen Beleg verboten, stellt sich die Frage, ob und ab wann dies trotz seiner ursprünglichen Statthaftigkeit als untersagt gewertet wird.

A) Besteht zwar die Möglichkeit zur verbotenen Zweckentfremdung, jedoch geschieht sie in der Regel selten, dann bleibt die grundsätzliche Statthaftigkeit gegeben.
Beispielsweise könnte der Trauben und Dattelanbau in muslimischen Ländern dazu führen, dass Muslime alkoholische Getränke herstellen. In der Regel werden die Früchte aber nicht dafür verwendet. Ebenso könnte der gemeinsame Moscheebesuch von Männern und Frauen dazu führen, dass sich jemand zu Verbotenem trifft, was aber in der Regel nicht dazu führt.

B) Führt das Mittel häufig oder überwiegend zu verbotenem Schaden, so ist dieses Mittel untersagt, wie etwa der Waffenverkauf in Zeiten sozialer und politischer Unruhe und Instabilität.[215]

C) *al-Ḥīlah al-sharʿiyyah* / الحيلة الشرعية – Rechtsumgehung / -missbrauch. Ist eine konkrete Form nicht speziell durch Offenbarungstexte (Koran und *Sunnah*) als gültig oder ungültig bestimmt, so herrscht Meinungsverschiedenheit über ihre Gültigkeit bei möglicher Anschuldigung der Rechtsumgehung mit scheinbarer formaler Rechtmäßigkeit. Als Beispiel kann genannt werden: der Verkauf einer Ware für einen sofortigen niedrigeren Betrag gefolgt (früher oder später) vom Rückkauf derselben Ware um ei-

---

214 Vgl. s. v. (ذرع): *Lisān al-ʿarab*; *al-Miṣbāḥ al-munīr*.

215 Vgl. al-Djudayʿ, *Taysīr ʿilm ʿuṣūl al-fiqh*, 187-190; ʾAbū al-Zahrah, 259-264; al-Zuḥaylī, II, 173 ff., 182 ff., 187 f.; Sano, 231 f.: „Blocking pretenses".

nen höheren Betrag mit späterem Zahlungstermin. Geschieht dies mit Absicht des Zinserhalts für Geldverleih oder besteht ehrliches Interesse am Rückkauf der Ware, selbst zu einem höheren Preis?

a) Malikiten und Hanbaliten werten *Sadd al-dharīʿah* als eigenen Schariabeleg, wodurch unbestimmte *Ḥiyal* (Rechtsumgehungen) die Handlung ungültig machen.
b) Schafiiten und Hanafiten erachten dies nicht als Schariabeleg und *Ḥiyal* an sich diesseitig[216] gültig (rechtswirksam). Ist jedoch die Absicht wirklich die Erlangung von Verbotenem gewesen, so muss man sich im Jenseits dafür verantworten.[217]

216 in diesem Leben

217 al-Djudayʿ, *Taysīr ʿilm ʿuṣūl al-fiqh*, 192 f; vgl. al-Zuḥaylī, II, 187 f., 191 f.; ʼAbū al-Zahrah, 259, 263.

3 Regeln der Ausdrucksweisen des Wortlautes von Koran und *Sunnah*

القواعد في دلالة ألفاظ الكتاب و السنة

Auch bezeichnet als:

Die sprachlichen *'Uṣūl*-Regeln – *al-Qawāʿid al-'uṣūliyyah al-lughawiyyah* / القواعد الأصولية اللغوية

(sprachliche Regeln zur Ergründung aus Offenbarungsbelegen (Koran und *Sunnah*))

Einführung

Die hier behandelten Regeln gelten in erster Linie für die überlieferten Offenbarungstexte (Koran und Prophetenwort – *Sunnah qawliyyah*) und ferner für den Wortlaut der überlieferten Prophetenpraxis und Prophetenbilligung. Nicht alle dieser Regeln gelten jedoch zwingenderweise für sämtliche anderen arabischen Texte. Sie befassen sich primär mit der Bedeutung der Anrede Allahs und Seines Gesandten (sas). Diese Anrede erfolgt in arabischer Sprache, welche in ihrer Semantik (دلالة / *Dalālah*) Regeln folgt, die durch umfassendes Studium der arabischen Sprache, ihrer Ausdrucksweisen und Bedeutungen erfasst wurden. Maßgeblich dabei ist der Gebrauch der Sprache in der Zeit des Propheten (sas), um den Text möglichst so zu verstehen, wie Allah und sein Prophet (sas) ihn gemeint haben. Eventuelle spätere Änderungen in der Sprache und ihrer gebräuchlichen Bedeutungen dürfen nicht für das Textverständnis der Offenbarungstexte herangezogen werden. Die Prophetengefährten hatten dabei ein natürlich korrektes Sprachgefühl ihrer Sprache mit ihren Feinheiten, ohne auf derartige Aufzeichnungen angewiesen zu sein.

Es gibt unter den Gelehrten einen Konsens, was die Grundregeln betrifft, sowie einen breiten Konsens, was viele Detailfragen betrifft. Jedoch gibt es feine Meinungsunterschiede in manchen Regeln, welche mitunter eine Ursache für Meinungsverschiedenheiten in den gewonnenen *'Aḥkām* (Beurteilungen) darstellen. Diese Regeln in ihrer Gesamtheit bieten einen Rahmen für ein mögliches Verständnis des Textes, durch welchen legitime Verständnisse und Auslegungen von verfehlten unterschieden werden können.

Obwohl über diese Regeln hier im Bereich der Ergründung von *Fiqh* (handlungsspezifischen Fragestellungen) gesprochen wird, sind sie weitgehend auch für jedes Verständnis des Textes im Bereich der *ʿAqīdah* (Inhalte der Glaubensüberzeugung) maßgeblich.

Die Themen dieser sprachlichen *'Uṣūl*-Regeln werden in den *'Uṣūl*-Werken verschieden eingeteilt und teilweise auch mit verschiedenen Fachbegriffen benannt. Diese Arbeit orientiert sich aufgrund der meist einfacheren Strukturierung in diesem Bereich vorwiegend an der klassischen Einteilung der *Mutakallimūn* (Schafiiten, Malikiten, Hanbaliten), doch wird auf wesentliche unterschiedliche Fachbegriffe hingewiesen. In den späteren und vor allem zeitgenössischen Schriften über *'Uṣūl* wird jedoch weitgehend die hanafitische Einteilung verwendet.[218]

Die Behandlung dieser sprachlichen 'Uṣūl-Regeln ist unterteilt in:

3.1 Ausdrucksweisen des Textes zur Hinweisung auf *'Aḥkām*
Diese unterteilen sich in:
A) *al-Manṭūq* / اَلْمَنْطُوق – Das *Ausgesprochene*
B) *al-Mafhūm* / اَلْمَفْهُوم – Das *unausgesprochen Verstandene*
(A) unterteilt sich in:
A.a) *al-Ḥaqīqah* / اَلْحَقِيقَة – Ausdruck im wirklichen / eigentlichen Sinn
A.b) *al-Madjāz* / اَلْمَجَاز – Ausdruck im übertragenen / uneigentlichen Sinn (teilw. metaphorisch)
(B) unterteilt sich in:
B.a) *Dalālah al-luzūm* / دَلَالَةُ اللُّزُوم – *Notwendig Verstandenes*
B.b) *Mafhūm al-muwāfaqah* / مَفْهُومُ الْمُوَافَقَة – *übereinstimmend Verstandenes*
B.c) *Mafhūm al-mukhālafah* / مَفْهُومُ الْمُخَالَفَة – *gegenteilig Verstandenes*

3.2 Klarheit und Unklarheit der Ausdrucksweisen des Textes

3.3 Umfassendheit der Ausdrucksweisen des Textes
Diese sind:
A) *al-ʿĀmm* / اَلْعَامّ – Der *umfassende* / generische (ganzheitliche) *Ausdruck*
B) *al-Khāṣṣ* / اَلْخَاصّ – Der *spezifische* (ausgesonderte / nicht umfass.) *Ausdruck*
Unter ausgesonderten Ausdruck fallen:
B.a) *al-Muṭlaq* / اَلْمُطْلَق – Der *uneingeschränkte Ausdruck* und
B.b) *al-Muqayyad* / اَلْمُقَيَّد – Der *eingeschränkte Ausdruck*

3.4 Ausdruck der Anordnung und Untersagung – *Ṣīghah al-'Amr wa al-Nahy* / صيغة الأمر والنهي (diese werden meist unter *al-Khāṣṣ* / الخاص behandelt)

---

218 Z. B.: Khallāf; al-Djudayʿ, *Taysīr ʿilm ʿuṣūl al-fiqh*; al-Zuḥaylī; ʿAbd al-Karīm Zaydān.

3.1 *al-Dalālāt* / الدلالات od. *Ṭuruq al-dalālah* / طرق الدلالة – Ausdrucksweisen des Textes

Im Arabischen gibt es wie auch in anderen Sprachen verschiedene Ausdrucksweisen, um einen gewünschten Sinn auszudrücken und zu vermitteln. Allgemein wird unterschieden zwischen wörtlich *Ausgesprochenem* (*Manṭūq*) und was aus dem *Ausgesprochenen* an weiterer Bedeutung unausgesprochen verstanden wird (*Mafhūm*). So wird beispielsweise aus dem wörtlich *Ausgesprochenen* „Meine Eltern haben nur Söhne bekommen." notwendigerweise verstanden, dass ich keine Schwestern habe, obwohl dies nicht im Wortlaut erwähnt ist. Der Zweck dieser Thematik ist, aus den Offenbarungstexten all ihre möglichen Bedeutungen ziehen zu können und bei eventueller Widersprüchlichkeit aus diesen möglichen Bedeutungen die vorrangige als beabsichtigt und gültig zu identifizieren.

3.1.1 A) *al-Manṭūq* / المنطوق – das *Ausgesprochene*

Einführung:[219]

Ausgesprochenes meint das wörtlich im Text erwähnte, was wiederum in seinem wirklichen / eigentlichen (*Ḥaqīqah*) oder einem übertragenen / uneigentlichen Sinn (*Madjāz*) gebraucht werden kann.

3.1.1.1 A.a) *al-Ḥaqīqah* / الحقيقة – Ausdruck im wirklichen / eigentlichen Sinn

al-Ḥaqīqah definiert al-Qarāfī als: »**die Anwendung des Ausdrucks in seinem vorgesehenen Sinn im Kontext der Ansprache**«.[220]

Dieser Kontext der Ansprache kann sein:

- *lughawiyy* / لُغَوِيّ – sprachlich (lexikalisch), wie z. B.: *'insān* / إِنْسَان – Mensch, in seiner Bedeutung als das bekannte („mehr oder weniger") vernünftige Lebewesen.

---

219 Vgl. al-Djuday', *Taysīr 'ilm 'uṣūl al-fiqh*, 260-264; al-Zuḥaylī, I, 283-288.

220 Shihāb al-Dīn al-Qarāfī, *Tanqīḥ al-fuṣūl fī 'ilm al-'uṣūl*, mit: *al-Dhakhīrah* (Kuwait: Wizārah al-'awqāf wa al-shu'ūn al-'islāmiyyah), 56 f.: "استعمال اللفظ فيما وضع له في العرف الذي وقع به التخاطب". Andere Definitionen sind oft gleichartig oder ähnlich; vgl. al-Djuday', *Taysīr 'ilm 'uṣūl al-fiqh*, 260; al-Zuḥaylī, I, 283.

- *'urfiyy 'āmm* / عُرْفِيٌّ عَام – allgemein gebräuchlich, wie z. B.: *al-dābbah* / الدَّابَّة, in der gebräuchlichen Bedeutung von Reittier oder zumindest Tier, welches vier Beine hat.
- *shar'iyy* / شَرْعِيّ – islamrechtlich, wie z. B.: *al-Ṣalāh* / الصَّلَاة, in der Bedeutung vom speziellen rituellen islamischen Gebet. (Rein sprachlich (lexikalisch) bezeichnet es ein unspezifiziertes Bitt(gebet).)

3.1.1.2 A.b) *al-Madjāz* / المجاز – Ausdruck im übertragenen / uneigentlichen Sinn

al-Madjāz bedeutet fachspezifisch: »**die Anwendung des Ausdrucks in einem anderen Sinn als seinem vorgesehenen Sinn im Kontext der Ansprache, mit einem Zusammenhang (Ähnlichkeitsaspekt) beider Sinne**«.[221]

Dies kann wiederum gemäß dem jeweiligen Kontext sein:

- *Madjāz lughawiyy* / مجاز لغوي – sprachlich übertragener Sinn, wie z. B.: *'asad* / أسد – Löwe, verwendet für einen Menschen, um seinen Mut und Stärke auszudrücken. „Mut und Stärke" ist hier der Zusammenhang / Ähnlichkeitsaspekt.
- *Madjāz 'urfiyy 'āmm* / مجاز عرفي عام – übertragener Sinn im Kontext des allgemeinen Gebrauchs, wie z. B.: *al-dābbah* / الدابة – gebräuchlich für Reittier, verwendet (in seiner sprachlichen Bedeutung) für etwas, was sich am Boden fortbewegt außer einem Tier, welches vier Beine hat.
- *Madjāz shar'iyy* / مجاز شرعي – übertragener Sinn im islamrechtlichen Kontext, wie z. B.: *al-ṣalāh* / الصلاة, verwendet (in seiner sprachlichen Bedeutung) für Bitt(gebet).

Damit eine Verwendung im übertragenen / uneigentlichen Sinn zulässig ist, muss ein Zusammenhang beider Sinne (dem wirklichen und übertragenen) bestehen. So ist es beispielsweise nicht zulässig, mit dem Wort „'asad – Löwe" einen schwachen, feigen Menschen zu meinen, es sei denn als Sarkasmus.

Die Mehrzahl der Gelehrten ist sich einig, dass Ausdrücke im übertragenen Sinn auch im Koran und der *Sunnah* vorkommen.[222]

Bsp.:

﴿[...]وَكُلُوا۟ وَٱشْرَبُوا۟ حَتَّىٰ يَتَبَيَّنَ لَكُمُ ٱلْخَيْطُ ٱلْأَبْيَضُ مِنَ ٱلْخَيْطِ ٱلْأَسْوَدِ مِنَ ٱلْفَجْرِ ۖ ثُمَّ أَتِمُّوا۟ ٱلصِّيَامَ إِلَى ٱلَّيْلِ [...]﴾

221 al-Qarāfī, *Tanqīḥ al-fuṣūl*, 57: "استعمال اللفظ في غير ما وضع له في العرف الذي وقع به التخاطب، لعلاقة بينهما".

222 Siehe al-Zuḥaylī, I, 290.

﴾[…] eßt und trinkt, bis sich für euch der weiße [Faden] vom schwarzen Faden [von] der Morgendämmerung klar unterscheidet! Hierauf vollzieht das Fasten bis zur Nacht! […]﴿ (2:187)

Hier ist nicht die eigentliche lexikalische Bedeutung von Faden, sondern in übertragener Bedeutung der Horizont zum Eintritt des Morgengrauens gemeint.

Ḥukm al-Ḥaqīqah wa al-Madjāz:

Grundsätzlich ist der wirkliche Sinn einem übertragenen Sinn vorzuziehen, außer im Falle eines Beweises, der bestätigt, dass mit dem Text ein übertragener Sinn gemeint ist.[223]

Diese Beweise werden *qarā'in* / قَرَائِن (sing. *Qarīnah* / قَرِينَة) genannt, was in etwa zusammenhängende Belege oder Hinweise bedeutet.

Diese *qarā'in*, durch welche die Bedeutung eines Ausdrucks von *Ḥaqīqah* zu *Madjāz* gewandelt wird, können folgender verschiedener Natur sein:

1) *'aqliyy* / عَقْلِيّ – vernunftmäßig (rational) oder *ḥissiyy* / حِسِّيّ – wahrnehmbar (mit den Sinnen)

Ein Beispiel für einen rationalen Beleg:

﴿ [...] فَوَجَدَا فِيهَا جِدَارًا يُرِيدُ أَنْ يَنْقَضَّ[...]﴾

﴾[…] da fanden sie in ihr eine Mauer vor, die zusammenstürzen wollte […]﴿ (18:77; mod. Übers.)

Gemeint ist damit, dass die Mauer nahe davor war, also dazu neigte, zusammenzustürzen und nicht, dass sie es „wollte". Denn vernunftgemäß kann nur jemand wollen, der einen Willen besitzt, was bei Dingen nicht gegeben ist.

Ein Beispiel für einen mit den Sinnen wahrnehmbaren Beleg finden wir im Vers:

﴿وَاخْفِضْ لَهُمَا جَنَاحَ الذُّلِّ مِنَ الرَّحْمَةِ [...]﴾

﴾Und senke für sie [die Eltern] aus Barmherzigkeit den Flügel der Demut […]﴿ (17:24)

Mit den Sinnen ist klar wahrnehmbar, dass ein Mensch keinen Flügel hat. Gemeint ist damit der demütige, barmherzige und respektvolle Umgang mit den Eltern.

223 Siehe al-Qarāfī, *Tanqīḥ al-fuṣūl*, 72: "يحمل اللفظ على الحقيقة دون المجاز [...] إلا أن يدل دليل على خلاف ذلك"; vgl. al-Zuḥaylī, I, 286.

2) *shar'iyy* / شرعي – islamrechtlich

Als Beispiel herangezogen werden kann hier der zuvor erwähnte Vers über den Fastenbeginn ab der Unterscheidbarkeit der Fäden des Morgengrauens. Theoretisch wäre es möglich, wirklich einen schwarzen und einen weißen Faden nebeneinander zu legen, und sie durch eine gewisse Helligkeit voneinander unterscheiden zu können. Dies wurde von einem Prophetengefährten auch so verstanden, bis der Prophet (sas) ihm verdeutlichte: »{Vielmehr ist dies die Schwärze der Nacht und die Weiße [Helligkeit] des Tages}«.[224] Der Beleg für dieses Verständnis ist somit als islamrechtlicher Beleg das Prophetenwort.

3.1.2 B) *al-Mafhūm* / المفهوم – das *unausgesprochen Verstandene*

Einführende Erläuterung:

„*Mafhūm* / مَفْهُوم“, was sprachlich bedeutet: „verstanden, Verstandenes; verständlich“, ist fachspezifisch nach al-Zarkashī »**die Erklärung des nicht ausgesprochenen *Ḥukm* (Beurteilung) durch die Bedeutung des ausgesprochenen Ausdrucks** [...]. Da es verstanden wird, ohne ausgesprochen ausgedrückt zu werden, wurde es Verstandenes genannt.«[225]

In einfacheren Worten ist es die Bedeutung, welche außerhalb vom Wortlaut aus diesem verstanden wird.

Das *unausgesprochen Verstandene* lässt sich generell in drei Arten unterteilen:

1.B.a) *Dalālah al-luzūm* / دلالة اللزوم – *notwendig Verstandenes*
1.B.b) *Mafhūm al-muwāfaqah* / مفهوم الموافقة – *übereinstimmend Verstandenes*
1.B.c) *Mafhūm al-mukhālafah* / مفهوم المخالفة – *gegenteilig Verstandenes*

---

224 'Adī ibn Ḥatim bei Bu, III, 28 und anderen: "إِنَّمَا ذَلِكَ سَوَادُ اللَّيْلِ وَبَيَاضُ النَّهَارِ".

225 al-Zarkashī, III, 88: "بيان حكم المسكوت بدلالاة لفظ المنطوق. وسمي مفهوما [...] لأنه مفهوم مجرد لا يستند إلى منطوق، فلما فُهم من غير تصريح بالتعبير عنه سمي مفهوما."

3.1.2.1 B.a) *Dalālah al-luzūm* / دلالة اللزوم – *notwendig Verstandenes*[226]

Das *notwendig Verstandene* geht notwendigerweise aus dem Ausgesagten (*Manṭūq*) hervor und lässt sich in drei Arten unterteilen:

3.1.2.1.1 B.a.a) Zwingend Verstandenes – Dalālah al-iltizām / دَلَالَةُ الْإِلْتِزَام [227]

Definition: ***Zwingend Verstandenes* ist die Bedeutung, welche nicht direkt durch den Wortlaut ausgesprochen wird, aber automatisch unbedingt durch das Ausgesprochene verstanden wird**.

Bsp.:

﴿[...] قَالُوٓاْ إِنَّمَا ٱلْبَيْعُ مِثْلُ ٱلرِّبَوٰاْ ۗ وَأَحَلَّ ٱللَّهُ ٱلْبَيْعَ وَحَرَّمَ ٱلرِّبَوٰاْ [...]﴾

﴿[…] weil sie sagten: „Verkaufen [Handel] ist das gleiche wie Zinsnehmen [Zinshandel].“ Doch hat Allah Verkaufen [Handel] erlaubt und Zinsnehmen [Zinshandel] verboten […]﴾ (2:275)

Die Worte Allahs drücken direkt aus, dass das Verkaufen *ḥalāl* (gestattet) und das Zinsnehmen *ḥarām* (verboten) ist. Jedoch wird auch zwingend unausgesprochen verstanden (*Dalālah al-iltizām*), dass das Verkaufen nicht das gleiche wie Zinsnehmen ist, wie die Götzenanbeter behaupteten.

---

226 Dieses *notwendig Verstandene* wird bei den Schafiiten (al-ʼĀmidī, Ibn al-Ḥādjib) meist als *Manṭūq* (*ghayr ṣarīḥ*) / منطوق غير صريح (indirekt Ausgesprochenes) bezeichnet und wird nicht unter *Mafhūm* (*unausgesprochen Verstandenes*) behandelt. (Vgl. Muṣṭafā al-Khan, *ʼAthar al-ikhtilāf fī al-qawāʻid al-ʼuṣūliyyah fī ikhtilāf al-fuqahāʼ* (Beirut: Muʼassasah al-risālah, 10. Aufl. 2006),126-130; al-Zarkashī, III, 89 f.)
Da die Bedeutung nicht direkt ausgesprochen wird, sondern in Wirklichkeit vom Ausdruck her unausgesprochen verstanden wird, ist die Auflistung hier unter *Mafhūm* (*unausgesprochen Verstandenes*) naheliegender (Vgl. al-Zarkashī, III, 89).

227 ʼAbū al-Ḥasan al-ʼĀmidī, *al-ʼIḥkām fī ʼuṣūl al-ʼaḥkām* (Beirut: Dār al-Kutub al-ʻarabiyyah, 1404h), I, 36:
"دلالة الالتزام، وهي أن يكون اللفظ له معنى، وذلك المعنى له لازم من خارج، فعند فهم مدلول اللفظ من اللفظ، ينتقل الذهن من مدلول اللفظ إلى لازمه، ولو قدر عدم هذا الانتقال الذهني، لما كان ذلك اللازم مفهوما."
Diese Art des *unausgesprochen Verstandenen* fällt bei den Hanafiten unter *ʻIbārah al-naṣṣ* / عِبَارَةُ النَّص (Wortlaut des Textes), da es indirekt, aber zwingend verstanden durch den Wortlaut (*ʻibārah* / عبارة) ausgedrückt wird. (Vgl. ʻAlāʼ al-dīn al-Bukhārī, I, 106 f.; Khallāf, 144 f.)

3.1.2.1.2 B.a.b) Verlangt Verstandenes – Dalālah al-iqtiḍā' / دلالة الإقْتِضَاء *; (bei Hanafiten auch: Iqtiḍā' al-naṣṣ /* اقْتِضَاءُ النص*)*[228]

Definition: ***Verlangt Verstandenes* ist die Bedeutung, welche nicht direkt durch den Wortlaut ausgesprochen wird, aber verlangt verstanden wird, da ansonsten die Aussage keinen vernünftigen Sinn oder einen Widerspruch zur Realität oder zu einer festen Scharianorm ergibt, was in Bezug auf die Aussagen Allahs und die Seines Propheten (sas) unmöglich ist.**

Ein Beispiel für *verlangt Verstandenes* aus der **Vernunft** ist im Vers:

﴾Und frage das Dorf […]﴿ (12:82; e. wörtl. Übers.) ﴾ وَسْـَٔلِ ٱلْقَرْيَةَ[...]﴿

Das wörtlich *Ausgesprochene* würde hier keinen vernünftigen Sinn ergeben ohne das *verlangt Verstandene*: „Und frage (die Bewohner) des Dorfes", da nur diese die Frage verstehen und darauf antworten können.

Bsp. für *verlangt Verstandenes* aus der **Realität**:

Im *Ḥadīth*: »{Wahrlich, Allah nahm von meiner *'Ummah* (Gemeinschaft) den Irrtum (Fehler), das Vergessen und zu was sie widerwillig gezwungen wurden.}« (IM, I, 659, # 2045 / Alb: s)[229] finden wir das wörtlich *Ausgesprochene* im Widerspruch zu dem, was in Realität geschieht. Darum ist das *verlangt Verstandene* der Aussage: „nahm von meiner *'Ummah* (die Sünde) des Irrtums… – وضع عن أمتي (إثم) الخطأ...".

Bsp. für *verlangt Verstandenes* aus **festen Scharianormen** im Vers:

﴾ حُرِّمَتْ عَلَيْكُمْ أُمَّهَـٰتُكُمْ وَبَنَاتُكُمْ [...]﴿

﴾Verboten wurden euch eure Mütter und eure Töchter […]﴿ (4:23; e. wörtl. Übers.)

Da die wörtliche allgemeine Untersagung (von jeglicher Interaktion), der festen Scharianorm (aus anderen Versen) vom besten Umgang (demütig barmherzig sein, gemeinsam speisen,…) mit der Mutter,… wiederspricht, wird verlangt verstanden, dass mit dem Verbot das Heiraten eurer Mütter,… gemeint ist. Denn es ist nicht möglich, dass es einen realen Wiederspruch in den authentisch überlieferten Verfügungen Allahs (im Koran und *Sunnah*) gibt.

---

228 Vgl. al-Zarkashī, III, 89; ʿAlā' al-dīn al-Bukhārī, *Kashf al-'asrār*, I, 118(-121); al-Khan, 124 f., 127 f.; Khallāf, 150 ff.; al-Djudayʿ, *Taysīr ʿilm ʿuṣūl al-fiqh*, 289 f.

229 عَنِ ابْنِ عَبَّاسٍ، عَنِ النَّبِيِّ صَلَّى اللهُ عَلَيْهِ وَسَلَّمَ، قَالَ: «إِنَّ اللَّهَ وَضَعَ عَنْ أُمَّتِي الْخَطَأَ، وَالنِّسْيَانَ، وَمَا اسْتُكْرِهُوا عَلَيْهِ

3.1.2.1.3 *B.a.c) Angedeutet Verstandenes – Dalālah al-'ishārah / دلالة الإشارة; (bei Hanafiten: 'Ishārah al-naṣṣ / إشارة النص)*[230]

Definition: ***Angedeutet Verstandenes* ist die Bedeutung, welche nicht direkt durch den Wortlaut ausgesprochen wird, aber durch ihn angedeutet notwendig verstanden wird, jedoch ist die Sinnhaftigkeit des *Ausgesprochenen* nicht von diesem *angedeutet Verstandenen* abhängig.**

Bsp.:

﴿أُحِلَّ لَكُمْ لَيْلَةَ ٱلصِّيَامِ ٱلرَّفَثُ إِلَىٰ نِسَآئِكُمْ [...]﴾

﴿Erlaubt ist euch, in der Nacht des Fastens mit euren Frauen Beischlaf auszuüben [...]﴾ (2:187)

Das *Ausgesprochene* drückt die Erlaubnis zum Beischlaf allgemein während der gesamten Nacht aus. Daraus versteht man notwendigerweise durch *angedeutet Verstandenes*, dass es erlaubt ist, noch djunub (rituell unrein) zu sein, wenn die Fastenzeit (Morgengrauen) schon begonnen hat. Denn das *Ausgesprochene* erlaubt allgemein auch im letzten Moment der Nacht Beischlaf auszuüben, was notwendigerweise bedeutet, dass man sich nicht mehr während der Nacht reinigen kann, sondern erst, wenn das Morgengrauen bereits begonnen hat. Die Sinnhaftigkeit des Verses würde jedoch auch erhalten bleiben, wenn die Erlaubnis zum Beischlaf in der gesamten Nacht bis auf kurz vor Morgengrauen beschränkt würde, um die rituelle Ganzwaschung noch davor verrichten zu können. Diese Beschränkung wäre aber nur durch einen weiteren Schariabeleg zulässig.

3.1.2.2 B.b) *Mafhūm al-muwāfaqah* / مفهوم الموافقة – *übereinstimmend Verstandenes* (bei Hanafiten: *Dalālah al-naṣṣ* / دَلَالَة النص – Hinweisung des Textes)[231]

Definition: ***Übereinstimmend Verstandenes* ist, dass aus der Sinnhaftigkeit des Textes die Gültigkeit der gleichen ausgesprochenen Beurteilung (*Ḥukm*) auch für etwas Nichtausgesprochenes verstanden wird.**

Dies ist in seiner Essenz *Qiyās*, da die Sinnhaftigkeit der ausgesprochenen Beurteilung für die ausgesprochene Tat betrachtet wird, und die gleiche Beurteilung für die im Text unausgesprochene Tat bestätigt wird, da darin die gleiche oder stärkere Sinnhaftigkeit vorhanden ist. Jedoch ist im Gegensatz zum fach-

230 Vgl. al-Zarkashī, III, 89 f.; 'Alā' al-dīn al-Bukhārī, *Kashf al-'asrār*, I, 108 f.(-114); al-Khan, 117-120, 129 f.; Khallāf, 145-148; al-Djuday', *Taysīr 'ilm 'uṣūl al-fiqh*, 286 f.

231 Vgl. al-Khan, 120-124, 130 f.; Khallāf, 148 ff.; al-Djuday', *Taysīr 'ilm 'uṣūl al-fiqh*, 287 ff.; al-Zarkashī, III, 90 f.; 'Alā' al-dīn al-Bukhārī, *Kashf al-'asrār*, I, 115 ff.

spezifischen *Qiyās* die *'Illah* (Wirkungsursache) hierbei so offensichtlich, dass jeder sie versteht und nicht danach gesucht werden muss.

Das *übereinstimmend Verstandene* lässt sich je nach seiner Stärke in zwei Arten unterscheiden:

Wird dem Nichtausgesprochenen die gleiche Beurteilung (*Ḥukm*) gegeben wie dem *Ausgesprochenen*, da die Sinnhaftigkeit dafür noch stärker gegeben ist, so wird dies auch *Faḥwā al-khiṭāb* / فَحْوَى الْخِطَاب – Sinn der Ansprache genannt. Ist die Sinnhaftigkeit dafür in gleichem Maße gegeben, wird dies als *Laḥn al-khiṭāb* / لَحْنُ الْخِطَاب – „Andeutung" der Ansprache bezeichnet.

Bsp. für ***Faḥwā al-khiṭāb*** (**stärker in der Sinnhaftigkeit** als das *Ausgesprochene*):

﴿[...] فَلَا تَقُل لَّهُمَآ أُفٍّ [...]﴾

﴾ […] So sag nicht zu ihnen [den Eltern]: „Pfui!" […]﴿(17:23)

Wörtlich ausgesprochen verbietet der Text zu den Eltern „Pfui / Bah (Asad) / (wörtl.: *'uff*)" zu sagen. Man versteht aber, ohne nach der Sinnhaftigkeit des Verbots suchen zu müssen, dass die Eltern zu beschimpfen oder sie zu schlagen (was nicht im Text ausgesprochen ist) noch deutlicher verboten ist. Die offensichtliche Sinnhaftigkeit des Verbots im Vers ist, dass „Pfui-Sagen" Erniedrigung und Respektlosigkeit den Eltern gegenüber ausdrückt, und dies ist im Beschimpfen und Schlagen klarerweise noch größer.

Bsp. für ***Laḥn al-khiṭāb*** (**gleichwertig in der Sinnhaftigkeit** als das *Ausgesprochene*):

﴿إِنَّ ٱلَّذِينَ يَأْكُلُونَ أَمْوَٰلَ ٱلْيَتَٰمَىٰ ظُلْمًا إِنَّمَا يَأْكُلُونَ فِى بُطُونِهِمْ نَارًا ۖ وَسَيَصْلَوْنَ سَعِيرًا﴾

﴾Diejenigen, die den Besitz der Waisen ungerechterweise verschlingen, verzehren in ihren Bäuchen nur Feuer; und sie werden der Feuerglut ausgesetzt sein.﴿ (4:10)

Wörtlich ausgesprochen kündigt der Text denjenigen Strafe an, welche Besitz der Waisen unrechtgemäß für ihre eigenen Zwecke nehmen. D.h., dass dies verboten ist.

Man versteht aus der Sinnhaftigkeit aber, dass das Zerstören oder Verbrennen ihres Besitzes - auch ohne eigene Nutznießung daraus - gleichermaßen verboten ist.

3.1.2.3 B.c) *Mafhūm al-mukhālafah* / مفهوم المخالفة – *gegenteilig Verstandenes*; auch genannt *Dalīl al-khiṭāb* / دَلِيلُ الْخِطَابِ [232]

Definition: ***Gegenteilig Verstandenes* ist die Festlegung der gegenteiligen ausgesprochenen Beurteilung für die gegenteilige unausgesprochene Angelegenheit.**

Genauer kann es auch folgendermaßen definiert werden:

***Gegenteilig Verstandenes* ist, wenn das *Ausgesprochene* für eine eingeschränkte, bestimmte (*muqayyad bi-qayd* / مُقَيَّد بِقَيْد) Angelegenheit eine Beurteilung festlegt, dass für die Angelegenheit außerhalb dieser Einschränkung (*Qayd* / قَيْد) die gegenteilige Beurteilung verstanden wird.**

Diese Einschränkungen (Pl. *Quyūd* / قُيُود), auf welche *gegenteilig Verstandenes* angewandt werden kann, können verschiedener Natur sein:

1) *Ghāyah* / غاية – Grenze: Bsp.:

﴿[...]وَكُلُوا۟ وَٱشْرَبُوا۟ حَتَّىٰ يَتَبَيَّنَ لَكُمُ ٱلْخَيْطُ ٱلْأَبْيَضُ مِنَ ٱلْخَيْطِ ٱلْأَسْوَدِ مِنَ ٱلْفَجْرِ [...]﴾

﴿[…] eßt und trinkt, bis sich für euch der weiße vom schwarzen Faden der Morgendämmerung klar unterscheidet! […]﴾ (2:187)

Die ausgesprochene Einschränkung der Erlaubnis zum Essen und Trinken mit der Grenze „*ḥattā* / حتى – bis (zum Morgengrauen)“ weist durch *Mafhūm al-mukhālafah* (*gegenteilig Verstandenes*) auf die gegenteilige Beurteilung (Nicht-Erlaubtsein von Essen und Trinken) nach dieser Grenze hin.

2) *Sharṭ* / شَرْط – Bedingung: Bsp.:

﴿وَءَاتُوا۟ ٱلنِّسَآءَ صَدُقَـٰتِهِنَّ نِحْلَةً ۚ فَإِن طِبْنَ لَكُمْ عَن شَىْءٍ مِّنْهُ نَفْسًا فَكُلُوهُ هَنِيٓـًٔا مَّرِيٓـًٔا [...]﴾

﴿Und gebt den Frauen ihre Morgengabe [Brautgabe] als Geschenk. Wenn sie für euch aber freiwillig [wohlwollend] auf etwas davon verzichten, dann verzehrt es […]﴾ (4:4)

Die ausgesprochene Einschränkung der Erlaubnis der Nutzung eines Anteils der Brautgabe durch den Ehemann, mit dem freiwilligen Wohlwollen der Ehefrau, weist durch *Mafhūm al-mukhālafah* (*gegenteilig Verstandenes*) auf die gegenteilige Beurteilung (Nicht-Erlaubtsein der Einverleibung eines Teils der

232 Vgl. al-Khan, 131; Khallāf, 153-157; al-Djudayʿ, *Taysīr ʿilm ʿuṣūl al-fiqh*, 290-293; al-Zuḥaylī, I, 349-354.
Dalīl al-khiṭāb – Hinweis der Ansprache, da diese auf das *gegenteilig Verstandene* auch hinweist ohne ausgesprochen zu werden.

Morgengabe) bei Nicht-Erfülltsein dieser Bedingung (freiwilliges Wohlwollen der Ehefrau) hin.

3) *Waṣf* / وَصْف – Eigenschaft: Bsp.:

{Wer eine bestäubte (befruchtete) Palme verkauft, so gehört ihre Frucht dem Verkäufer, außer der Käufer setzt sie als Vertragsbedingung für sich (selbst).} (Bu, III, 78, # 2204).[233]

Dass die Frucht dem Verkäufer zugesprochen ist, mit der ausgesprochenen Einschränkung der Eigenschaft, dass diese bereits bestäubt ist, weist durch *Mafhūm al-mukhālafah* (*gegenteilig Verstandenes*) auf die gegenteilige Beurteilung (die Zuweisung ihrer Frucht nicht ihm, sondern dem Käufer) hin, wenn sie noch unbestäubt ist.

4) ʿ*Adad* / عدد – Anzahl: Bsp.:

﴿[...]فَمَن لَّمْ يَجِدْ فَصِيَامُ ثَلَـٰثَةِ أَيامٍ[...]﴾

﴾[…] Wer aber keine (Möglichkeit [dazu]) findet, (der hat) drei Tage (zu) fasten[…]﴿ (5:89)

Die Sühne für Nicht-Erfüllen eines Eides und der fehlenden Möglichkeit, einen Sklaven zu befreien oder 10 Arme zu speisen, ist, drei Tage zu fasten. Die ausgesprochene Einschränkung dieses vorgeschrieben Fastens mit der Anzahl „drei" weist durch *Mafhūm al-mukhālafah* (*gegenteilig Verstandenes*) darauf hin, dass es nicht vorgeschrieben ist, mehr oder weniger zu fasten.

- *Laqab* / لقب – Namen: Das darauf basierende *gegenteilig Verstandene* ist im Allgemeinen bei den Gelehrten nicht als Argument zulässig. Bsp.:

﴿مُّحَمَّدٌ رَّسُولُ ٱللَّهِ [...]﴾

﴾Muhammad ist der Gesandte Allahs […]﴿ (48:29)

Aus dem hier *Ausgesprochenen* zu schließen, dass jemand anderer nicht auch Allahs Gesandter ist, ist nicht zulässig.

Genauso ist es nicht zulässig, dass man aus dem *Ḥadīth* in der Sammlung von Ibn ʾAbī Shaybah: »{في الحَجْم شفاء – Im Schröpfen ist Heilung}« schließt, dass in etwas anderem keine Heilung liegt.

---

233 عَنْ عَبْدِ اللَّهِ بْنِ عُمَرَ رَضِيَ اللَّهُ عَنْهُمَا: أَنَّ رَسُولَ اللَّهِ صَلَّى اللهُ عَلَيْهِ وَسَلَّمَ، قَالَ: «مَنْ بَاعَ نَخْلًا قَدْ أُبِّرَتْ فَثَمَرُهَا لِلْبَائِعِ، إِلَّا أَنْ يَشْتَرِطَ المُبْتَاعُ

Meinungsverschiedenheit über die Gültigkeit der Argumentation mit Mafhūm al-mukhālafah – gegenteilig Verstandenem:

Nach der Übereinstimmung, dass die Argumentation mit *Mafhūm al-mukhālafah* (*gegenteilig Verstandenem*) basierend auf Namen nicht zulässig ist, gibt es Meinungsverschiedenheiten über die Zulässigkeit der Argumentation mit den anderen Arten in den Texten von Koran und *Sunnah*.

a) Die Hanafiten erachten die Argumentation mit Mafhūm al-mukhālafah bei Texten des Korans oder der Sunnah als unzulässig.[234]

b) Die Mutakallimūn erachten die Argumentation mit Mafhūm al-mukhālafah als zulässig unter folgenden Bedingungen:

1) dass für die Erwähnung der Einschränkung im Text kein anderer Grund zu erkennen ist als die Spezifizierung der Beurteilung auf diesen einschränkten Fall

Andere mögliche Gründe für die Erwähnung einer Einschränkung wären:

- um den Regelfall auszudrücken
  z.B.: ﴿Verboten [zu heiraten] sind euch […] und eure Stieftöchter, <u>welche in euren Häusern wohnen</u> (/ die eure Pflegekinder sind (Asad)) […]﴾[235] (4:23; e. Übers.)
  Daraus ist nicht zu verstehen, dass Stieftöchter, welche nicht mit dem neuen Ehemann ihrer Mutter im gemeinsamen Haushalt wohnen, zu heiraten gestattet wären. Vielmehr wird dadurch der Regelfall ausgedrückt, dass die Töchter (Kinder) nach der Scheidung mit ihrer Mutter bleiben.
- um einen speziellen Fall herauszustreichen
  z.B.: »{[…] und für die <u>freilaufenden</u> Weideschafe, wenn sie vierzig [an Anzahl] erreichen, so ist dafür ein Schaf [als Zakat zu entrichten] […]}«[236] (AD, II, 96, # 1567 / Alb: s; …).
  Hier wird herausgestrichen, dass <u>auch</u> für die freilaufenden Weidetiere, auf welche man nicht sofortigen Zugriff hat (wie auf jene im Stall oder in gehüteter Herde), Zakat entrichtet werden muss. Mit der erwähnten Einschränkung / Beschreibung „freilaufend“ ist also nicht gemeint, dass die Zakat nur auf diese beschränkt ist.

---

234 Die Hanafiten negieren jedoch nicht die Berücksichtigung dieses möglichen Sprachgebrauchs in allgemeiner, zwischenmenschlicher Konversation und Texten außerhalb der Offenbarungstexte (des Korans und der *Sunnah*).

235 حُرِّمَتْ عَلَيْكُمْ أُمَّهَاتُكُمْ وَبَنَاتُكُمْ وَأَخَوَاتُكُمْ وَعَمَّاتُكُمْ وَخَالَاتُكُمْ وَبَنَاتُ الْأَخِ وَبَنَاتُ الْأُخْتِ وَأُمَّهَاتُكُمُ اللَّاتِي أَرْضَعْنَكُمْ وَأَخَوَاتُكُمْ مِنَ الرَّضَاعَةِ وَأُمَّهَاتُ نِسَائِكُمْ وَرَبَائِبُكُمُ اللَّاتِي فِي حُجُورِكُمْ […]

236 "[…] وَفِي سَائِمَةِ الْغَنَمِ إِذَا كَانَتْ أَرْبَعِينَ، فَفِيهَا شَاةٌ إِلَى عِشْرِينَ وَمِائَةٍ […]"

- als konkrete (eingeschränkte) Antwort auf eine konkrete Frage
  wie wenn z.B. die Aussage: „Für die freilaufenden Weidetiere ist Zakat zu entrichten!“ als Antwort auf die konkrete Frage: „Ist für freilaufende Weidetiere Zakat zu entrichten?“ gegeben würde.

2) dass das *gegenteilig Verstandene* nicht einem Beweis widerspricht, welcher stärker ist

z.B.: *Ausgesprochenes* aus einem anderen Text aus Koran oder *Sunnah*:

﴿[...] وَإِذَا ضَرَبْتُمْ فِي ٱلْأَرْضِ فَلَيْسَ عَلَيْكُمْ جُنَاحٌ أَن تَقْصُرُوا۟ مِنَ ٱلصَّلَوٰةِ إِنْ خِفْتُمْ أَن يَفْتِنَكُمُ ٱلَّذِينَ كَفَرُوٓا۟[...]﴾

﴿Und wenn ihr im Land umherreist, so ist es keine Sünde für euch, das Gebet abzukürzen, <u>wenn</u> ihr befürchtet, diejenigen, die ungläubig sind, könnten euch überfallen [...]﴾ (4:101)

Wie auch 'Umar verstanden hatte, versteht man mit *gegenteilig Verstandenem* hier die fehlende Erlaubnis zu kürzen, wenn man dies auf der Reise nicht befürchtet. Nach dieser Anmerkung von 'Umar zum Vers sagt der Prophet (sas) jedoch zu ihm: »{[Die Erlaubnis auch bei Reise in Sicherheit das Gebet zu verkürzen ist] Ein Almosen, welches euch Allah gespendet hat, so nehmt Sein Almosen an! – صَدَقَةٌ تَصَدَّقَ اللَّهُ بِهَا عَلَيْكُمْ فَاقْبَلُوا صَدَقَتَهُ}« (IMa, I, 339, # 1065; Alb: s; Mu, I, 478, # 686; ...).

3.2 *Klarheit und Unklarheit der Ausdrucksweisen – Wuḍūḥ al-Dalālāt wa ʿadamuh* / وضوح الدلالة وعدمه

3.2.1 Einführung und Erläuterung:

Die Klarheit bzw. Unklarheit der Ausdrucksweisen von Texten / Aussagen, speziell in den Offenbarungstexen (Koran und *Sunnah*), ist wesentlich für das Textverständnis und die Möglichkeit von unterschiedlichen Auslegungen sowie die Zulässigkeit der Argumentation damit für eine spezielle Beurteilung.

Das *Ausgesprochene* (*al-Manṭūq*) unterscheidet sich in der Klarheit und Unklarheit seiner Ausdrucksweisen, und auch das *unausgesprochen Verstandene* (*al-Mafhūm*) lässt sich seiner Klarheit entsprechend hier einordnen.[237]

Die klassische Einteilung der Mehrheit der Rechtsschulen (Schafiiten, Malikiten, Hanbaliten) ist einfacher und übersichtlicher, während die hanafitische mehr differenziert und wahrscheinlich auch deshalb generell in den zeitgenössischen *'Uṣūl*-Werken Anwendung findet. Zur Vereinfachung der Abhandlung werden hier die klassischen Fachbegriffe der Mehrheit verwendet. Um jedoch einen Überblick und Vergleich zu ermöglichen, weist die folgende zusammenfassende Tabelle auf die unterschiedlichen Begriffe und ihre Bedeutung hin. Besonderer Aufmerksamkeit bedarf bei der *'Uṣūl*-Lektüre die unterschiedliche Verwendung gleichlautender Fachbegriffe, um Verwechslungen vorzubeugen.

Zur Einteilung der Klarheit und Unklarheit von Ausdrücken siehe die folgende Tabelle und die Anmerkungen dazu in der Fußnote.[238]

237 al-Zarkashī, III, 88.

238 Vgl. Khallāf, 161-177; al-Djudayʿ, *Taysīr ʿilm ʿuṣūl al-fiqh*, 267-284; al-Zuḥaylī, I, 302-313, 324-335.
Die vorliegende Tabelle bezieht sich in erster Linie auf *al-Manṭūq* (das *Ausgesprochene*), aber auch *al-Mafhūm* (das *unausgesprochen Verstandene*) lässt sich hier den klaren Ausdrucksweisen zuordnen und ist entweder *ẓāhir* – vordergründig oder *naṣṣ* – eindeutig, wie *Dalālah al-iltizām – zwingend Verstandenes* und *Dalālah al-iqtiḍā' – verlangt Verstandenes* (vgl. al-Zarkashī, III, 88; vgl. al-Bādjī, II, 513 f.)

3.2.2 Tabelle über Klarheit & Unklarheit der Ausdrucksweisen des Textes:

	Mehrheit der Rechtsschulen		**Hanafiten**
klarer Ausdruck	***naṣṣ* / نَصّ** eindeutig; keine andere Auslegung (*Ta'wīl*) möglich		***muḥkam* / مُحْكَم** eindeutig; keine andere Auslegung (*Ta'wīl*) und keine Abrogation (*Naskh*) möglich
			***mufassar* / مُفَسَّر** eindeutig; keine andere Auslegung (*Ta'wīl*) möglich, Abrogation (*Naskh*) möglich
	***ẓāhir* / ظاهِر** vordergründig in einer Bedeutung, jedoch andere Bedeutungen möglich; andere Auslegung (*Ta'wīl*) mit einer seiner möglichen Bedeutungen (*Ma'nā muḥtamal*) durch maßgeblichen Beleg möglich	***mu'awwal* / مُؤَوَّل** die Auslegung eines *ẓāhir*-Ausdrucks mit einer seiner nicht offensichtlichen, möglichen Bedeutungen (*Ma'nā muḥtamal*) durch einen maßgeblichen Beleg	***naṣṣ* / نَصّ** vordergründig in einer Bedeutung, welche vom Sprecher direkt beabsichtigt ist, jedoch andere Bed. möglich; andere Auslegung (*Ta'wīl*) mit einer seiner mögl. Bedeutungen (*Ma'nā muḥtamal*) durch einen maßgeblichen Beleg mögl.
			***ẓāhir* / ظاهِر** vordergründig in einer Bedeutung, welche vom Sprecher indirekt beabsichtigt ist, jedoch andere Bedeutungen möglich; andere Auslegung (*Ta'wīl*) mit seinen Bedingungen möglich
unklarer Ausdruck	***mudjmal* / مُجْمَل** unklar in seiner Bedeutung; oder mehrdeutig, ohne in einer der Bedeutungen vordergründig zu sein (*mushtarak*)	***mubayyan* / مُبَيَّن** die Aufklärung eines unklaren Ausdrucks durch einen anderen Beleg	***khafiyy* / خَفِيّ** vordergründig, jedoch unklar in Bezug auf sein Zutreffen auf einzelne Fälle; durch *Idjtihād* (geistige / rationale Anstrengung) kann seine Bedeutung aufgeklärt werden
			***mushkil* / مُشْكِل** unklar in seiner Bedeutung; oder mehrdeutig, ohne in einer Bedeutung offensichtlich zu sein (*mushtarak*); jedoch kann seine Bedeutung durch *Idjtihād* aufgeklärt werden
			***mudjmal* / مُجْمَل** unklar in seiner Bedeutung, welche nur durch Erklärung durch den Schariageber und nicht durch *Idjtihād* aufgeklärt werden kann
			***mutashābih* / مُتَشابِه** unklar in seiner Bed., welche nur durch den Schariageber erläutert werden könnte, jedoch behält Allah sie in Seinem Wissen des Verborgenen (kommt in Fragen des *Fiqh* nicht vor)

3.2.3 Erläuterung der Klarheits- und Unklarheitskategorien (nach den *Mutakallimīn*):

A) *Naṣṣ* / نَص – *eindeutiger Ausdruck*

ist **ein Ausdruck, welcher sprachlich so klar seine Bedeutung bestimmt, dass keine andere Auslegung (*Ta'wīl* / تأويل) möglich ist**.

Bsp.: das Wort „drei – *thalāthah* / ثلاثة“ im Vers:

﴿وَٱلْمُطَلَّقَٰتُ يَتَرَبَّصْنَ بِأَنفُسِهِنَّ ثَلَٰثَةَ قُرُوٓءٍ[...]﴾

﴿Und die geschiedenen Frauen sollen mit sich selbst drei Zeitabschnitte (Perioden) warten […]﴾ (2:228; e. wörtl. Übers.)

ist ein *Naṣṣ* / نَص – *eindeutiger Ausdruck*, welcher keine andere Bedeutung ermöglicht und nicht mit einer anderen Zahl ausgelegt werden kann. (Es wäre aber in diesem Fall theoretisch möglich gewesen, dass diese Anzahl durch Offenbarung zu Lebzeiten des Propheten (sas) abrogiert worden wäre, was aber nicht geschah.)

Rechtswirkung des eindeutigen Ausdrucks - Ḥukm al-Naṣṣ / حكم النص:

Seine ausgesagte eindeutige Bedeutung darf nicht anders ausgelegt werden und ist bindend, solange keine Abrogation belegt ist.

B) *Ẓāhir* / ظاهِر – *vordergründiger Ausdruck*

ist **ein Ausdruck, welcher sprachlich vordergründig in einer Bedeutung ist, jedoch andere Bedeutungen sprachlich möglich sind**.

Eine andere Auslegung (*Ta'wīl* / تأويل) mit einer seiner möglichen Bedeutungen (*ma'nā muḥtamal* / معنى مُحْتَمَل) durch einen maßgeblichen Beweis (*dalīl rādjiḥ* / دليل رَاجِح) ist zulässig, sowie auch (evtl.) die Abrogation[239] zur Zeit der Offenbarung.

Wenn die nicht vordergründige, mögliche Bedeutung durch einen maßgeblichen Beweis vorzuziehen ist, nennt man diese vorzuziehende Bedeutung ***al-Mu'awwal* / المُؤَوَّل**.

Rechtswirkung des vordergründigen Ausdrucks – Ḥukm al-Ẓāhir / حكم الظاهر:

Seine ausgesagte vordergründige Bedeutung ist bindend und darf nicht mit einer seiner anderen möglichen Bedeutungen (ma'nā muḥtamal / معنى مُحْتَمَل*) ausgelegt*

239 Aufhebung der Gültigkeit der Bestimmung / Aussage durch eine spätere Offenbarung. Siehe dazu *Naskh* (Abrogation) ab S. 170.

werden, solange diese nicht durch einen klaren zusammenhängenden Beleg (Qarīnah / قَرِينَة) oder klaren anderen Beweis vorzuziehen ist. Dieser Beweis kann mit dem Ausdruck zusammenhängend sein (dalīl muttaṣil / دليل مُتَّصِل) oder unabhängig, getrennt vom Ausdruck sein (dalīl munfaṣil / دليل مُنْفَصِل).

Darunter fallen viele Ausdrücke im Zusammenhang mit Fiqh:

- Z.B.: Der *umfassende* (*ʿĀmm-*) *Ausdruck* ist vordergründig in seiner allgemeinen, umfassenden Bedeutung, jedoch besteht die Möglichkeit, dass eine spezifizierte Bedeutung gemeint ist.[240] (Siehe mehr Details dazu im entsprechenden Unterkapitel ab S. 138.)

Bsp. im Vers:

﴿ [...] وَأَحَلَّ ٱللَّهُ ٱلۡبَيۡعَ وَحَرَّمَ ٱلرِّبَوٰاْ [...]﴾

﴿[…] und Allah hat <u>den Verkauf</u> (Handel) erlaubt und das Zinsnehmen (Zinshandel) verboten […]﴾ (2:275; e. Übers.)

Der Ausdruck „der Verkauf" ist umfassend formuliert und umfasst vordergründig alles, was unter „Verkauf" fällt. Jedoch ist die Spezifizierung der Erlaubnis auf manche Arten des Verkaufs möglich, was durch vom Ausdruck unabhängige Beweise bestätigt wird, wie beispielsweise das Verbot vom Verkauf von Früchten bevor sie reif werden in einem *Ḥadīth* bei Bukhārī (Bu, III, 77, # 2198; …) usw.[241]

- So gilt z.B. auch: Der Ausdruck der Anordnung ist vordergründig in seiner Verpflichtung, jedoch besteht die Möglichkeit, dass damit das „Vorzuziehen sein" oder das „Erlauben" gemeint ist.[242] (Siehe mehr Details dazu im entsprechenden Unterkapitel ab S. 162.)

Wie im Prophetenwort: »{Wenn einer von euch die Moschee betritt, so <u>bete</u> er zwei *Rakʿah* [Gebet mit zwei Gebetseinheiten], bevor er sich hinsetzt. – إذا دخل أحدكم المسجد <u>فليركع</u> ركعتين قبل أن يجلس.}« (Bu, I, 96, # 444; Mu, I, 495, # 714;…)

Der Ausdruck der Anordnung ist vordergründig in der Verpflichtung zu den zwei Begrüßungs-*Rakʿah*. Jedoch ist sich die Mehrheit der Gelehrten einig, dass hier damit eine Empfehlung gemeint ist, da in anderen bekannten *'Aḥādīth* der Prophet (sas) die Pflichtgebete auf die bekannten fünf beschränkt.

---

240 العام ظاهر في استغراق كل ما يصدق عليه و يحتمل التخصيص

241 عَنْ أَنَسِ بْنِ مَالِكٍ رَضِيَ اللَّهُ عَنْهُ، أَنَّ رَسُولَ اللَّهِ صَلَّى اللهُ عَلَيْهِ وَسَلَّمَ نَهَى عَنْ بَيْعِ الثِّمَارِ حَتَّى تُزْهِيَ، فَقِيلَ لَهُ: وَمَا تُزْهِي؟ قَالَ: حَتَّى تَحْمَرَّ. فَقَالَ رَسُولُ اللَّهِ صَلَّى اللهُ عَلَيْهِ وَسَلَّمَ: أَرَأَيْتَ إِذَا مَنَعَ اللَّهُ الثَّمَرَةَ، بِمَ يَأْخُذُ أَحَدُكُمْ مَالَ أَخِيهِ

242 الأمر ظاهر في إفادة الوجوب و يحتمل الندب أو الإباحة

C) *Mudjmal* / مُجْمَل – *unklarer Ausdruck*

ist **ein Ausdruck, welcher entweder unklar in seiner Bedeutung ist, oder aber mehrdeutig ist, ohne in einer Bedeutung vordergründig zu sein (*mushtarak* / مُشْتَرَك)**.

Wenn seine Erklärung durch einen anderen Schariabeleg erfolgt, wird er als ***Mubayyan* / مُبَيَّن – Erklärtes** bezeichnet.

- Beispiel für einen *mehrdeutigen Ausdruck* (*Mushtarak* / مشترك) ist das Wort „Periode – *qurū'* / قروء“ im Vers:

﴿وَٱلْمُطَلَّقَـٰتُ يَتَرَبَّصْنَ بِأَنفُسِهِنَّ ثَلَـٰثَةَ قُرُوٓءٍ﴾

﴿Und die geschiedenen Frauen sollen mit sich selbst drei <u>Zeitabschnitte</u> (Perioden) warten [...]﴾ (2:228; e. Übers.)

Dieses Wort wird sprachlich sowohl für die Zeit der Blutung als auch für die blutungsfreie Zeit verwendet. Dies ist der Grund für die Meinungsverschiedenheit in der Frage, ob die Frau drei volle blutungsfreie Abschnitte oder drei volle Blutungszeiträume abwarten muss, bevor sie wieder heiraten kann.

- Ein weiteres Beispiel ist das Wort „Gebet – *Ṣalāh* / الصلاة“, zu dem Allah im Koran verpflichtet hat. Die genaue Bedeutung von dem Gebet, welches Allah von den Muslimen verlangt, ist unklar (*mudjmal* / مجمل) in Hinsicht auf seine Form, Häufigkeit und Inhalt und bedarf der Erklärung durch den Schariageber. Allah gab diese Erklärung durch den Propheten (sas), welcher unter anderem sagte: »{[...] Und betet, wie ihr mich beten gesehen habt [...]}« (Bu, VIII, 9, # 6008).[243]

243 عَنْ أَبِي سُلَيْمَانَ مَالِكِ بْنِ الحُوَيْرِثِ، قَالَ: أَتَيْنَا النَّبِيَّ صَلَّى اللهُ عَلَيْهِ وَسَلَّمَ، وَنَحْنُ شَبَبَةٌ مُتَقَارِبُونَ، فَأَقَمْنَا عِنْدَهُ عِشْرِينَ لَيْلَةً، فَظَنَّ أَنَّا اشْتَقْنَا أَهْلَنَا، وَسَأَلَنَا عَمَّنْ تَرَكْنَا فِي أَهْلِنَا، فَأَخْبَرْنَاهُ، وَكَانَ رَفِيقًا رَحِيمًا، فَقَالَ: ارْجِعُوا إِلَى أَهْلِيكُمْ، فَعَلِّمُوهُمْ وَمُرُوهُمْ، وَصَلُّوا كَمَا رَأَيْتُمُونِي أُصَلِّي، وَإِذَا حَضَرَتِ الصَّلَاةُ، فَلْيُؤَذِّنْ لَكُمْ أَحَدُكُمْ، ثُمَّ لِيَؤُمَّكُمْ أَكْبَرُكُمْ

3.3 Umfassendheit / Ausmaß (*Shumūl*) der Ausdrucksweisen

Umfassendheit der Ausdrucksweisen meint, inwieweit bzw. in welchem Ausmaß sie auf die Art des Beschriebenen zutreffen. Ist damit alles auf einmal umfasst, auf was es zutrifft (*ʿĀmm - generisch*)? Wie beispielsweise durch die Aussage „*kull al-nās* / كل الناس – all(e) (die) Menschen" sämtliche Menschen jeden Alters, Geschlechts, jeder Ethnie und Zeit ohne Ausnahme sprachlich bezeichnet sind. Oder ist damit ein beschränktes Ausmaß von dem, worauf es zutrifft bezeichnet (*Khāṣṣ*)? Wie durch den Ausdruck „*ʹinsān* / إنسان – (ein) Mensch" nur ein einzelnes Individuum davon (aus der gesamten Masse, auf die das Menschsein zutrifft) bezeichnet ist.

Diese Thematik ist für die Reichweite der Gültigkeit und Anwendung eines (Offenbarungs)textes von Bedeutung. Ihre Abhandlung erfolgt hier unter:

3.A) *al-ʿĀmm* / العام – der *umfassende* (ganzheitliche / generische) *Ausdruck*

3.A) *al-Khāṣṣ* / الخَاصّ – der *spezifische* (ausgesonderte / nicht-umfassende) *Ausdruck*, welcher wiederum unterteilt wird in:

(3..a) *al-Muṭlaq* / المُطْلَق – der *uneingeschränkte Ausdruck* und

(3.B.b) *al-Muqayyad* / المُقَيَّد – der *eingeschränkte Ausdruck.*

3.3.1 A) *al-ʿĀmm* / العام – der *umfassende* (ganzheitliche / generische) *Ausdruck*

3.3.1.1 Definition und Einführung

Linguistisch bedeutet das Verb „*ʿamma* / عَمّ" hauptsächlich „umfassen", im Sinne von „die gesamten Einzelteile / Individuen einer Gruppe umfassen, beinhalten, betreffen". Das davon abgeleitete Nomen „*al-ʿāmm* / العام" bedeutet somit das Umfassende, aber auch das Allgemeine oder Öffentliche.[244]

Fachspezifisch ist damit gemeint:

»Ein Ausdruck, welcher sprachlich auf einmal alles umfasst, auf das er zutrifft, ohne jegliche Einschränkung«.[245]

244 Vgl. s. v. (عمم): *al-Qāmūs al-muḥīṭ*; *Lisān al-ʿarab*; ʹAbū Bakr al-Rāzī, *Mukhtār al-ṣiḥāḥ* (Beirut: Muʹassasah al-risālah); Wehr.

245 Djudayʿ, *Taysīr ʿilm ʿuṣūl al-fiqh*, 238: "اللفظ المستغرق لجميع ما يصلح له، بوضع واحد، دفعة واحدة، من غير حصر".

Ähnlich bei: ʿAbd al-Karīm Zaydān, 305; Khallāf, 181; al-Zuḥaylī, I, 238; ʹAbū Zahrah, 146; Muḥammad al-Rāzī, *al-Maḥṣūl fī ʿilm al-ʹuṣūl* (Riad: Djāmiʿah al-ʹimām

Veranschaulichendes Beispiel:

Der Ausdruck „*al-nās* / النَّاس – die Menschen" im generischen Gebrauch umfasst sprachlich auf einmal alles, auf das er zutrifft, d. h. jede und jeder, die / der ein Mensch ist, fällt ausnahmslos und uneingeschränkt unter diesen Begriff. Er umfasst somit sprachlich jeden Menschen, weiblich und männlich, jung und alt usw. Der *ʿĀmm*-Ausdruck „*al-nās* / النَّاس – die Menschen" ist daher noch umfassender als der uneingeschränkte *Muṭlaq*-Ausdruck „*nās* / نَاس – Menschen", welcher zwar nicht durch zusätzliche Spezifikationen (wie weiblich, erwachsen, etc.) eingeschränkt ist und eine unbestimmte Anzahl von den genannten Individuen umfasst, jedoch nicht alles umfasst, auf das (die / den) „Mensch" zutrifft.

Der Teil der Definition „auf einmal" ist dahingehend relevant, dass damit eine Umfassung durch Aufzählung der Einzelbestandteile / Individuen vom *ʿĀmm*-Ausdruck ausgeschlossen wird, wie etwa auch durch die namentliche Aufzählung jedes einzelnen Planeten unseres Sonnensystems diese ausnahmslos um- / erfasst sein würden. Ein *ʿĀmm*-Ausdruck diesbezüglich wäre hingegen die Aussage „*kull kawākib al-madjmūʿah al-shamsiyyah* / كل كواكب المجموعة الشمسية – alle Planeten des Sonnensystems".[246]

Weiters muss hinzugefügt werden, dass „Ausdruck" nicht auf ein Wort beschränkt ist, sondern sich auch auf eine inhaltlich zusammenhängende Wortgruppe beziehen kann. Genau genommen besteht auch das erste Beispiel aus den zwei Wörtern „*al*" und „*nās*", obwohl der Artikel „*al*" abgesehen von der grammatikalischen Beschreibung nie alleine vorkommen kann.

Die Beurteilung, in welchem Ausmaß ein Begriff / ein Ausdruck und speziell ein *ʿĀmm*-Ausdruck auf davon sprachlich betroffene Elemente anzuwenden ist, hat klarerweise weitreichende Auswirkungen auf die Anwendung eines Textes und der Offenbarungstexte im Speziellen. Ist das Ausgesagte für alle sprachlich betroffenen Elemente gültig oder nur für einen bestimmten Teil davon; für das maximal oder minimal möglich Behandelte davon? Oder ist ein *ʿĀmm*-Ausdruck an sich vielleicht sogar überhaupt unklar (*mudjmal*) und nichts bestimmend, da nicht erkenntlich ist, wer überhaupt damit gemeint ist, und ist somit für die Beurteilung ein anderer klarer Beleg anzuführen?

---

muḥammad ibn saʿūd al-ʾislāmī, 1400H (1980)), II, 513 f.; al-Zarkashī, II, 179; Muḥammad al-Tilimsānī, *Miftāḥ al-wuṣūl* (Casablanca: Dār al-rashād al-ḥadīthah, 2004), 66; ʿAlāʾ al-dīn al-Bukhārī schreibt diese Art der Definition den Hanafiten im Irak zu (*Kashf al-ʾasrār*, I, 53); Ibn Nudjaym beschreibt diese Art der Definition als diejenige, die sich letztendlich bei den Hanafiten durchgesetzt hat (*Fatḥ al-Ghaffār* (Ägypten: Maṭbaʿah muṣṭafā al-ḥalabī, 1936), I, 93 f.)

246 Vgl. al-Djudayʿ, *Taysīr ʿilm ʾuṣūl al-fiqh*, 238; al-Zuḥaylī, I, 238 f.

3.3.1.2 Formen des umfassenden *ʿĀmm*-Ausdrucks – صِيَغُ الْعُمُوم

Im Arabischen, wie auch in anderen Sprachen, gibt es bestimmte Ausdrucksweisen, um im Sinne des zuvor definierten *umfassenden Ausdrucks* auf die gesamte Menge gleicher oder als gleich behandelter Elemente auf einmal hinzuweisen, ohne alle Elemente einzeln aufzählen zu müssen.[247]

1) die Ausdrücke: „*kull, djamīʿ*… / كُلّ ، جَمِيع ، كَافَّة ، سَائِر – alle, jede /-r /-s; sämtliche…"[248] Bsp.:

﴿كُلُّ نَفْسٍ ذَآئِقَةُ ٱلْمَوْتِ [...]﴾

﴿Jede Seele wird den Tod kosten […]﴾ (3:185)

Dies umfasst sprachlich ausnahmslos alles, auf was „*nafs* – Seele" zutrifft. Dieser Ausdruck umfasst alle durch das nachfolgende Nomen / Substantiv bezeichnete Individuen (wie: „*kull(u) 'insān* – jeder Mensch" und „*kull(u) al-nās* – alle die Menschen (wörtl.)").
Ähnlich auch:

2) Das mit „ال – *al*" Artikel generisch bestimmte Nomen im Plural oder Singular[249] Bsp.:

﴿لَّا تُدْرِكُهُ ٱلْأَبْصَٰرُ وَهُوَ يُدْرِكُ ٱلْأَبْصَٰرَ وَهُوَ ٱللَّطِيفُ ٱلْخَبِيرُ﴾

﴿Die Blicke erfassen [od.: erreichen] Ihn nicht, Er aber erfaßt [od.: erreicht] die Blicke. Und Er ist der Feinfühlige und Allkundige﴾ (6:103)

---

247 Die Übersetzung einer Ausdrucksweise in eine andere Sprache drückt dabei nicht notwendigerweise denselben umfassenden Charakter im Sprachgebrauch aus wie in der ursprünglichen Sprache. Siehe Bauer, *Aishas Grundlagen der Islamrechtsergründung und Textinterpretation*, 189.

248 Malikiten: al-Tilimsānī, 68 ff.; Muḥammad al-Shinqīṭī, *Nathr al-wurūd ʿalā marāqī al-suʿūd*, 3. Aufl. (Dschidda, (S.A.): Dār al-manārah, 2002), Teil 1, 251; 'Abū al-Walīd al-Bādjī, I, 237. Hanbaliten: Ibn Qudāmah, II, 668; Ibn al-Nadjdjār al-Futūḥī, *Sharḥ al-kawkab al-munīr* (Riad: Maktabah al-ʿubaykān, 1993), III, 123-127. Hanafiten: Yūsuf al-Karā[a]māsitī, *al-Wadjīz fī 'uṣūl al-fiqh* (Kairo: Dār al-hudā li-l-ṭibāʿah, 1984), 26; ʿAlā' al-dīn al-Bukhārī, *Kashf al-'asrār*, II, 12; Ibn Nudjaym, I, 106. Schafiiten: al-Zarkashī, II, 229-233; ʿAlī al-Subkī und Tādj al-dīn al-Subkī, *al-'Ibhādj fī sharḥ al-minhādj* (li-l-Bayḍāwī) (Kairo: Maktabah kulliyyah al-'azhar, 1981), II, 92 ff.

249 Vgl.: Hanafiten: al-Karāmāsitī, 24; Ibn Nudjaym, I, 103; ʿAlā' al-dīn al-Bukhārī, *Kashf al-'asrār*, II, 21 ff. Schafiiten: al-Zarkashī, II, 263; 'Abū Ḥāmid al-Ghazālī, *al-Mustaṣfā min ʿilm al-'uṣūl*, III, 218 f. Malikiten: al-Tilimsānī, 69; al-Bādjī, I, 237, 246. Hanbaliten: Ibn Qudāmah, I, 665 f.; ʿAlā' al-dīn al-Mardāwī, *al-Taḥbīr sharḥ al-taḥrīr* (Riad: Maktabah al-rushd, 2000), V, 2357 f., 2362 f.

﴿إِنَّ ٱلْإِنسَٰنَ لَفِى خُسْرٍ﴾

﴿Wahrlich, der Mensch ist in Verlust﴾ (103:2, mod. Übers.)

„*al-'abṣār* / الْأَبْصَارُ – Die Blicke (erfassen Ihn nicht)“ und „*al-'insān* / الْإِنْسَانَ – der Mensch (ist in Verlust)“ sind in Form eines mit „*al* / ال“ Artikel generisch bestimmten Nomens („*al*“ *li-ta'rīf al-djins*), im ersten Beispiel im Plural, im zweiten im Singular verwendet. Beides umfasst in seiner sprachlichen Bedeutung alle Elemente, auf die es zutrifft (alle Blicke, jeden Menschen), auf einmal, ohne die Einzelbestandteile speziell erwähnen zu müssen.

Anzumerken ist hier, dass ein mit „*al* / ال“ Artikel bestimmtes Nomen auch in anderer als der umfassenden generischen Bedeutung verwendet werden kann. Wenn sich aus dem Kontext der Rede ergibt, dass damit etwas spezifisches Bekanntes gemeint ist, auf das sich die Beurteilung bezieht, nennt man dies „*al li-l-'ahd* / ال لِلْعَهْدِ“, ein mit Artikel bestimmtes Nomen zur Hinweisung auf etwas bestimmtes Bekanntes. Dies ist der Fall, wenn das bestimmte Bezeichnete tatsächlich gegenwärtig ist, wie „*al-yawmu djamīl* / الْيَوْمُ جَمِيلٌ – Der Tag ist schön!“ als Anmerkung bei schönem Wetter, in der Bedeutung von „Dieser Tag ist schön!“ Das gilt auch, wenn das bestimmte Bezeichnete in dem Verständnis der Gesprächspartner oder Zuhörer gegenwärtig ist, wie „*al-'asātidhatu djā'ū* / الْأَسَاتِذَةُ جَاؤُوا – Die Lehrer sind gekommen“ als Information eines Schülers an seinen auf ihre bestimmten Begleitlehrer wartenden Schulkollegen und nicht zur Bezeichnung der Gesamtheit der Lehrer oder ihrer Lehrer.

Diese Art der Verwendung wird klarerweise nicht umfassend verstanden und zählt nicht zu den *'Āmm*-Ausdrücken.[250]

Weisen keine kontextuellen Belege darauf hin, dass diese Ausdrucksform nicht generisch verwendet wird, ist grundsätzlich von ihrer umfassenden / generischen Bedeutung auszugehen.[251] Um zu erkennen, ob ein durch einen Artikel bestimmter Singular oder Plural generisch als (*umfassender*) *'Āmm*-Ausdruck verwendet wird, kann man entweder prüfen, ob „*kull* / كل – alle…“ in den Satz einfügbar ist, ohne die Bedeutung zu verändern, oder ob etwas davon ausgenommen werden könnte.

---

250 Vgl. Hanafiten: Ibn Nudjaym, I, 114 f., 117 f.; 'Alā' al-dīn al-Bukhārī, *Kashf al-'asrār*, II, 5, 21 ff. Schafiiten: al-Zarkashī, II, 263; al-Ghazālī, III, 218 f. Malikiten: al-Tilimsānī, 69; al-Bādjī, I, 237, 246. Hanbaliten: Ibn Qudāmah, I, 685 f.; al-Mardāwī, V, 2357 f., 2362 f.

251 Vgl.: al-Zuḥaylī, I, 240. Ibn Nudjaym, I, 114, 117 f.; al-Zarkashī, II, 263; Ibn Qudāmah, I, 685.

3) Der durch „ʹ*iḍāfah* / إضَافَة“ Genitivverbindung generisch bestimmter Plural oder Singular[252] Bsp.:

﴿ [...] وَإِن تَعُدُّوا۟ نِعْمَتَ ٱللَّهِ لَا تُحْصُوهَآ [...]﴾

﴿[…] Und wenn ihr die Gunst(erweise) Allahs aufzählen wolltet, könntet ihr sie nicht erfassen [beziffern]. […]﴾ (14:34)

„Die Gunst Allahs“ umfasst alle Gnaden, „Gunst“ in ihrer Gesamtheit ohne Ausnahme.

﴿ خُذْ مِنْ أَمْوَٰلِهِمْ صَدَقَةً [...]﴾

﴿Nimm von ihrem Vermögen (Geldern) Almosen […]﴾ (9:103; e. Übers.)

Ist ein Nomen im Singular oder Plural bestimmt durch eine Genitivverbindung zu einem anderen, an sich bestimmten Nomen, so ist dieses auch grundsätzlich umfassend als ʿ*Āmm*-Ausdruck zu verstehen.

4) ʹ*Asmāʹ mawṣūlah* / الأسماء الموصولة – Relativpronomen / Demonstrativpronomen: „*man* / مَنْ – wer, *mā* / مَا – was, *alladhī* / الَّذِي – derjenige, *alladhīn(a)* / الذينَ – diejenigen, …“; und

ʹ*Asmāʹ al-sharṭ* / أسماء الشرط – Bedingungspronomen: „*man* / مَنْ – wer, *mā* / مَا – was, …“; und

ʹ*Asmāʹ al-ʹistifhām* / أسماء الاستفهام – Interrogativpronomen „Fragepronomen“: „*man* / مَنْ – wer/ مَا, *mā* / مَا – was, ʹ*ayn* / أَيْنَ – wo, ʹ*ayy* / أيّ – welch, … “

Bsp. für Bedingungspronomen (اسم الشرط) in Form von „*man* / مَنْ – wer“ und Relativpronomen (اسم الموصول) in Form von „*mā* / مَا – was“:

﴿ مَنْ عَمِلَ صَٰلِحًا مِّن ذَكَرٍ أَوْ أُنثَىٰ وَهُوَ مُؤْمِنٌ فَلَنُحْيِيَنَّهُۥ حَيَوٰةً طَيِّبَةً وَلَنَجْزِيَنَّهُمْ أَجْرَهُم بِأَحْسَنِ مَا كَانُوا۟ يَعْمَلُونَ ﴾

﴿Wer rechtschaffen handelt, sei es Mann oder Frau, und dabei gläubig ist, den werden Wir ganz gewiß ein gutes Leben leben lassen. Und Wir werden ihnen ganz gewiß mit ihrem Lohn das Beste von dem vergelten, was sie taten.﴾ (16:97)

---

252 Vgl.: Hanafiten: al-Karāmāsitī, 24; Ibn Nudjaym, I, 103; al-Nakhlawī, I, 245. Schafiiten: al-Zarkashī, II, 268; Nāṣir al-Dīn al-Bayḍāwī, *Minhādj al-wuṣūl*, Erläuterung: Djamāl al-Dīn al-ʹIsnawī, *Nihāyah al-sūl* (Beirut: Dār al-kutub al-ʿilmiyyah), III, 90. Malikiten: al-Tilimsānī, 69 f.; al-Bādjī, I, 237, 246. Hanbaliten: Ibn Qudāmah, I, 666.

Bsp. für Relativpronomen (اسم الموصول) in Form von „*alladhīn(a)* / الذين – diejenigen“:

﴿ إِنَّ ٱلْإِنسَٰنَ لَفِى خُسْرٍ ۝ إِلَّا ٱلَّذِينَ ءَامَنُوا۟ وَعَمِلُوا۟ ٱلصَّٰلِحَٰتِ وَتَوَاصَوْا۟ بِٱلْحَقِّ وَتَوَاصَوْا۟ بِٱلصَّبْرِ ۝ ﴾

﴾Wahrlich, der Mensch ist in Verlust, außer denjenigen, die glauben und rechtschaffene Werke tun und einander die Wahrheit eindringlich empfehlen und einander die Standhaftigkeit eindringlich empfehlen.﴿ (103:2-3, mod. Übers.)

Insofern das Relativpronomen nicht einem spezifischen Substantiv zugeordnet ist wie z. B.:
„رأيت الرجل الذي قابلته بالأمس – Ich sah den Mann, welchen / den ich gestern getroffen habe“, sondern generisch verwendet ist, wie beim zuvor erwähnten Beispiel, wird es als *ʿĀmm*-Ausdruck verstanden.

Bsp. für Interrogativpronomen „Fragepronomen“ (*'Asmā' al-'istifhām* / اسم الاستفهام):

﴿ قَالَ يَٰٓأَيُّهَا ٱلْمَلَؤُا۟ أَيُّكُمْ يَأْتِينِى بِعَرْشِهَا [...] ﴾

﴾Er sagte: „O ihr führende Schar, welcher von euch bringt mir ihren Thron? [...]﴿ (27:38; mod. Übers.)

Insofern all diese Arten der Pronomen nicht einem spezifischen Nomen / Substantiv zugeordnet sind, sondern generisch verwendet sind, werden sie allgemein als *ʿĀmm*-Ausdrücke erachtet.[253]

5) Unbestimmter Plural oder Singular im Kontext von Negation, Verbot oder Bedingung – *al-Nakirah fī siyāq al-nafy aw al-nahy aw al-sharṭ* / النكرة في سياق النفي أو النهي أو الشرط

Bsp. für Negation:

﴿ مَا ٱتَّخَذَ ٱللَّهُ مِن وَلَدٍ وَمَا كَانَ مَعَهُۥ مِنْ إِلَٰهٍ [...] ﴾

﴾Allah hat sich [gar] keine Kinder [kein Kind] genommen, und [gar] keinen Gott gibt es neben Ihm, […]﴿ (23:91)

Bsp. für Verbot / Untersagung:

253 Vgl.: Hanafiten: al-Karāmāsitī, 24; Ibn Nudjaym, I, 104; ʿAlā' al-dīn al-Bukhārī, *Kashf al-'asrār*, II, 8 f.,17; al-Sarakhsī, I, 155 ff. Malikiten: al-Tilimsānī, 66 f.; al-Shinqīṭī, Teil 1, 251 f. Hanbaliten: al-Mardāwī, V, 2345, 2350; al-Futūḥī, III, 119 f., 123; Schafiiten: al-Zarkashī, II, 247 f., 238 f.; al-'Isnawī, III, 83, 89 f.; ʿAlī al-Subkī und Tādj al-dīn al-Subkī, II, 91 f.

﴿وَلَا تُصَلِّ عَلَىٰٓ أَحَدٍ مِّنْهُم مَّاتَ أَبَدًا وَلَا تَقُمْ عَلَىٰ قَبْرِهِۦٓ [...]﴾

﴿Und bete niemals über jemanden von ihnen, der gestorben ist, und stehe nicht an seinem Grab! […]﴾ (9:84). kein Gebet / Stehen am Grab.

Bsp. für Bedingung:

﴿وَإِن يَرَوْا۟ ءَايَةً يُعْرِضُوا۟ [...]﴾

﴿Und wenn sie ein Zeichen sehen, wenden sie sich ab […]﴾ (54:2)

Die Negation findet mit Ausdrücken wie „*lā* / لاَ, *mā* / ما, *laysa* / لَيْسَ, *lam* / لَمْ, …“ statt. Zum Ausdruck der umfassenden Bedeutung des negierten Nomens / Substantivs dadurch spielt es keine Rolle, ob der Ausdruck der Negation ihm direkt voransteht oder einem auf ihn bezogenen Verb. Wenn dem negierten Substantiv ein „*min* / مِن – von“ vorsteht wie im ersten erwähnten Vers, so unterstreicht dies die Gewissheit der umfassenden Bedeutung des *'Āmm*-Ausdrucks, ist aber nicht Bedingung zum umfassenden Verständnis nach der breiten Mehrheit in den Rechtsschulen.

Findet die Negation statt durch „*lā* / لاَ“ zur kollektiven Verneinung (*al-nafiyah li-l-djins* / النافية اللجنس), welches in seinem Substantiv ein *Fatḥah* (َ) bewirkt wie: „لا رجلَ في البيت – Kein Mann (generisch) ist im Haus.“, ist man sich in der umfassenden Bedeutung einig. Aber auch die Negation durch „*lā* / لاَ“, welches in seinem Substantiv ein *Ḍammah* (ُ) bewirkt wie: „لا رجلٌ في البيت – Nicht (ist) ein Mann im Haus (wörtl.)“, erachtet man großteils als *'Āmm*-Ausdruck, auch wenn man die Eventualität der spezifizierten Verwendung einräumt, im Sinne von: „„… aber zwei Männer“.[254]

3.3.1.3 Grad der Gewissheit der umfassenden Bedeutung des *'Āmm*-Ausdrucks; Möglichkeit und Wahrscheinlichkeit der Spezifizierung eines *'Āmm*-Ausdrucks

3.3.1.3.1 Einführung:

Unter dem Kapitel „Klarheit und Unklarheit der Ausdrucksweisen“ wurde dargelegt, dass die Ausdrücke verschiedenen Grades der Klarheit und Unklarheit in ihrer Bedeutung sein können. Auch die *'Āmm*-Ausdrücke an sich werden demnach in ihrer Umfassendheit ihrer Aussage als mehr oder weniger explizit und

---

254 Vgl.: Hanafiten: al-Karāmāsitī, 25; Ibn Nudjaym, I, 109 f.; 'Alā' al-dīn al-Bukhārī, *Kashf al-'asrār*, II, 19 f.; al-Sarakhsī, I, 160. Schafiiten: al-Zarkashī, II, 270-273, 277; al-Bayḍāwī und al-'Isnawī, III, 84, 92f. Malikiten: al-Tilimsānī, 68; al-Shinqīṭī, Teil 1, 254 ff. Hanbaliten: Ibn Qudāmah, I, 668, 687; al-Mardāwī, V, 2364 f.

bindend erachtet. Wie klar oder, anders ausgedrückt, wie sicher ist es, dass mit einem *ʿĀmm*-Ausdruck wirklich alles gemeint ist, worauf er sprachlich zutrifft? Oder ist dies sogar an sich überhaupt unklar? In den Rechtsschulen ist man sich zwar weitgehendst einig, dass ein *ʿĀmm*-Ausdruck zu den klaren Ausdrucksweisen gehört, jedoch scheiden sich die Geister über den Grad der Klarheit und bindenden Sicherheit seiner umfassenden Bedeutung, insofern diese nicht durch zusammenhängende Belege / Hinweise (*qarāʾin*) explizit verdeutlicht wurde.

Die Auswirkungen dieser Meinungsverschiedenheit zeigen sich in den gestellten Anforderungen an einen, die umfassende Bedeutung spezifizierenden Beleg und in Folge auch oft in der Anwendung eines Offenbarungstextes in seiner umfassenden oder einer spezifizierten Bedeutung.

3.3.1.3.2 Spezifizierung (Takhṣīṣ) und Unterschied zur Teilabrogation (Naskh djuzʾiyy):

Die Spezifizierung des *ʿĀmm*-Ausdrucks (*Takhṣīṣ al-ʿĀmm*) ist »*die Klarlegung, dass das Beabsichtigte des Schariagebers vom ʿĀmm-Ausdruck von Beginn an ein Teil seiner Einzelbestandteile ist [auf die er sprachlich zutrifft] und nicht ihre Gesamtheit*«.[255]

Bedingung der Spezifizierung eines *ʿĀmm*-Ausdrucks ist, dass von Beginn der Aussage an nur der spezifizierte Teil vom Gesamten mit dem Ausdruck gemeint ist und Gültigkeit hat. Wenn aber das Beabsichtigte zu Beginn der Verordnung das Gesamte des *umfassenden Ausdrucks* war und im Nachhinein ein maßgeblicher Schariabeleg die Beschränkung der Beurteilung auf einen Teil des Umfassten verlangt (Spezifizierung)[256], so wird dies nicht Spezifizierung genannt, sondern Teilabrogation (*Naskh djuzʾiyy* / نسخ جُزْئِي), denn die ursprünglich umfassende Beurteilung (*Ḥukm*) hatte, wenn auch nur für eine kurze Zeit, seine Gültigkeit und ist dann in Bezug auf manche seiner Einzelteile aufgehoben / abrogiert worden.[257] (Zur näheren Erläuterung von Abrogation (*Naskh*) siehe ab S. 177.)

3.3.1.3.3 Ḥukm al-ʿĀmm / حكم العام – Rechtswirkung des umfassenden Ausdrucks (hinsichtlich seiner umfassenden Bedeutung)

Der *ʿĀmm*-Ausdruck an sich wird in Hinblick auf seine Sicherheit in seiner umfassenden Bedeutung entweder mit „*qaṭʿiyy al-dalālah* / قَطْعِيُّ الدَّلالَةِ – definitive Bedeutung" oder mit „*ẓanniyy al-dalālah* / ظَنِّيُّ الدَّلالَةِ – wahrscheinliche Bedeutung" bezeichnet.

---

255 Khallāf, 186: "هو تبيين أن مراد الشارع من العام ابتداءً بعض أفراده لا جميعها".

256 Aufgrund einer Veränderung im Größt-Nutzbringenden (*Maṣlaḥah* / مصلحة).

257 Vgl. al-Shinqīṭī, Teil 1, 275; 315 f.; al-Zarkashī, II, 392-396.

a) Meinung der Schafiiten, Malikiten, Hanbaliten und mancher Hanafiten (al-Māturīdī und weitere Hanafiten Samarkands):

„*Ẓanniyy al-dalālah* / ظَنِّيُّ الدَّلالَةِ – wahrscheinliche Bedeutung"

Der *ʿĀmm*-Ausdruck ist vordergründig (*ẓāhir* / ظاهر) in seiner Umfassendheit und behandelt wahrscheinlich sicher (*ẓanniyy* / ظني) alles, auf das er sprachlich zutrifft, jedoch besteht die Möglichkeit, dass der Schariageber nur eine spezifizierte Teilmenge vom Ganzen meint (*maʿnā muḥtamal* / معنى محتمل), was aber nur durch einen zusätzlichen Hinweis oder Beleg als die vorrangige, beabsichtigte Bedeutung (*muʾawwal*) ausgelegt werden darf.

Als rechtmäßiger Beleg reicht aufgrund der nur wahrscheinlich sicheren umfassenden Bedeutung (*dalālah ẓanniyyah* / دَلالَةٌ ظَنِّيَّة) zur Spezifizierung auch ein nur wahrscheinlich sicherer Beleg (*Dalīl ẓanniyy* / دليل ظني) (wie *Ḥadīth ʾāḥād*[258]; *Qiyās*,…).[259]

Ist dieser auch nur wahrscheinlich sichere Beleg nicht vorhanden, muss der Ausdruck in seiner vordergründigen umfassenden Bedeutung verstanden werden.

b) Meinung der meisten Hanafiten:

„*Qaṭʿiyy al-dalālah* / قَطْعِيُّ الدَّلالَةِ – definitive Bedeutung"

Der *ʿĀmm*-Ausdruck ist definitiv klar (*qaṭʿiyy al-dalālah* / قطعي الدلالة) in seiner Umfassendheit und behandelt definitiv sicher (*qaṭʿiyy* / قطعي) alles, auf das er zutrifft (wenn nicht ein definitiv sicherer Beleg (*dalīl qaṭʿiyy* / دليل قطعي) eine Spezifizierung verlangt).[260]

---

258 Bei einer Spezifizierung durch einen *Ḥadīth ʾĀḥād* ist anzumerken, dass dafür nur geprüfte Überlieferungen der Authentizitätskategorien *ṣāḥīḥ* („gesund" / richtig, hochwahrscheinlich authentisch) oder mindestens *ḥasan* („gut" / akzeptabel, wahrscheinlich authentisch) zulässig sind.

259 Vgl. Schafiiten: al-Zarkashī, II, 190 f., 198 f., 497; al-Ghazālī, III, 322-328, 332 f. Malikiten: al-Shinqīṭī, Teil 1, 304, 306; al-Tilimzānī, 79 f.; al-Bādjī, I, 268 f., 273 f.; Ibn Qudāmah, II, 724 f., 727, 729 ff., 732 f.; ; al-Mardāwī, VI, 2643 ff., 2656 ff., 2660 f., 2670 f., 2674.

260 Diese Bezeichnung mit „*Qaṭʿiyy al-dalālah* / قَطْعِيُّ الدَّلالَةِ – definitive Bedeutung" lässt fälschlicherweise folgern, dass der *ʿĀmm*-Ausdruck an sich keine Möglichkeit zu seiner Anwendung und Auslegung in einer spezifizierten Bedeutung zulässt, also bei den Hanafiten von der Klarheits-Kategorie mufassar (eindeutig, unauslegbar klar) oder muḥkam (eindeutig, unveränderbar, unauslegbar klar) (siehe Tabelle nach S. 84) wäre. Jedoch ist damit nicht gemeint, dass der *ʿĀmm*-Ausdruck absolut keine spezifizierte Verwendung in einer Teilmenge oder einem spezifizierten Teil vom Ganzen zulässt. Vielmehr wird diese Möglichkeit nur als so unwahrscheinlich eingestuft, dass die Anforderungen an einen spezifizierenden Beleg höher sind und von ihm ebenso eine

Aus diesem Grunde akzeptieren sie zur ersten Spezifizierung auch nur einen definitiv sicheren Beleg (*dalīl qaṭʿiyy* / دليل قطعي) (aus *Kitāb*; *Sunnah mutawātirah* oder *'Idjmāʿ*) oder annähernd definitiv sicheren Beleg (*qarīb al-qaṭʿ*) (*Ḥadīth mashhūr*, siehe S. 63; *Qiyās djaliyy* / قياس جلي bei Hanafiten: *dalālah al-naṣṣ* / دَلَالَةُ النص – Hinweisung des Textes genannt, siehe unter *„übereinstimmend Verstandenes“* ab S. 127).[261] Dies ist jedoch nur für die erste Spezifizierung erforderlich. Für weitere Spezifizierungen sind dann auch angenommenerweise sichere Belege (*Dalīl ẓanniyy* / دليل ظني) ausreichend, da der Ausdruck sowieso nicht mehr in seiner umfassenden Bedeutung verstanden wird und in seiner verbleibenden Restmenge nur mehr wahrscheinlich sicher (*ẓanniyy al-dalālah* / ظَنِّيُّ الدَّلَالَةِ) ist.[262]

Es wird jedoch allerseits (von den Gelehrten aller Schulen) eingeräumt, dass durch die zusätzliche Existenz von mit dem *ʿĀmm*-Ausdruck zusammenhängen-

---

gleichwertige oder höhere „definitive“ Sicherheit (*qaṭʿiyy*) in Hinsicht auf Bedeutung (*al-Dalālah*) und Authentizität (*al-Thubūt*) bei Überlieferungstexten verlangt wird. Ibn Nudjaym (I, 95) beschreibt dies folgendermaßen: »Das Gemeinte mit *qaṭʿiyy* (definitiv) ist hier, dass es nicht die Eventualität der spezifizierten Bedeutung beinhaltet, welche einem gültigen Beleg dazu entspringt. [...] Und was [aber] die hypothetische Eventualität ohne Beleg anbelangt, so negiert dies niemand, [(vergleichbar mit der folgenden Eventualität)] so, wie der spezifische *Khāṣṣ*-Ausdruck die Eventualität der metaphorischen / uneigentlichen Bedeutung bietet – والمراد بالقطع هنا أن لا يحتمل الخصوص احتمالا ناشئا عن الدليل كما في التوضيح وأما احتماله لا عن دليل فلا ينفيه أحد كاحتمال الخاص المجاز.«

261 Aus der mindestens verlangten Gleichwertigkeit des spezifizierenden Beleges ergibt sich bei den Hanafiten die Unterscheidung, ob der überlieferte Offenbarungstext mutawātir (viellinig) und somit definitiv authentisch (*qaṭʿiyy al-Thubūt*) überliefert wurde wie der Koran oder die *Sunnah-mutawātirah* oder nur *'Āḥād* (einzellinig) und somit im Idealfall auch nur (hoch) wahrscheinlich angenommene Authentizität (*ẓanniyy al-thubūt*) erreichen kann.
Ist der Text des *ʿĀmm*-Ausdrucks nur von zweiter Kategorie, ein *'Āḥād-Ḥadīth* (*ẓanniyy al-thubūt*), so ergibt dies in Summe auch nur einen angenommen sicheren Beleg, nicht seitens der Klarheit und Sicherheit des Ausdrucks selbst, sondern seitens seiner Authentizität. Daher reicht zu seiner Spezifizierung auch bei den Hanafiten ein angenommen sicherer Beleg (*Dalīl ẓanniyy*), egal von wo seine verminderte Schwäche herrührt (Klarheit der Bedeutung oder / und Authentizität), gleichartig wie bei der Mehrheit der Gelehrten im Regelfall.
Ist sein Text jedoch von erster Kategorie, der definitiven Authentizität durch Mutawātir-Überlieferung wie Koran oder *Sunnah-mutawātirah*, so ergibt dies in Summe einen „definitiv“ sicheren Beleg (*Dalīl qaṭʿiyy*), da er von beiden Seiten, Klarheit und Authentizität, als „definitiv“ sicher (*qaṭʿiyy*) bewertet wird. Deshalb muss ein möglicher spezifizierender Beleg auch diese „definitive“ Sicherheit aufweisen, denn Gewisses wird nicht durch Ungewisses aufgehoben.

262 Vgl. al-Karāmāsitī, 19, 21, 23; Ibn Nudjaym, I, 95, 97 ff.; ʿAlāʾ al-dīn al-Bukhārī, *Kashf al-'asrār*, I, 450 f.; al-Sarakhsī, I, 133 f., 144.

den definitiven Belegen (*Qarā'in*) die tatsächliche Eventualität (*Iḥtimāl*) einer Spezifizierung (*Takhṣīṣ*) eines *umfassenden Ausdrucks* bis zur Gewissheit erhöht oder gemindert werden kann. Zusammenhängende definitive Belege sind vor allem die zwingende Vernunft oder direkter textueller[263] Kontext.[264]

Entsprechend zusammenhängenden zusätzlichen definitiven Belegen kann ein 'Āmm-Ausdruck auch sein:

1) Der *'Āmm*-Ausdruck, welcher definitiv sicher alles umfasst, auf das er sprachlich zutrifft, da ein definitiver zusammenhängender Beleg die Möglichkeit der Spezifizierung negiert.

Meistens ist dies der Fall im Zusammenhang mit Allahs Gesetzen in der Natur (Naturgesetze) oder Seinen Eigenschaften, wie:

﴿وَمَا مِن دَآبَّةٍ فِي ٱلْأَرْضِ إِلَّا عَلَى ٱللَّهِ رِزْقُهَا [...]﴾

﴿Kein Tier [lebendes Geschöpf (Asad)] ist auf Erden, ohne dass Allah es versorgt […]﴾ (11:6; e. Übers.)

2) Der *'Āmm*-Ausdruck, mit dem definitiv sicher nur ein spezifischer Teil von dem, auf was er sprachlich zutrifft, gemeint ist, da ein definitiver zusammenhängender Beleg die Möglichkeit seiner umfassenden Bedeutung negiert. Bsp.:

﴿[...] رِيحٌ فِيهَا عَذَابٌ أَلِيمٌ ﴿٢٤﴾ تُدَمِّرُ كُلَّ شَيْءٍ بِأَمْرِ رَبِّهَا فَأَصْبَحُوا لَا يُرَىٰ إِلَّا مَسَاكِنُهُمْ [...]﴾

﴿[…] ein Sturm, in dem schmerzhafte Strafe ist. Er zerstört alles (jede Sache) mit dem Befehl seines Herrn. So war morgens nichts mehr außer ihren Häusern zu sehen […]﴾ (46:24-25; e. Übers.)

Obwohl der Ausdruck sprachlich wirklich alles Erschaffene umfasst, ist damit definitiv sicher nur spezifisch das gemeint, was durch einen Sturm zerstört werden kann, und selbst ihre Wohnstätten wurden davon noch ausgenommen.

---

263 Die Beschreibung dieses Kontextes mit „textuell" dient zur Unterscheidung vom situativen Kontext der Aussage wie der konkrete spezielle Offenbarungsanlass / Hintergrund (*Sabab al-nuzūl*) eines Verses oder Anlass / Hintergrund der Prophetenaussage / -handlung (*Sabab al-wurūd*), welche später näher behandelt werden.

264 Vgl. Schafiiten: al-Zarkashī, II, 197 ff., 289; al-Ghazālī, III, 218 f., 311. Malikiten: al-Tilimsānī, 72; al-Shinqīṭī, Teil 1, 249, 272 f.; al-Bādjī, I, 239, 246. Hanbaliten: Ibn Qudāmah, II, 731; al-Mardāwī, V, 2338-2341; VI, 2519.
Hanafiten: al-Karāmāsitī, 19; 'Alā' al-dīn al-Bukhārī, *Kashf al-'asrār*, I, 444 ff., 448; al-Sarakhsī, I, 132 f., 137.

3.3.1.4 Arten von Spezifizierungsbelegen – *dalīl al-takhṣīṣ* / دليل التخصيص :

Die Arten dieser spezifizierenden Belege sind entweder in der Vernunft (*ʿAql*) oder der mit Sinnen wahrnehmbaren Realität (*Ḥiss*) begründet oder liegen ebenfalls im Bereich der Offenbarungstexte von Koran und *Sunnah*, welche wiederum im textuellen Kontext des gleichen Textes oder in weiteren eigenständigen Texten zu finden sein können, oder sie bestehen in anderen Schariabelegen wie *'Idjmāʿ*, *Qiyās*, usw.

Als illustrierendes Beispiel für die Spezifizierung durch einen Vernunftsbeleg oder Beleg der feststellbaren Realität sowie durch den textuellen Kontext kann auch der eben erwähnte Vers herangezogen werden:

﴿[...]رِيحٌ فِيهَا عَذَابٌ أَلِيمٌ ﴿٢٤﴾ تُدَمِّرُ كُلَّ شَيْءٍ بِأَمْرِ رَبِّهَا فَأَصْبَحُوا لَا يُرَىٰ إِلَّا مَسَاكِنُهُمْ[...]﴾

﴿[…] ein Sturm, in dem schmerzhafte Strafe ist. Er zerstört alles [jede Sache] mit dem Befehl seines Herrn, so war morgens nichts mehr außer ihren Häusern zu sehen […]﴾ (46:24-25; e. Übers.)

Im Zusammenhang (textlichen Kontext) steht hier, dass die Häuser nicht zerstört wurden, und man versteht vernunftgemäß auch, dass die Erde usw. nicht durch einen Sturm zerstört werden kann, bzw. durch die festgestellte Realität, dass sie dadurch nicht vernichtet wurde.[265]

So kann ein Spezifizierungsbeleg ein verbundener Beleg (*dalīl muttaṣil* / دليل مُتَّصِل) oder getrennter Beleg (*dalīl munfaṣil* / دليل مُنْفَصِل) sein.

3.3.1.4.1 verbundener Beleg (dalīl muttaṣil / دليل مُتَّصِل) – textueller Kontext[266]

Unter textuellem Kontext ist die textliche Einbettung des Ausdrucks gemeint. Das umfasst sowohl den direkten als auch den weiteren Kontext des Ausdrucks.

Als direkter textueller Kontext zählt das Satzgefüge, mit dem der Ausdruck unmittelbar zusammenhängt und welches ohne diesen Ausdruck keinen vernünftigen Sinn ergibt.

Als weiterer textueller Kontext zählen die umgebenden Sätze, welche mit der Thematik des Satzes im Zusammenhang stehen, aber nicht zur Vollständigkeit der Aussage nötig wären.[267]

---

265 Vgl. al-Shinqīṭī, Teil 1, 303 f.; al-Zarkashī, II, 198 f., 490-494; Ibn Qudāmah, II, 722 f.

266 Vgl. al-Karāmāsitī, 23; al-Shinqīṭī, Teil 1, 280; al-Tilimzānī, 78; al-Zarkashī, II, 420 f.; al-Mardāwī, VI, 2529 f., 2638; Ibn Qudāmah, II, 743 f., 761 f.

267 Obwohl der direkte textuelle Kontext die Bedeutungsreichweite des *ʿĀmm*-Ausdrucks beschneidet und es als eine Art der Spezifizierung gesehen werden könnte, erachten die

Die Beschreibung dieses Kontextes mit „textuell“ dient zur Unterscheidung vom situativen Kontext der Aussage wie der konkrete spezielle Offenbarungsanlass / Hintergrund (*Sabab al-nuzūl*) eines Verses oder Anlass / Hintergrund der Prophetenaussage / -handlung (*Sabab al-wurūd*), welche später näher behandelt werden.

Dieser Beleg ist nicht getrennt vom *'Āmm*-Ausdruck, sondern findet sich im Text in Verbindung mit dem *umfassenden Ausdruck*. Hierbei gibt es folgende Formen:

A) wörtliche Ausnahme (*'Istithnā' lafẓiyy)*:

Ein Beispiel für die wörtliche Ausnahme durch „*'illā* / إِلَّا – außer“ und auch durch nähere Einschränkung der Eigenschaften liegt in den bereits erwähnten Versen:

﴿ إِنَّ ٱلْإِنسَٰنَ لَفِى خُسْرٍ ۝ إِلَّا ٱلَّذِينَ ءَامَنُوا۟ وَعَمِلُوا۟ ٱلصَّٰلِحَٰتِ وَتَوَاصَوْا۟ بِٱلْحَقِّ وَتَوَاصَوْا۟ بِٱلصَّبْرِ ﴾

﴿Wahrlich, der Mensch ist in Verlust, **außer** denjenigen, die glauben und rechtschaffene Werke tun und einander die Wahrheit eindringlich empfehlen und einander die Standhaftigkeit eindringlich empfehlen﴾ (103:2; mod. Übers.)

„*al-'insān* / الإنسان – der Mensch“ umfasst an sich jeden Menschen. Davon nimmt aber der Text selbst mit „*'illā* – außer“ im folgenden Vers einen Teil aus, und diejenigen, die glauben, werden durch die weitere Einschränkung der Eigenschaften auf diejenigen davon beschränkt, welche auch rechtschaffene / gute Werke vollbringen, ...

B) Bedingung (*sharṭ* / شرط): Bsp.:

﴿ [...] فَإِن طَلَّقَهَا فَلَا جُنَاحَ عَلَيْهِمَآ أَن يَتَرَاجَعَآ إِن ظَنَّآ أَن يُقِيمَا حُدُودَ ٱللَّهِ [...] ﴾

﴿[…] so **wenn** er (der zweite Ehemann) sich von ihr scheiden lässt, so besteht kein Hindernisgrund / Einwand für beide (Frau und vorherigen Ehemann), dass sie zurückkehren (zu einer neuen Ehe), **wenn** sie denken, dass sie die Grenzen Allahs (dieses Mal) einhalten werden […]﴾ (2:230; e. wörtl. Übers.)

Hanafiten dies nicht als solche, sondern bezeichnen es als „*'Āmm maqṣūr* – begrenzt umfassender Ausdruck“.

Eine Spezifizierung durch den weiteren textuellen Kontext ist bei ihnen ebenfalls zulässig und wird auch als solche mit all ihren Folgen behandelt (Vgl. al-Karāmāsitī, 21, 23; Ibn Nudjaym, I, 95, 97 ff.).

C) Eingrenzung (*Ghāyah* / غاية): Bsp.:

﴿[...] وَلَا تَقۡرَبُوهُنَّ حَتَّىٰ يَطۡهُرۡنَ [...]﴾

﴿[…] und <u>nähert euch</u> ihnen [euren menstruierenden Frauen] <u>nicht</u>, **<u>bis</u>** sie gereinigt sind […]﴾ (2:222; Asad). Keine Annäherung [im Schambereich] – bis zum Ende der Menstruation (nach der rituellen Waschung).

D) Einschränkung mit einer spezifischeren Eigenschaft (*waṣf* / وصف): Bsp.:

﴿ حُرِّمَتۡ عَلَيۡكُمۡ أُمَّهَٰتُكُمۡ وَبَنَاتُكُمۡ وَأَخَوَٰتُكُمۡ وَعَمَّٰتُكُمۡ وَخَٰلَٰتُكُمۡ وَبَنَاتُ ٱلۡأَخِ وَبَنَاتُ ٱلۡأُخۡتِ وَأُمَّهَٰتُكُمُ ٱلَّٰتِيٓ أَرۡضَعۡنَكُمۡ وَأَخَوَٰتُكُم مِّنَ ٱلرَّضَٰعَةِ وَأُمَّهَٰتُ نِسَآئِكُمۡ وَرَبَٰٓئِبُكُمُ ٱلَّٰتِي فِي حُجُورِكُم مِّن <u>نِّسَآئِكُمُ ٱلَّٰتِي دَخَلۡتُم بِهِنَّ</u> فَإِن لَّمۡ تَكُونُواْ دَخَلۡتُم بِهِنَّ فَلَا جُنَاحَ عَلَيۡكُمۡ [...]﴾

﴿Verboten (zu heiraten) sind euch […] eure Stieftöchter […] von <u>euren Frauen, mit denen ihr die Ehe vollzogen habt</u> […]﴾ (4:23). „eure Frauen" ist hier ein *umfassender Ausdruck*, welcher aber spezifiziert wird durch die zusätzliche Eigenschaft „mit denen ihr die Ehe vollzogen habt", d.h. Geschlechtsverkehr hattet.

3.3.1.4.2 getrennter Beleg (dalīl munfaṣil / دليل مُنْفَصِل) [268]

Dieser vom Text unabhängige und eigenständige Beleg kann verschiedener Natur sein:

A) durch Vernunft (*ʿAql*) oder durch Wahrnehmung mit Sinnen (*Ḥiss*): Bsp.:

﴿ ٱللَّهُ خَٰلِقُ كُلِّ شَيۡءٍ [...]﴾

﴿Gott ist der Schöpfer aller Dinge […]﴾ (39:62; Asad). Durch die Vernunft weiß man, dass Er sich nicht selbst erschaffen hat. Wobei ohnehin gesagt werden kann, dass Allah nicht zu den Dingen gehört.

Siehe auch das zuvor erwähnte Beispiel vom zerstörerischen Sturm (46:24-25).

B) durch eigenständigen Offenbarungstext (*Naṣṣ mustaqill* / بنص مستقل):

Dieser kann definitiv sicher in seiner Authentizität sein (*qaṭʿiyy al-thubūt*) wie aus *Kitāb* (Koran) oder *Sunnah mutawātirah*, oder aber auch „nur" (hoch) wahr-

268 Vgl. al-Djudayʿ, *Taysīr ʿilm ʾuṣūl al-fiqh*, 248-255; al-Zuḥaylī, I, 249-253; al-Shinqīṭī, I, 303 f.; al-Zarkashī, II, 198 f., 490-494; Ibn al-Qudāmah, II, 722 f.

scheinlich authentisch (*ẓanniyy al-thubūt*), *Sunnah 'āḥād*. Bei Spezifizierungen durch letzteres ist der zuvor erwähnte Meinungsunterschied zu beachten.

Bsp. Spezifizierung eines Koranverses durch andere:

﴿وَٱلْمُطَلَّقَٰتُ يَتَرَبَّصْنَ بِأَنفُسِهِنَّ ثَلَٰثَةَ قُرُوٓءٍ [...]﴾

﴿Und die geschiedenen Frauen sollen (müssen) mit sich selbst drei Zeitabschnitte (Perioden) warten [bevor sie wieder heiraten] [...]﴾ (2:228; e. wörtl. Übers.) Durch den Ausdruck werden alle geschiedenen Frauen umfassend behandelt. Jedoch spezifizieren die folgenden Verse diese Bedeutung, indem sie für bestimmte geschiedene Frauen andere Wartezeiten festsetzen.

﴿[...] وَأُوْلَٰتُ ٱلْأَحْمَالِ أَجَلُهُنَّ أَن يَضَعْنَ حَمْلَهُنَّ [...]﴾

﴿ [...] Diejenigen, die schwanger sind – ihre [Warte-]Frist ist (erreicht), wenn sie mit dem niederkommen, was sie (in ihren Leibern) tragen. [...]﴾ (65:4)

﴿[...] ثُمَّ طَلَّقْتُمُوهُنَّ مِن قَبْلِ أَن تَمَسُّوهُنَّ فَمَا لَكُمْ عَلَيْهِنَّ مِنْ عِدَّةٍ تَعْتَدُّونَهَا [...]﴾

﴿[...] und ihr euch dann von ihnen scheidet, ehe ihr sie berührt habt, habt ihr keinen Grund, irgendeine Wartezeit ihrerseits zu erwarten und zu berechnen [...]﴾ (33:49; Asad)

Bsp. für Spezifizierung eines Koranverses durch *Ḥadīth 'āḥād*:

Den Erben wurden im Koran (4:11;...) allgemein ihre Erbanteile zugeschrieben. Dies umfasst vordergründig alle dieser Erben. Jedoch spezifiziert sie die *Sunnah* und nimmt folgende aus: In der Sammlung von Ibn Mādjah und anderen mit ähnlichem Wortlaut wird überliefert, dass der Prophet (sas) sagte: {Der Mörder erbt nicht (von dem Ermordeten).}(IMa, II, 913, # 2735 / Alb: s).[269]

3.3.1.5 Einzelne Normen in Bezug auf den *'Āmm*-Ausdruck:

Das Augenmerk liegt auf der Umfassendheit des Ausdrucks und nicht auf der Spezifität des Anlasses [der Aussage im Offenbarungstext] – العبرة بعموم اللفظ لا بخصوص السبب

Ist durch zusätzliche Hinweise belegt, dass etwas umfassend Ausgedrücktes explizit nur für den spezifischen Anlass und Bezugsfall der Aussage gilt, dann ist man sich einig, dass entsprechend diesen Belegen der *'Āmm*-Ausdruck spezifiziert verstanden werden muss. Ist das Gegenteil der Fall und belegen zusätzliche

---

269 حَدَّثَنَا مُحَمَّدُ بْنُ رُمْحٍ قَالَ: أَنْبَأَنَا اللَّيْثُ بْنُ سَعْدٍ، عَنْ إِسْحَاقَ بْنِ أَبِي فَرْوَةَ، عَنِ ابْنِ شِهَابٍ، عَنْ حُمَيْدِ بْنِ عَبْدِ الرَّحْمَنِ بْنِ عَوْفٍ، عَنْ أَبِي هُرَيْرَةَ، عَنْ رَسُولِ اللهِ صَلَّى اللهُ عَلَيْهِ وَسَلَّمَ أَنَّهُ قَالَ: «الْقَاتِلُ لَا يَرِثُ»

Hinweise explizit die Allgemeingültigkeit des umfassend Ausgedrückten, so ist man sich wiederum einig, dass dieser *'Āmm*-Ausdruck nicht spezifiziert verstanden werden darf. Ist jedoch keines von beiden ersichtlich und der spezifische Anlass der umfassenden Aussage im Offenbarungstext bekannt, so stellt sich die Frage, ob die Anwendung des Ausdrucks darauf spezifiziert wird oder umfassend verstanden wird.

Wenn der Schariageber auf einen speziellen Anlass einen allgemeinen umfassend formulierten Vers offenbart oder der Prophet (sas) allgemein umfassend formuliert darauf antwortet und nicht speziell, geschieht dies grundsätzlich aus dem Grund, dass die Beurteilung auch allgemeine umfassende Gültigkeit hat und nicht nur den spezifischen Anlass betrifft.

Deshalb ist bei der breiten Mehrheit der Gelehrten[270] die vorgestellte Norm die Grundlage und kann näher beschrieben werden als: Das Augenmerk liegt auf der umfassenden *'Āmm*-Formulierung des Ausdrucks und nicht auf dem spezifischen Offenbarungsanlass / Hintergrund (*Sabab al-nuzūl*) oder Anlass / Hintergrund der Prophetenaussage / -handlung (*Sabab al-wurūd*).[271]

---

270 Meinung der Hanafiten, meisten Hanbaliten, vieler Malikiten (allgemein aus dem Irak, al-Bādjī) und vieler Schafiiten (u. a. al-Ghazālī, al-Zarkashī und nach ihm die wirkliche Meinung von Imam al-Shāfi'ī).

271 Es muss jedoch im Detail zwischen verschiedenen Ausgangssituationen differenziert werden:

Ist der *'Āmm*-Ausdruck im Offenbarungstext eine Antwort auf eine gestellte Frage oder bezieht er sich auf ein bestimmtes Ereignis? Ist ersteres der Fall, wird weiter unterschieden, ob die Antwort im Offenbarungstext in sich eine vollständige Aussage bildet oder nur in Verbindung mit der Frage eine sinnvolle Antwort ergibt. Im letzteren Fall folgt die Betrachtung des *'Āmm*-Ausdrucks der Antwort seiner vervollständigenden Frage je nachdem, ob diese umfassend oder spezifisch gestellt wurde.

Meinungsverschiedenheiten über ein umfassendes oder spezifiziertes Verständnis gibt es in folgenden Fällen: Zum einen die Antwort, welche in sich eine vollständige Aussage bildet und in der Beurteilung allgemeiner / umfassender ausgedrückt ist als die Fragestellung. Gilt hier die Anwendung gemäß der umfassend formulierten Antwort oder ist die Anwendung auf die spezifischere Frage beschränkt? Zum andern die Äußerung zu einem spezifischen Anlass und nicht auf eine Frage. Gilt hier die Berücksichtigung des umfassenden Ausdrucks oder die des spezifischen Anlasses?

Nach Meinung der erwähnten breiten Mehrheit trifft die eingangs erwähnte Regel des maßgeblichen umfassenden Ausdrucks auf all diese Fälle zu. Al-Zarkashī merkt noch zusätzlich (für die Schafiiten) an, wenn es sich um letzteren Fall der Äußerung zu einem Ereignis handelt, dass diese Regel für die meisten *'Āmm*-Ausdrücke gilt. Ist jedoch durch den Artikel „*al* / ال“ ein Substantiv bestimmt, so wird dies in diesem Fall nicht umfassend / generisch verstanden, sondern als („*al*“ *li-(a)l-'ahd*) Hinweis auf die bestimmte spezifische Begebenheit als Grund der Aussage. (Siehe vorangegangene Erläuterung zu („*al*“ *li-(a)l-'ahd*) ab S. 89.)

Der ʿĀmm-Ausdruck kann nur so weit spezifiziert werden, wie es seine Bedeutung erlaubt.

Wie zuvor erläutert, kann der *umfassende Ausdruck* auf Grund eines maßgeblichen Beleges anstelle seiner vordergründigen umfassenden Bedeutung in einer eingeschränkten möglichen Bedeutung (*maʿnā muḥtamal* / معنى محتمل) ausgelegt werden. Jedoch ist es nicht möglich, den Rahmen der denkbaren Bedeutungen zu verlassen, da dies ansonsten den Text ungültig machen würde.

So ist bei einem Plural nach Mehrheit der Gelehrten die geringste mögliche Anzahl drei.[272]

3.3.2 B) *al-Khāṣṣ* / الخَاصّ – der *spezifische* (ausgesonderte / nicht-umfassende) *Ausdruck*

3.3.2.1 Erläuternde Einführung:[273]

Sprachlich bedeutet „*al-Khāṣṣ* / الخاص“: das Spezielle, Eigentümliche, Distinguierte, Private.[274]

Fachspezifisch ist damit gemeint:

»Jeder Ausdruck, welcher sprachlich auf eine spezielle Einheit deutet«[275] oder:

»Ein Ausdruck, welcher sprachlich eine Einheit in Person (wie Muḥammad) oder in Art (wie Mann) ausdrückt; oder eine beschränkte An-

(Hanafiten: al-Karāmāsitī, 30; ʿAlāʾ al-dīn al-Bukhārī, *Kashf al-ʾasrār*, II, 390 ff., 395. Malikiten: al-Shinqīṭī, Teil 1, 310 f.; al-Bādjī, I, 275 f.; Hanbaliten: Ibn Qudāmah, II, 693 f.; al-Mardāwī, V, 2385-2391. Schafiiten: al-Zarkashī, II, 352-358, 364, 368; vgl. al-Ghazālī, III, 258 f., 264 f.)

Nach Auffassung einiger anderen Schafiiten, einiger Hanbaliten und einiger Malikiten ist in den erwähnten Fällen des Meinungsunterschieds die Bedeutung des ʿ*Āmm*-Ausdrucks auf die spezielle Frage oder den speziellen Anlass / das spezielle Ereignis beschränkt, solange kein weiterer Beleg das Gegenteil verlangt. (al-Zarkashī, II, 356 ff., 364; al-Bādjī, I, 276; al-Mardāwī, V, 2393 f.)

272 al-Djudayʿ, *Taysīr ʿilm ʿuṣūl al-fiqh*, 202. Weniger als die Anzahl zwei ist nach allen Gelehrten nicht möglich.

273 Vgl. Khallāf, 191-195; al-Djudayʿ, *Taysīr ʿilm ʿuṣūl al-fiqh*, 213-219; Amir Zaidan, *Einführung in Usulul-fiqh* (Islamologisches Institut, 2006), 64: „das Ausgesonderte“.

274 Wehr; vgl. *Lisān al-ʿarab* s. v. (خصص).

275 ʿAbd al-Karīm Zaydān, 279: "كل لفظ وضع لمعنى واحد على الانفراد"; vgl. al-Djudayʿ, *Taysīr ʿilm ʿuṣūl al-fiqh,* 213; al-Zuḥaylī, I, 201; al-Sarakhsī, I, 124.

zahl von Einheiten ausdrückt (wie drei, [...] Volk) [...], ohne ihre Gesamtheit zu umfassen«[276].

Der Ausdruck einer Einheit kann im realen Sinne geschehen, persönlich (Muḥammad, ...) oder artenspezifisch (Mann, Fisch, Buch, ...). Es kann jedoch auch eine Einheit im erachteten Sinn ausgedrückt werden, obwohl sie aus mehreren Einzelteilen besteht (Zahlen wie „drei", Volk, Fische, Bücher, ...). „*Kutub* / كُتُب – Bücher" drückt eine Anzahl dieses Bezeichneten aus, umfasst jedoch nicht gleichzeitig alles, auf was der Ausdruck „Buch" zutrifft.

3.3.2.2 Rechtswirkung des *spezifischen* (ausgesonderten / nicht-umfassenden) *Ausdrucks – Ḥukm al-Kāṣṣ* / حكم الخاص :

Der Khāṣṣ-Ausdruck deutet definitiv sicher (qaṭʿiyy / قَطْعِيّ) auf das spezifische Ausmaß seiner Bedeutung hin.

Mit der allgemeinen Aussage der *Mutakallimūn* (im *'Uṣūl al-Fiqh* die Schafiiten, Malikiten, Hanbaliten): „Der spezifische *Khāṣṣ*-Ausdruck ist im Gegensatz zum *ʿĀmm*-Ausdruck definitiv sicher in seiner Bedeutung (*qaṭʿiyy al-dalālah*)" ist nicht gemeint, dass ein spezifischer *Khāṣṣ*-Ausdruck nicht in einer metaphorischen / uneigentlichen Bedeutung verwendet werden könnte (z. B.: „ein Löwe" für einen starken Mann). Vielmehr meinen sie nicht die lexikalische Bedeutung eines *spezifischen* oder *umfassenden Ausdrucks*, sondern den Unterschied zwischen beiden Ausdrucksformen im Grad der Sicherheit der Umfassendheit und Eventualität der Spezifizierung. So ist ein *Khāṣṣ*-Ausdruck, egal ob im wirklichen / eigentlichen oder in einem metaphorischen / uneigentlichen Sinn, definitiv sicher in seiner Spezifität, ohne eine Eventualität ihrer Spezifizierung. „Ein Löwe" weist definitiv auf eine Einheit hin, egal ob im wirklichen zoologischen Sinn verwendet oder metaphorisch für einen starken Mann. Im Gegensatz zum *ʿĀmm*-Ausdruck in seiner Umfassendheit, da davon ausgenommen werden kann, egal ob im wirklichen / eigentlichen oder in einem metaphorischen / uneigentlichen Sinn. „Alle Löwen" umfasst zwar vordergründig alle(s) auf die(das) Löwe zutrifft, sei es im wirklichen zoologischen oder im metaphorischen Sinn von mutigen Männern, jedoch bleibt die Möglichkeit der spezifizierten Anwendung des Ausdrucks auf einen bestimmten Teil davon, ohne die Gesamtheit aller je existierenden Löwen damit zu meinen.[277]

---

276 Khallāf, 191: "هو لفظ وضع للدلالة على فرد واحد بالشخص مثل محمد، أو واحد بالنوع مثل رجل، أو على أفراد متعددة محصورة مثل ثلاثة[...]و قوم[...]و لا تدل على استغراق جميع الألفاظ"

277 Vgl. al-Zarkashī, II, 199: »Mit ihrer Aussage, der *ʿĀmm*-Ausdruck ist von wahrscheinlicher Bedeutung und der *Khāṣṣ*-Ausdruck ist von definitiver Bedeutung, meinen sie

3.3.2.3 Dieser *spezifische Ausdruck* kann in Hinblick auf weitere ausgesprochene Einschränkungen sein:

A) *al-Muṭlaq* / المُطْلَق – der *uneingeschränkte Ausdruck*,

welcher nicht durch ausgesprochene Einschränkungen weiter eingegrenzt ist.

B) *al-Muqayyad* / المُقَيَّد – der *eingeschränkte Ausdruck*,

welcher durch ausgesprochene Einschränkungen weiter eingegrenzt ist.

Bsp.:[278]

„*Kitāb* / كِتَاب – Buch“ drückt ein Einzelstück (eine Einheit) von dem aus, worauf es zutrifft. Es behandelt aber sein Wesen uneingeschränkt.

---

nicht, dass in der Bedeutung des Ausdrucks definitive Sicherheit liegt. Vielmehr [meinen sie] birgt der *'Āmm*-Ausdruck gewiss die Möglichkeit der Spezifizierung, und der *Khāṣṣ*-Ausdruck birgt sie nicht.«
"قولهم العام ظني الدلالة، والخاص مقطوع الدلالة، لا يريدون به أن دلالة اللفظ فيه قطعية، بل أن العام يحتمل التخصيص، والخاص لا يحتمله.";
vgl. auch al-Mardāwī, V, 2341.
Erläuterndes Beispiel:
„رأيت أسود فينا – Ich sah die Löwen Wiens.“, ob im wirklichen sprachlichen oder im metaphorischen Sinn von „die starken Männer Wiens“, ist ʿāmm ausgedrückt, alle Löwen Wiens umfassend, und kann spezifiziert einen Teil davon meinen, wie z. B.: „außer die in Privatbesitz“.
„رأيت أسود – Ich sah Löwen“, auch wenn starke Männer damit gemeint wären, ist im Ausdruck *khāṣṣ* – spezifisch auf eine gewisse Menge beschränkt und kann nicht auf einen Teil davon spezifiziert sein. Die beabsichtigte Menge kann zwar näher mit weiteren Eigenschaften (wie ausgewachsen, …) beschrieben werden, jedoch wird auch damit die ursprüngliche, spezifisch ausgedrückte Menge nicht spezifiziert, das heißt vom Ganzen, das es beschreibt, etwas ausgenommen und somit in zwei Mengen (eine Beabsichtigte und eine Unbeabsichtigte) geteilt.
Siehe auch *al-Madjāz* / المجاز – Ausdruck im übertragenen / uneigentlichen Sinn, ab S. 80.

278 Wenn der Fachbegriff *Muqayyad* / مقيد oder *Muṭlaq* / مطلق angewendet wird, ist damit immer ein spezifischer / ausgesonderter Ausdruck – *Khāṣṣ* / خاص gemeint; d. h., dass er im Gegensatz zum *'Amm*-Ausdruck (umfassender Ausdruck) nicht alles auf einmal umfasst, worauf er zutrifft. Jedoch kann auch ein *'Amm*-Ausdruck uneingeschränkt (*muṭlaq*) oder eingeschränkt (*muqayyad*) sein. Z. B.: „*al-kutub* / الكتب – die Bücher“, um alle Bücher umfassend generisch zu bezeichnen, oder „*al-kutub al-'arabiyyah* / الكتب العربية“, um alle arabischen Bücher umfassend generisch zu bezeichnen. Dies stellt aber trotzdem in Bezug auf den uneingeschränkten *'Amm*-Ausdruck eine Art seiner Spezifizierung dar.

„*Kitāb(un) ʿarabiyy* / كِتَابٌ عَرَبِيٌّ – arabisches Buch“ hingegen behandelt das Wesen eingeschränkt. Durch die Einschränkung mit „arabisch“ wird ein Einzelstück von nur dieser speziellen Art von arabischen Büchern ohne andere behandelt.

„*Kutub* / كُتُب – Bücher“ drückt eine Anzahl (als unbestimmte Einheit erachtet) von dem, auf das es zutrifft, aus, ohne aber alles, auf das es zutrifft, gleichzeitig zu umfassen.

„*Kutub(un) ʿarabiyyah* / كُتُبٌ عَرَبِيَّة – arabische Bücher“ hingegen behandelt das Wesen eingeschränkt. Durch die Spezifizierung mit „arabische“ wird eine Anzahl von nur dieser speziellen arabischen Art von Büchern ohne die anderen behandelt.

Ein Eingeschränkter *Muqayyad*-Ausdruck kann aber durch weitere ausgesprochene Einschränkungen immer weiter eingegrenzt werden, wie: „*kutub(un) ʿarabiyyat(un) ʿilmiyyah* … / كتب عربية عِلْمِيَّة... – wissenschaftliche … arabische Bücher“.

3.3.2.3.1 Rechtswirkung des Uneingeschränkten und Eingeschränkten Ausdrucks – حكم المطلق و المقيد *:*

3.3.2.3.1.1 Der Uneingeschränkte (*Muṭlaq* / مطلق) Ausdruck ist uneingeschränkt gültig und darf nur auf Grund eines anderen Beleges eingeschränkt werden.

Bsp.:

﴿ وَإِذْ قَالَ مُوسَىٰ لِقَوْمِهِۦٓ إِنَّ ٱللَّهَ يَأْمُرُكُمْ أَن تَذْبَحُوا۟ بَقَرَةً ۖ قَالُوٓا۟ أَتَتَّخِذُنَا هُزُوًا ۖ قَالَ أَعُوذُ بِٱللَّهِ أَنْ
أَكُونَ مِنَ ٱلْجَـٰهِلِينَ ﴿٦٧﴾ قَالُوا۟ ٱدْعُ لَنَا رَبَّكَ يُبَيِّن لَّنَا مَا هِىَ ۚ قَالَ إِنَّهُۥ يَقُولُ إِنَّهَا بَقَرَةٌ لَّا فَارِضٌ
وَلَا بِكْرٌ عَوَانٌۢ بَيْنَ ذَٰلِكَ ۖ فَٱفْعَلُوا۟ مَا تُؤْمَرُونَ ﴿٦٨﴾ قَالُوا۟ ٱدْعُ لَنَا رَبَّكَ يُبَيِّن لَّنَا مَا لَوْنُهَا ۚ قَالَ
إِنَّهُۥ يَقُولُ إِنَّهَا بَقَرَةٌ صَفْرَآءُ فَاقِعٌ لَّوْنُهَا تَسُرُّ ٱلنَّـٰظِرِينَ ﴾

﴾Und als Mūsā zu seinem Volk sagte: „Allah befiehlt euch, daß ihr eine Kuh schlachten sollt!“ Sie sagten: „Machst du dich über uns lustig?“ Er sagte: „Ich nehme Zuflucht bei Allah (davor), daß ich zu den Toren gehöre!“ Sie sagten: „Bitte für uns deinen Herrn, uns Klarheit zu geben, wie sie sein soll!“ Er sagte: „Er (Allah) sagt, es soll eine Kuh sein, die weder zu alt noch zu jung zum Kalben ist, sondern dazwischen, in mittlerem Alter. So tut nun, was euch befohlen wird!“ Sie sagten: „Bitte für uns deinen Herrn uns Klarheit zu geben, welche Farbe sie haben soll!“ Er sagte: „Er (Allah) sagt, es soll eine gelbe Kuh sein, von lebhafter Farbe, die die Betrachter erfreut.“﴿ (2:67-69)

Den Kindern Israels wurde von Allah befohlen, eine Kuh zu schlachten, vorerst ohne jegliche Einschränkungen. Egal welche Kuh sie geschlachtet hätten (alt, weiß…), so hätten sie den Befehl erfüllt. Als sie aber weiter fragten und Allah das Verlangte darauf immer mehr einschränkte (näher bestimmte), war von ihnen verlangt, dies genau so zu erfüllen.[279]

3.3.2.3.1.2 Der Eingeschränkte (*Muqayyad* / مقيد) Ausdruck ist nur in seinem eingeschränkten Ausmaß gültig, solange kein Beleg eine andere Bedeutung für die Einschränkung bestimmt.

3.3.2.3.1.3 Wenn in den Schariatexten ein Ausdruck einmal uneingeschränkt und an anderer Stelle eingeschränkt vorkommt, gibt es folgende vier Variationen:

A) Gleicher Beurteilungsgrund (*Sabab* / سَبَب) – gleiche Beurteilung (*Ḥukm* / حكم) > in der (gleichen, beschriebenen) Fragestellung ist (an beiden Stellen) die Einschränkung gemeint und gültig. Bsp.:

﴿ حُرِّمَتْ عَلَيْكُمُ ٱلْمَيْتَةُ وَٱلدَّمُ [...] ﴾

﴿Verboten wurde euch das Verendete und das Blut [...]﴾ (5:3; e. wörtl. Übers.)

﴿ قُل لَّآ أَجِدُ فِي مَآ أُوحِيَ إِلَيَّ مُحَرَّمًا عَلَىٰ طَاعِمٍ يَطْعَمُهُۥٓ إِلَّآ أَن يَكُونَ مَيْتَةً أَوْ دَمًا مَّسْفُوحًا [...] ﴾

﴿Sag: Ich finde in dem, was mir (als Offenbarung) eingegeben wurde, nichts, das für den Essenden zu essen verboten wäre, außer es ist Verendetes oder ausgeflossenes Blut […]﴾ (6:145)

Im ersten Vers ist das Essen von „*al-dam* / الدم – das Blut“ uneingeschränkt (*Muṭlaq* / مطلق).[280] Im zweiten Vers ist es eingeschränkt (*Muqayyad* / مقيد).[281] Die Beurteilung (*Ḥukm*) in beiden Versen ist das Verbot. Daher gilt das Verbot nur

---

279 Vgl. *Tafsīr* Ibn Djuzayy, *al-Tashīl li-ʿulūm al-tanzīl* (Beirut: Sharikah dar al-′arqam (i)bn ′abī al-′arqam, 1416 h), I, 86; Musnad al-Bazzār, XVII, 71, # 9599: عَنْ أَبِي هُرَيْرَةَ رَضِيَ الله عَنْهُ , عَنِ النَّبِيِّ صَلَّى اللَّهُ عَلَيْهِ وَسَلَّمَ قَالَ إِنَّ بني إسرائيل لو أخذوا أدنى بقرة لأجزأتهم أو لأجزأت عنهم.

280 Der Ausdruck ist hier ein *umfassender uneingeschränkter* Ausdruck (*ʿĀmm muṭlaq* / عام مطلق) (siehe Ausdrucksformen von *ʿĀmm*), denn das Kollektivum „*al-dam* – das Blut“ umfasst hier alles, auf das es zutrifft.

281 Dieser Ausdruck ist eigentlich ein *umfassender eingeschränkter* Ausdruck (*ʿĀmm muqayyad* / عام مقيد). Die Formulierung „*lā* […] *muḥarram(an)* […] *′illā* […] *dam(an) masfūḥ(an)* / لا [...] محرما إلا [...] دما مسفوحا – nichts Verbotenes außer […] vergossenes Blut“ ist hier unbestimmter Singular im Kontext von einerseits Negation, andererseits Ausnahme davon mit genereller Eigenschaft (*ʿumūm al-waṣf*). Vgl. ʿAlā′ al-dīn al-Bukhārī, *Kashf al-′asrār*, II, 28.

mit der erwähnten Einschränkung und ist auch im ersten Vers der von Allah beabsichtigte Sinn.

B) Unterschiedlicher Beurteilungsgrund (*Sabab* / سَبَب) – unterschiedliche Beurteilung (*Ḥukm* / حكم) > die Einschränkung ist nur für den erwähnten Beurteilungsgrund gültig, für den anderen Beurteilungsgrund gilt seine Beurteilung uneingeschränkt. Bsp.:

﴿ وَٱلسَّارِقُ وَٱلسَّارِقَةُ فَٱقْطَعُوٓاْ أَيْدِيَهُمَا جَزَآءَۢ بِمَا كَسَبَا نَكَٰلًا مِّنَ ٱللَّهِ ۗ وَٱللَّهُ عَزِيزٌ حَكِيمٌ ﴾

❰Der Dieb und die Diebin: trennt ihnen ihre Hände ab als Lohn für das, was sie begangen haben, und als ein warnendes Beispiel von Allah […]❱ (5:38)

﴿ يَٰٓأَيُّهَا ٱلَّذِينَ ءَامَنُوٓاْ إِذَا قُمْتُمْ إِلَى ٱلصَّلَوٰةِ فَٱغْسِلُواْ وُجُوهَكُمْ وَأَيْدِيَكُمْ إِلَى ٱلْمَرَافِقِ [...]﴾

❰O die ihr glaubt, wenn ihr euch zum Gebet aufstellt, dann wascht euch das Gesicht und die Hände bis zu den Ellbogen […]❱ (5:6)

„Hände (von beiden) – *ʹaydiyahumā* / أيديهما“ ist im ersten Vers uneingeschränkt (unbestimmt) und im zweiten eingeschränkt (bestimmt) „Hände bis zu den Ellbogen – أيديكم إلى المرافق“ erwähnt. Der Beurteilungsgrund im ersten Vers ist Diebstahl und die Beurteilung die Aufforderung der Abtrennung der Hand ohne Einschränkung. Zweiter Beurteilungsgrund ist die Beabsichtigung des Gebets und die Beurteilung ist die Verpflichtung zur Waschung (unter anderem) der Hände mit der Einschränkung bis zu den Ellbogen.

Da der Beurteilungsgrund und die Beurteilung unterschiedlich sind, darf die Einschränkung nicht übertragen werden und gilt nur für das Beschriebene.

C) Gleicher Beurteilungsgrund (*Sabab* / سَبَب) – unterschiedliche Beurteilung (*Ḥukm* / حكم) > die Einschränkung gilt nur für die erwähnte Beurteilung und darf nicht übertragen werden. Bsp.:

﴿ يَٰٓأَيُّهَا ٱلَّذِينَ ءَامَنُوٓاْ إِذَا قُمْتُمْ إِلَى ٱلصَّلَوٰةِ فَٱغْسِلُواْ وُجُوهَكُمْ وَأَيْدِيَكُمْ إِلَى ٱلْمَرَافِقِ وَٱمْسَحُواْ
بِرُءُوسِكُمْ وَأَرْجُلَكُمْ إِلَى ٱلْكَعْبَيْنِ ۚ وَإِن كُنتُمْ جُنُبًا فَٱطَّهَّرُواْ ۚ وَإِن كُنتُم مَّرْضَىٰٓ أَوْ عَلَىٰ سَفَرٍ أَوْ جَآءَ
أَحَدٌ مِّنكُم مِّنَ ٱلْغَآئِطِ أَوْ لَٰمَسْتُمُ ٱلنِّسَآءَ فَلَمْ تَجِدُواْ مَآءً فَتَيَمَّمُواْ صَعِيدًا طَيِّبًا فَٱمْسَحُواْ
بِوُجُوهِكُمْ وَأَيْدِيكُم مِّنْهُ ۚ [...]﴾

❰O die ihr glaubt, wenn ihr euch zum Gebet aufstellt [euch aufmacht], dann wascht euch das Gesicht und die Hände bis zu den Ellbogen und streicht euch über den Kopf und (wascht euch) die Füße bis zu den Knöcheln. Und wenn ihr im Zustand der Unreinheit seid, dann reinigt euch. Und wenn ihr krank seid oder auf einer Reise oder jemand von euch vom Abort kommt oder ihr Frauen berührt habt und dann kein Wasser findet, so wendet euch dem guten [reinen] Erdboden zu und streicht euch damit über das Gesicht und die Hände. […]》 (5:6)

„Hände" ist an erster Stelle eingeschränkt (bestimmt) mit „bis zu den Ellbogen". An letzter Stelle ist es uneingeschränkt (unbestimmt). Anzumerken ist hier, dass im Arabischen „*yad* – Hand" gesamter Arm mit der Hand bis zur Schulter, bis zum Ellbogen oder nur Hand bis zum Handgelenk bedeuten kann.

Der Beurteilungsgrund (*Sabab*) ist gleichfalls das „Aufstehen" Aufmachen zum Gebet. Die Beurteilung (*Ḥukm*) ist hingegen unterschiedlich: Anordnung zur Waschung (mit Wasser) an erster Stelle, und Anordnung zum darüber Streichen (Staub-„Reinigung") an zweiter.

Die Einschränkung (näher Bestimmung) „bis zu den Ellbogen" der zu „reinigenden" Hände gilt hierbei nur für die erwähnte Waschung und kann nicht aufgrund dieses Verses auf die Staub-„Reinigung" (*Tayammum* / تيمم) übertragen werden.

D) Unterschiedlicher Beurteilungsgrund (*Sabab* / سَبَب) – gleiche Beurteilung (*Ḥukm* / حكم)

Hier gibt es **Meinungsverschiedenheiten** über die korrekte Vorgehensweise:

a) Nach den Hanafiten und meisten Malikiten darf die Einschränkung nicht übertragen werden und gilt nur für den erwähnten Beurteilungsgrund.

b) Nach den Schafiiten und Hanbaliten wird die Einschränkung auf das Uneingeschränkte übertragen und gilt gleichermaßen für beide Beurteilungsgründe.[282]

Bsp.: ﴿ وَٱلَّذِينَ يُظَٰهِرُونَ مِن نِّسَآئِهِمْ ثُمَّ يَعُودُونَ لِمَا قَالُواْ فَتَحْرِيرُ رَقَبَةٍ مِّن قَبْلِ أَن يَتَمَآسَّا [...]﴾

《Diejenigen, die sich von ihren Frauen durch den Rückenschwur[283] trennen und hierauf dann doch zu dem zurückkehren, was sie gesagt haben [Wiederaufnahme der Ehe], (sollen [/ müssen]) einen Sklaven befreien, bevor sie beide einander berühren […]》 (58:3)

﴿ وَمَا كَانَ لِمُؤْمِنٍ أَن يَقْتُلَ مُؤْمِنًا إِلَّا خَطَـًٔا ۚ وَمَن قَتَلَ مُؤْمِنًا خَطَـًٔا فَتَحْرِيرُ رَقَبَةٍ مُّؤْمِنَةٍ [...]﴾

282 A.K. Zaydān, 212; al-Djuday', *Taysīr 'ilm 'uṣūl al-fiqh*, 219; Khallāf, 193 f.

283 Die Aussage des Ehemannes zu seiner Frau: „Du bist mir verboten wie der Rücken meiner Mutter (der Beischlaf mit ihr)!", was eine im Arabischen bekannte, niedrige Formulierung zur Trennung war. Vgl. al-Qurṭubī, al-*Djāmi' li-'aḥkām al-Qur'ān / Tafsīr al-Qurṭubī* (Kairo: Dār al-kutub al-miṣriyyah, 2. Aufl. 1964), XVII, 280 ff.

﴾[…] und wer einen Gläubigen aus Versehen tötet, (der hat) einen gläubigen Sklaven (zu) befreien […]﴿ (4:92)

„Sklave – *raqabah* / رقبة“ ist im ersten Vers uneingeschränkt (unbestimmt) und im zweiten eingeschränkt (bestimmt) als „gläubiger Sklave – رقبة مؤمنة“ erwähnt. Der Beurteilungsgrund im ersten Vers ist der Rückenschwur und im zweiten die unabsichtliche Tötung. Die Beurteilung ist in beiden Fällen die Vorschreibung einer Sühne (*Kaffārah* / كفارة).

Beim gebrochenen Rückenschwur ist bei den Schafiiten im Gegensatz zu den Hanafiten als Sühne notwendig, dass der befreite Sklave ein Gläubiger ist.

3.4 Ausdruck (*Ṣīghah*) der Anordnung (*'Amr* / الأمْر) und Untersagung (*Nahy* / النَّهْي)

(Die Ausdrucksformen der Anordnung und Untersagung werden meist unter *al-Khāṣṣ* (spezifischer / ausgesonderter Ausdruck) behandelt, da damit eine spezifische Angelegenheit, das Verlangen einer Handlung / Unterlassung beabsichtigt ist.)[284]

Eine weitere *'Uṣūl*-Thematik mit direkten Folgen für die Islamrechtsprechung und Textauslegung ist das Thema der Ausdrücke der Anordnung und Untersagung, wenn sie von einer übergeordneten Autorität (hier in erster Linie die Offenbarungsquellen Koran und *Sunnah*) stammen. Misst man diesen Ausdrucksformen grundsätzlich (*ẓāhir* – vordergründig) einen verpflichtenden oder anratenden Charakter bei und unter welchen Umständen und mit welchen Mitteln können sie von dieser vordergründigen Bedeutung abgewendet werden? Oder sind diese Ausdrucksformen an sich gar darin unklar (*mudjmal*)?[285]

284 Siehe al-Djuday', *Taysīr 'ilm 'uṣūl al-fiqh*, 220.

285 Vgl. al-Djuday', *Taysīr 'ilm 'uṣūl al-fiqh*, 220 ff., 230; Khallāf, 194 ff.; 'Abū Zahrah, 162 f., 167 f.; al-Zuḥaylī, I, 214-218, 227-230.

3.4.1 A) Ausdruck der Anordnung – *Ṣīghah al-′Amr* / صِيغَةُ الأَمْر :

Definition: »**Der Ausdruck, welcher seitens einer übergeordneten Autorität zum Verlangen einer Handlung verwendet wird**«[286]

Das Verlangen aus einer gleichgestellten oder untergeordneten Stellung ist keine Anordnung, sondern ein Ersuchen oder Bitten oder - an Allah gerichtet - ein *Du ʿā′* (Bittgebet).[287]

3.4.1.1 Die wichtigsten Ausdrucksformen der Anordnung sind:

1) Imperativ-Verb – *fi ʿl al-′amr* / فِعْلُ الأَمْر; (wie in der Form: *ifʿal* / اِفْعَلْ). Bsp.:

﴿ٱدْعُ إِلَىٰ سَبِيلِ رَبِّكَ بِٱلْحِكْمَةِ وَٱلْمَوْعِظَةِ ٱلْحَسَنَةِ ۖ وَجَٰدِلْهُم بِٱلَّتِى هِىَ أَحْسَنُ [...]﴾

﴿Rufe zum Weg deines Herrn mit Weisheit und schöner Ermahnung, und disputiere mit ihnen in bester Weise [...]﴾ (16:125; mod. Übers.)

2) Verb im Präsens, angeführt mit einem Imperativ-„*lām* / ل“ – فعل مضارع مسبوق بلام الأمر; (wie in der Form: لِيَفْعَلْ). Bsp.:

﴿[...] فَمَن كَانَ يَرْجُوا۟ لِقَآءَ رَبِّهِۦ فَلْيَعْمَلْ عَمَلًا صَٰلِحًا [...]﴾

﴿[...] wer nun auf die Begegnung mit seinem Herrn hofft, so muss er gute Taten tun [...]﴾ (18:110; mod. Übers.)

3) Der Satz in Bedeutung von Anordnung / Aufforderung – جملة خبرية في معنى الطلب. Bsp.:

﴿وَٱلْوَٰلِدَٰتُ يُرْضِعْنَ أَوْلَٰدَهُنَّ حَوْلَيْنِ كَامِلَيْنِ ۖ لِمَنْ أَرَادَ أَن يُتِمَّ ٱلرَّضَاعَةَ [...]﴾

﴿Und die Mütter stillen ihre Kinder zwei volle Jahre. (Das gilt) für jemanden, der das Stillen zu Ende führen will [...]﴾ (2:233). Damit ist nicht die bloße Benachrichtigung über eine Situation gemeint, sondern die grundsätzliche Darstellung einer Beurteilung / Norm.

---

286 Ebda: "هو اللفظ المستعمل لطلب الفعل على وجه الاستعلاء".

287 al-Zuḥaylī, I, 214 f.

3.4.1.2 Die Rechtswirkung des Ausdrucks der Anordnung – حكم صيغ الأمر

Der Ausdruck der Anordnung bedeutet Verpflichtung (Wudjūb / وجوب), solange kein maßgeblicher Beleg eine andere mögliche Bedeutung (Empfehlung, Gestattung) festlegt.[288]

Dieser Ausdruck ist vordergründig (*ẓāhir* / ظاهر) in der Verpflichtung (*Wudjūb* / وُجوب), jedoch besteht die Möglichkeit zur Bedeutung (*ma'nā muḥtamal* / معنى محتمل) von Empfehlung (*Nadb* / ندب) oder auch Gestattung (*'Ibāḥah* / إباحة). Diese andere Auslegung (*Ta'wīl* / تأويل) des Ausdrucks wäre aber nur mit einem maßgeblichen Beleg möglich.[289]

Belege für diese Regel:

Sprachlich ist die wirkliche / eigentliche Bedeutung der Anordnung (Befehlsform) die Verpflichtung. Diese wirkliche Bedeutung ist einer übertragenen sprachlich immer vorzuziehen, solange nicht etwas anderes belegt ist.

Einige Verse bestätigen diese Regel klar, z.B.:

﴿ وَمَا كَانَ لِمُؤْمِنٍ وَلَا مُؤْمِنَةٍ إِذَا قَضَى ٱللَّهُ وَرَسُولُهُۥٓ أَمْرًا أَن يَكُونَ لَهُمُ ٱلْخِيَرَةُ مِنْ أَمْرِهِمْ ۗ وَمَن يَعْصِ ٱللَّهَ وَرَسُولَهُۥ فَقَدْ ضَلَّ ضَلَٰلًا مُّبِينًا ﴾

﴿Weder für einen gläubigen Mann noch für eine gläubige Frau gibt es, wenn Allah und Sein Gesandter eine Angelegenheit [einen Befehl – *'Amr* / أمر] entschieden haben, die Möglichkeit, in ihrer Angelegenheit zu wählen. Und wer sich Allah und Seinem Gesandten widersetzt, der befindet sich ja in deutlichem Irrtum.﴾ (33:36)

﴿ [...] فَلْيَحْذَرِ ٱلَّذِينَ يُخَالِفُونَ عَنْ أَمْرِهِۦٓ أَن تُصِيبَهُمْ فِتْنَةٌ أَوْ يُصِيبَهُمْ عَذَابٌ أَلِيمٌ ﴾

﴿[…] so sollen diejenigen, die Seinem Befehl zuwiderhandeln, sich vorsehen, dass nicht eine Versuchung [/ Prüfung] sie trifft oder schmerzhafte Strafe sie trifft.﴾ (24:63)

﴿ [...] لَّا يَعْصُونَ ٱللَّهَ مَآ أَمَرَهُمْ وَيَفْعَلُونَ مَا يُؤْمَرُونَ ﴾

über die *Malā'ikah* (Engel) sagt Allah: ﴿[…] sie widersetzen sich Allah nicht in dem, was Er ihnen angeordnet (befohlen - *'amara(hum)*) hat und tun, was ihnen angeordnet (befohlen) wird.﴾ (66:6; e. Übers.)

---

288 الأمر يفيد الوجوب ما لم تصرفه عنه قرينة إلى معنى محتمل كالندب أو الإباحة

289 al-Djuday', Taysīr 'ilm 'uṣūl al-fiqh, 222; al-Bādjī, I, 201 # 51, 203 # 53.

3.4.1.2.1 Mögliche Bedeutungen, bestimmt durch einen maßgeblichen, zusammenhängenden Beleg (Qarīnah / قرينة):

A) Empfehlung – *al-Nadb* / الندب

Bsp.: Im *Ḥadīth* bei Bukhārī und Muslim überliefert 'Abū Qatādah al-Sulaymī, dass der Gesandte Allahs (sas) gesagt hat: »{Wenn jemand von euch in die Moschee eintritt, so bete er zwei *Rak'ah*, bevor er sich hinsetzt. – إذا دخل أحدكم المسجد فليركع ركعتين قبل أن يجلس.}« (Bu, I, 96, # 444; Mu, I, 495, # 714)

Dass hier mit der wörtlichen Anordnung eine Empfehlung gemeint ist, ergibt sich aus anderen *'Aḥādīth*, in denen die Anzahl der Pflichtgebete auf fünf beschränkt wird. Beispielsweise ist diese Beschränkung ersichtlich in folgendem Ausschnitt des *Ḥadīth*, überliefert von Ṭalḥah ibn 'Ubayd Allāh ebenfalls in Bukhārī und Muslim: »[…] {Fünf Gebete pro Tag und Nacht [24h].} So sagte er [der Beduine]: „Muss ich noch andere machen?" Er [der Prophet (sas)] sagte: {Nein, außer, dass du etwas (zusätzlich) freiwillig tust!} […]« (Bu, I, 18, # 46).[290]

B) Gestattung – *al-'Ibāḥah* / الإباحة. Bsp.:

﴿[...] وَكُلُوا۟ وَٱشْرَبُوا۟ حَتَّىٰ يَتَبَيَّنَ لَكُمُ ٱلْخَيْطُ ٱلْأَبْيَضُ مِنَ ٱلْخَيْطِ ٱلْأَسْوَدِ مِنَ ٱلْفَجْرِ [...]﴾

﴿[…] eßt und trinkt, bis sich für euch der weiße vom schwarzen Faden der Morgendämmerung klar unterscheidet! […]﴾ (2:187)

Mit dem Ausdruck der Anordnung zum Essen und Trinken ist hier die Gestattung / Erlaubnis gemeint, da dies zuvor, während des Fastens tagsüber verboten war. Und die Anordnung nach der Untersagung bedeutet, dass das ehemals Verbotene wieder seinen ursprünglichen (normalen) *Ḥukm* annimmt.[291]

C) Andere Bedeutungen wie: Herausforderung, Bedrohung,…
Bsp. für Herausforderung mit dem Aufzeigen der Unfähigkeit:

---

290 طَلْحَةَ بْنَ عُبَيْدِ اللهِ، يَقُولُ: جَاءَ رَجُلٌ إِلَى رَسُولِ اللهِ صَلَّى اللهُ عَلَيْهِ وَسَلَّمَ مِنْ أَهْلِ نَجْدٍ ثَائِرَ الرَّأْسِ، يُسْمَعُ دَوِيُّ صَوْتِهِ وَلاَ يُفْقَهُ مَا يَقُولُ، حَتَّى دَنَا، فَإِذَا هُوَ يَسْأَلُ عَنِ الإِسْلاَمِ، فَقَالَ رَسُولُ اللهِ صَلَّى اللهُ عَلَيْهِ وَسَلَّمَ: «خَمْسُ صَلَوَاتٍ فِي اليَوْمِ وَاللَّيْلَةِ». فَقَالَ: هَلْ عَلَيَّ غَيْرُهَا؟ قَالَ: «لاَ، إِلَّا أَنْ تَطَوَّعَ». قَالَ رَسُولُ اللهِ صَلَّى اللهُ عَلَيْهِ وَسَلَّمَ: «وَصِيَامُ رَمَضَانَ». قَالَ: هَلْ عَلَيَّ غَيْرُهُ؟ قَالَ: «لاَ، إِلَّا أَنْ تَطَوَّعَ». قَالَ: وَذَكَرَ لَهُ رَسُولُ اللهِ صَلَّى اللهُ عَلَيْهِ وَسَلَّمَ الزَّكَاةَ، قَالَ: هَلْ عَلَيَّ غَيْرُهَا؟ قَالَ: «لاَ، إِلَّا أَنْ تَطَوَّعَ». قَالَ: فَأَدْبَرَ الرَّجُلُ وَهُوَ يَقُولُ: وَاللهِ لاَ أَزِيدُ عَلَى هَذَا وَلاَ أَنْقُصُ، قَالَ رَسُولُ اللهِ صَلَّى اللهُ عَلَيْهِ وَسَلَّمَ: «أَفْلَحَ إِنْ صَدَقَ

291 Dies ist die Meinung einiger Schafiiten und Hanbaliten sowie al-Kamāl ibn Humām's von den Hanafiten. Al-Shāfi'ī, viele Hanbaliten und die meisten Malikiten sind der Meinung, dass dies grundsätzlich Gestattung (*'Ibāḥah*) bedeutet. Die allgemeine Ansicht der meisten Hanafiten ist, dass dies bei seiner Grundbedeutung der Verpflichtung bleibt, solange es keinen anderen maßgeblichen Beleg gibt. al-Djuday', *Taysīr 'ilm 'uṣūl al-fiqh*, 226 f.; al-Zuḥaylī, I, 219 f.; A. K. Zaydān, 295 f.

﴿ وَإِن كُنتُمْ فِي رَيْبٍ مِّمَّا نَزَّلْنَا عَلَىٰ عَبْدِنَا فَأْتُوا۟ بِسُورَةٍ مِّن مِّثْلِهِۦ وَٱدْعُوا۟ شُهَدَآءَكُم مِّن دُونِ ٱللَّهِ إِن كُنتُمْ صَٰدِقِينَ ﴾

﴿Und wenn ihr im Zweifel über das seid, was Wir Unserem Diener offenbart haben, dann bringt doch eine Sūra gleicher Art bei und ruft eure Zeugen außer Allah an, wenn ihr wahrhaftig seid!﴾ (2:23)

3.4.1.2.2 Verlangt der Ausdruck der Anordnung die wiederholte Ausführung (al-tikrār / ٱلتِّكْرَار) oder die sofortige Ausführung (al-fawr / ٱلْفَوْر)?

Die Mehrheit der Gelehrten ist sich einig, dass der bloße Ausdruck der Anordnung ohne einen weiteren Beleg nur die einmalige Ausführung vorschreibt und nicht weitere Male.

Die meisten Hanbaliten vertreten jedoch die Meinung, dass der Ausdruck der Anordnung die lebenslang wiederholte Ausführung verlangt, solange dies möglich ist und kein Beleg etwas anderes bestimmt.[292]

Nach vielen Malikiten, vielen Hanbaliten und al-Karkhī von den Hanafiten drückt der Ausdruck der Anordnung grundsätzlich die Verpflichtung zur sofortigen Ausführung aus, sofern nichts anderes festgelegt ist.

Die meisten Hanafiten und Schafiiten und manche Malikiten[293] sehen jedoch nicht die Verpflichtung zur sofortigen Ausführung, sofern nichts anderes bestimmt ist.[294] Doch ist die Beeilung zur baldigen Erfüllung grundsätzlich etwas Vorzügliches,[295] wie auch durch den folgenden Vers ausgedrückt ist.

﴿ وَسَارِعُوٓا۟ إِلَىٰ مَغْفِرَةٍ مِّن رَّبِّكُمْ وَجَنَّةٍ عَرْضُهَا ٱلسَّمَٰوَٰتُ وَٱلْأَرْضُ أُعِدَّتْ لِلْمُتَّقِينَ ﴾

﴿Und beeilt euch um Vergebung von eurem Herrn und (um) einen (Paradies)garten, dessen Breite (wie) die Himmel und die Erde ist. Er ist für die Gottesfürchtigen bereitet,﴾ (3:133)

Bsp. für Meinungsverschiedenheiten: sofortige Verrichtung der Hadsch bei der Fähigkeit dazu; sofortige Entrichtung der Zakat; Nachfasten von versäumten Ramadantagen, …

---

292 al-Djuday', *Taysīr 'ilm 'uṣūl al-fiqh*, 227 f.; al-Zuḥaylī, I, 220 f.; A.K. Zaydān, 297.

293 al-Bādjī, *'Iḥkām al-fuṣūl fī 'aḥkām al-'ūṣūl* (Beirut: Dār al-gharb al-'islāmī, 2. Aufl. 1995), I, 218, # 80.

294 Anmerkungen von al-Namlah bei Ibn Qudāmah, II, 623; al-Zuḥaylī, I, 225; A.K. Zaydān, 298 f.

295 A.K. Zaydān, 299.

3.4.2 B) Ausdruck der Untersagung – *Ṣīghah al-Nahy* / صِيغَةُ النَّهْيِ :

Definition: »**Der Ausdruck, welcher seitens einer übergeordneten Autorität für das Verlangen der Unterlassung (einer Handlung) verwendet wird.**«[296]

3.4.2.1 Wichtigste Ausdrucksform der Untersagung:

- Verb im Präsens nach einem Untersagungs-„*lām-′alif* / لا“ – الفعل المضارع المجزوم ب(لا) الناهية; (wie in der Form: لا تَفْعَلْ).

Es gibt einige weitere Ausdrucksformen für die Untersagung. Darunter sind direkte wörtliche wie: „*ḥurrim(a) ʿalay-kum* / حُرِّمَ عليكم – verboten ist euch“, „*yanhā ʿan* / يَنْهَى عن – er untersagt“, „*lā yaḥill(u) la-kum* / لا يَحِلُّ لكم – nicht erlaubt ist euch“, usw., aber auch aus den Folgen (Androhung von Strafe, Verfluchung) verstandene Untersagungsausdrücke.

3.4.2.2 Die Rechtswirkung des Ausdrucks der Untersagung – حكم صيغ النهي

Der Ausdruck der Untersagung bedeutet Verbot (Taḥrīm / تَحْرِيم), solange kein maßgeblicher zusammenhängender Beleg (Qarīnah / قرينة) eine andere mögliche Bedeutung (Verabscheuung,...) festlegt.[297]

Dieser Ausdruck ist vordergründig (*ẓāhir* / ظاهر) im Verbot (*Taḥrīm* / تحريم), jedoch besteht die Möglichkeit zur Bedeutung (*maʿnā muḥtamal* / معنى محتمل) von Verabscheuung (*Kirāhiyyah* / كِرَاهِيَّة). Diese andere Auslegung (*Ta′wīl* / تأويل) des Ausdrucks wäre aber nur mit einem maßgeblichen Beleg möglich.[298]

Ein Beispiel für die vorzuziehende Bedeutung der Verabscheuung, bestimmt durch einen maßgeblichen zusammenhängenden Beleg (*Qarīnah* / قرينة), ist:

﴿[...] لَا تَسْـَٔلُوا۟ عَنْ أَشْيَآءَ إِن تُبْدَ لَكُمْ تَسُؤْكُمْ وَإِن تَسْـَٔلُوا۟ عَنْهَا حِينَ يُنَزَّلُ ٱلْقُرْءَانُ تُبْدَ لَكُمْ عَفَا ٱللَّهُ عَنْهَا [...]﴾

﴾[...] fragt nicht nach Dingen, die, wenn sie euch offengelegt werden, euch leid tun, wenn ihr nach ihnen fragt zu der Zeit, da der Qur′ān offenbart wird, sie euch (gewiss) offengelegt werden, wo Allah sie übergangen hat [...]﴿ (5:101)

---

296 al-Djuday‘, *Taysīr ʿilm ʿuṣūl al-fiqh*, 230: "هو اللفظ المستعمل لطلب الترك على وجه الاستعلاء".

297 النهي يفيد التحريم ما لم تصرفه عنه قرينة إلى معنى محتمل كالكراهية

298 al-Djuday‘, *Taysīr ʿilm ʿuṣūl al-fiqh*, 230 f.; al-Zuḥaylī, I, 229 f.; siehe auch Khallāf: 197.

3.4.2.2.1 Der Ausdruck der Untersagung verlangt die sofortige (al-fawr) und andauernde (al-tikrār – wiederholte) Unterlassung.

3.4.2.2.2 Bedeutet die Untersagung die Ungültigkeit der damit verbundenen Handlung, falls sie begangen wird?

Falls die Ungültigkeit oder Gültigkeit des Untersagten oder der damit verbundenen Handlung durch einen Schariabeleg bestimmt wird, gilt die jeweilige Beurteilung.[299] Ist dies nicht der Fall, muss zwischen verschiedenen Situationen unterschieden werden:

A) Das Untersagte ist die eigentliche Handlung oder ein Teil davon.

Dies lässt die Handlung an sich ungültig sein, und sie hat keine islamrechtliche Wirksamkeit.

Z.B.: ein Ehevertrag ohne Äußerung des Einverständnisses beider Vertragspartner – der Ehevertrag ist nicht zustande gekommen und hat keinerlei rechtliche Wirksamkeit.

Ebenso: Verkauf von etwas Inexistentem oder von etwas, das man nicht besitzt oder nicht besitzen kann (Luft…).

B) Das damit verbundene Untersagte ist unabhängig von der eigentlichen Handlung.

a) Nach der Mehrheit der Gelehrten ist die unabhängige Handlung gültig, jedoch stellt die Ausführung des Untersagten eine Sünde dar.
b) Bei den Zahiriten und Hanbaliten wird die unabhängige Handlung durch die Begehung des damit verbundenen Untersagten ungültig.

Z.B.: Verbot, in gestohlener Kleidung zu beten – macht es das Gebet ungültig? Verbot von Handel nach dem Gebetsruf zum Freitagsgebet – macht es den Handel ungültig?

C) Das Untersagte ist zwar kein eigentlicher Teil der Handlung, aber sie ist davon abhängig (Bedingung – *Sharṭ* / شرط).

a) Nach der Mehrheit der Gelehrten wird die Handlung durch das Begehen des Untersagten ungültig und hat keinerlei rechtliche Wirksamkeit.

299 Bsp.: 'Abū Hurayrah überliefert vom Propheten (sas): »{Staut nicht die Milch von Kamel und Schaf [durch Unterlassen des Melkens eine Zeit lang, damit sie beim Verkauf als viel Milch gebendes Tier aussieht]. Wer diese danach kauft [und durch Melken den Schwindel entdeckt], so hat er die Wahl zur Rückgabe, nachdem er es gemolken hat. Wenn er will, behält er es, und wenn er will, gibt er es zurück und ein *Ṣā'*-Maß an Datteln}« (Bu, III, 70, # 2148): قَالَ أَبُو هُرَيْرَةَ رَضِيَ اللهُ عَنْهُ، عَنِ النَّبِيِّ صَلَّى اللهُ عَلَيْهِ وَسَلَّمَ: " لاَ تُصَرُّوا الإِبِلَ وَالغَنَمَ، فَمَنِ ابْتَاعَهَا بَعْدُ فَإِنَّهُ بِخَيْرِ النَّظَرَيْنِ بَعْدَ أَنْ يَحْتَلِبَهَا: إِنْ شَاءَ أَمْسَكَ، وَإِنْ شَاءَ رَدَّهَا وَصَاعَ تَمْرٍ"

b) Die Hanafiten unterscheiden hier zwischen einerseits rituell-gottesdienstlichen Handlungen (*ʿIbādāt* / عبادات) und andererseits zwischenmenschlichen Handlungen (*Muʿāmalāt* / مُعامَلات).

Bei rituell-gottesdienstlichen Handlungen (*ʿIbādāt* / عبادات) wird die Handlung durch die Begehung des Verbotenen ungültig und hat auch bei den Hanafiten keinerlei islamrechtliche Wirkung.

Z.B.: Verrichtung des Gebets ohne Erfüllung der rituellen Reinheit, welche eine Bedingung für die Gültigkeit ist, ohne eine eigentliche Gebetshandlungen zu sein.

Bei den zwischenmenschlichen Handlungen gilt der Vertrag gewissermaßen als existent mit der gültigen Erfüllung seiner eigentlichen Elemente (*'Arkān* / أركان). Das Verbot, bzw. die Ungültigkeit von damit verbundenen Bedingungen (*Shurūṭ* / شُرُوط) führt zur eingeschränkten Ungültigkeit, welche trotzdem gewisse islamrechtliche Folgen mit sich zieht. Dies wird bei den Hanafiten dann als *fāsid* / فَاسِد – verdorben und nicht als *bāṭil* / بَاطِل – ungültig bezeichnet (Bei den anderen gelten beide Begriffe als Synonyme). Wären Grundbestandteile / eigentliche Elemente (*'Arkān* / أركان) eines Vertrages unzulässig, so würde dieser Vertrag als *bāṭil* / بَاطِل – ungültig gewertet.[300]

Z.B.: Ehevertrag mit Äußerung des Einverständnisses beider Vertragspartner (Grundbestandteil – *Rukn*), jedoch ohne Anwesenheit von zwei Trauzeugen[301] (Bedingung – *Sharṭ*). Dieser Vertrag wird nach Ehevollzug als *fāsid* / فَاسِد – verdorben bezeichnet und muss annulliert werden, jedoch zieht er gewisse Folgen mit sich, wie die Verpflichtung zum *Mahr* (Brautgabe), die Wartezeit, die Zuschreibung der aus der unzulässig „geschlossenen" Ehe hervorgegangenen Kinder der Abstammung des Vaters. Jedoch besteht zwischen Mann und Frau dadurch keine Erbberechtigung oder Unterhaltspflicht, bevor nicht ein neuer gültiger Vertrag geschlossen wurde. Würde aber die Äußerung des Einverständnisses eines Vertragspartners (ein Grundbestandteil – *Rukn* / رُكْن des Vertrages) fehlen, so wäre der Vertrag *bāṭil* / بَاطِل – ungültig / nichtig und hätte somit keinerlei islamrechtliche Gültigkeits-Folgen.[302]

300 Zuḥaylī, I, 231-236; al-Djudayʿ, *Taysīr ʿilm ʿuṣūl al-fiqh*, 233-236; A.K. Zaydān, 303 f.

301 Bei den Hanafiten sind die Trauzeugen ein *Sharṭ* und kein *Rukn*.

302 Amir Zaidan und Ali Barhoum, *Ernährungs und Bekleidungsgebote Ehe,- Scheidungs- und Erbschaftsrecht Kaffara und Waqf* (Islamologisches Institut, 2006), 50.

4 *'Uṣūl*-Regeln der Widersprüchlichkeit zwischen Schariabelegen und ihre Auflösung –*Ta'āruḍ al-'adillah wa 'izālatuh*

القواعد في تعارض الأدلة و إزالته

Nachdem in den vorhergehenden Kapiteln die Schariabelege und die sprachlichen Regeln der Textinterpretation von Offenbarungstexten behandelt wurden, befasst sich dieses Kapitel mit den eventuellen Widersprüchlichkeiten, die sich zwischen diesen ergeben könnten und mit der Frage, durch welche Maßnahmen sie aufgelöst werden müssen.

4.1 Widersprüchlichkeit von Schariabelegen – *Ta'āruḍ al-'Adillah* / تَعارُض الأدِلَّة

4.1.1 Definition von *Ta'āruḍ* und Differenzierung:

Sprachlich bedeutet „*ta'āruḍ (bayn) 'amrayn* / تعارض (بين) أمرين": Widersprüchlichkeit (zwischen) zweier Sachen – »das Widersprechen eines jedem von ihnen dem anderen«.[303]

Fachspezifisch bedeutet „Widersprüchlichkeit zwischen zwei Schariabelegen (التعارض بين الدَّليلَين الشَّرعِيَّين)":

das Verlangen eines jeden von beiden zur gleichen Zeit in gleicher Angelegenheit nach einer dem anderen widersprechenden Beurteilung *(Ḥukm* / حُكم).[304]

Daraus ergibt sich, dass es sich zur Verwirklichung einer Widersprüchlichkeit um die exakt gleiche Fragestellung handeln muss und auch beide Belege gleichzeitig Gültigkeitsanspruch haben, also nicht abrogiert wurden.

Da die Belege verschiedener Natur sind, ist auch die Möglichkeit der Widersprüchlichkeit zwischen ihnen unterschiedlich. Nach der Betrachtung und Unter-

---

303 Khallāf, 229; vgl. al-Miṣbāḥ al-Munīr s. v. (عرض); al-Zuḥaylī, II, 451.

304 Khallāf, 229; vgl. al-Zuḥaylī, II, 451.

teilung der Natur der Belege folgt eine Übersichtstabelle[305], um die möglichen Felder von theoretischer, scheinbarer und wirklicher / realer Widersprüchlichkeit zu verdeutlichen.

Unterschiedliche Natur der Schariabelege:

Hinsichtlich ihres Ursprungs:

(N) *naqliyy* / نَقْلِيّ – überliefert; damit sind Überlieferungen aus Koran oder *Sunnah* gemeint.

(A) *ʿaqliyy* / عَقْلِيّ – vernunftmäßig, rational; dies meint mitunter oder ausschließlich auf geistigen Überlegungen basierende Belege.

z. B.: ein *Qiyās* (Analogiebildung), basierend auf einer *ʿIllah mustanbaṭah* / عِلَّة مُسْتَنْبَطَة – mit dem Verstand schariakonform-extrahierte Wirkungsursache der Beurteilung, wie das Verbot von Verkauf mit dem Hören des *ʾĀdhān* (Gebetsruf) zum Freitagsgebet. Die *ʿIllah mustanbaṭah* für diesen *Ḥukm* (Beurteilung) ist: das Abhalten von der Anwesenheit beim Gebet. Diese *ʿIllah* (Wirkungsursache) finden wir auch in anderen Handlungen als dem Verkauf, welche nicht in einem Schariatext erwähnt sind, wie Mietverträge, Heiratsvertrag etc. Diesen Verträgen wird deshalb auch derselbe *Ḥukm* (Verbot) gegeben, basierend auf einer *ʿIllah mustanbaṭah* (mit dem Verstand schariakonform-extrahierte Wirkungsursache).

Hinsichtlich der Gewissheit ihrer Argumentationsstärke:

(q) *qaṭʿiyy* / قَطْعِيّ – definitiv sicher

(ẓ) *ẓanniyy* / ظَنِّيّ – wahrscheinlich / angenommen sicher

---

305 Vgl. zur Übersichtstabelle (4.1.2) auf der kommenden Seite die folgenden Quellen: al-Zuḥaylī, II, 451 ff.; Khallāf, 229 f.; al-Djudayʿ, *Taysīr ʿilm ʿuṣūl al-fiqh*, 319 f.

4.1.2 Tabelle zur Möglichkeit des Auftretens von Widersprüchlichkeit zwischen Schariabelegen:

	Möglichkeit des Widerspruchs	**1. Beleg** (welcher zur gleichen Zeit und Angelegenheit, einen dem zweiten Beleg widersprechenden *Ḥukm* (Beurteilung) verlangt)		**2. Beleg**
(q) *qaṭʿiyy* - definitiv sichere Belege	**weder realer noch scheinbarer Widerspruch mögl.**, denn Allah ist unfehlbar und machte auch Seinen Gesandten unfehlbar in Religionsangelegenheiten (S. 46)	(N/q) *naqliyy* (Koran / *S. mutawātirah*)		(N/q)
		(q) *qaṭʿiyy al-thubūt wa al-dalālah* definitiv sicher in Authentizität (*Thubūt*) der Überlieferung (*mutawātir*) sowie in Klarheit / Bedeutung der Aussage (*Dalālah*) (*naṣṣ*)		(q) in *Th. / Da.*
	Vernunftmäßig definitiv sichere Belege können einander nicht widersprechen, z. B.: 1+1=2 kann nicht 3-1=2 widersprechen.	(A/q) *ʿaqliyy* (vernunftmäßig / rational)		(A/q)
	Zwei definitiv sichere Belege können sich vernunftgemäß nicht widersprechen, auch wenn sie verschiedenen Ursprungs sind.	(N/q)		(A/q)
		(q) *qaṭʿiyy al-Thubūt wa al-dalālah* definitiv sicher in Authentizität u. Klarheit		
(ẓ) *ẓanniyy* – wahrscheinl. / angenommen sichere Belege		(N/ẓ)		(N/ẓ)
	nur scheinbarer Widerspruch (*ẓāhir al-Taʿāruḍ*) durch beschränktes Verständnis (des *Mudjtahid*) **möglich, realer Widerspruch unmöglich**	*qaṭʿiyy al-thubūt* definitiv sicher in Authentizität	*ẓanniyy al-dalālah* vordergründig in der Klarheit / Bedeutung (*ẓāhir*)	
	realer Widerspruch möglich durch unwahrscheinliche Möglichkeit eines Fehlers in der Überlieferung.	*ẓanniyy th.* wahrscheinl. sicher in Auth. (*Sunnah 'Āḥād*: *ṣaḥīḥ* od. *ḥasan*)	*qaṭʿiyy da.* definitiv sicher, eindeutig (*naṣṣ*) in der Klarheit	
	realer und scheinbarer Widerspruch möglich	*ẓanniyy th.* wahrscheinl. Auth.	*ẓanniyy da.* vordergründige Bedeutung	
	realer Widerspruch möglich durch möglichen Fehler in rationaler Schlussfolgerung	(A/ẓ)		(A/ẓ)
	realer und scheinbarer Widerspruch möglich	(N/ẓ)		(A/ẓ)
		gleiche Kombinationsmöglichkeiten		

4.2 Mögliche Schritte zur notwendigen Auflösung / Abwendung scheinbarer Widersprüchlichkeit zwischen Schariabelegen (von wahrscheinlicher / angenommener Sicherheit – *ẓanniyy* <vs.> *ẓanniyy*):

(Ein scheinbarer Widerspruch (*ẓāhir al-Taʿāruḍ*) verwirklicht sich im Allgemeinen auch nicht zwischen einem definitiv sicheren (*qaṭʿiyy*) Beleg und einem angenommen sicheren (*ẓanniyy*) Beleg, da der definitiv sichere Beleg maßgeblich ist.)

Arten der möglichen Schritte zur Auflösung / Abwendung scheinbarer Widersprüchlichkeit

4.2.1 A) *al-Djamʿ* / الجَمْع – Zusammenführen (oder *Tawfīq* / التَّوْفِيق – in Einklang bringen) von scheinbar widersprüchlichen Schariabelegen[306]

Die Berücksichtigung von scheinbar widersprüchlichen Offenbarungstexen kann eventuell durch *Tawfīq* – in Einklang-Bringung gewährleistet werden. Dies kann durch die Auslegung (*Taʾwīl*) des vordergründigen (*ẓāhir*)-Ausdrucks eines der beiden Texte mit einer seiner möglichen, nicht vordergründigen Bedeutungen (*Maʿnā muḥtamal*) erfolgen.[307] Wie beispielsweise die Spezifizierung eines umfassenden *ʿĀmm*-Ausdrucks (*Takhṣīṣ al-ʿĀmm*), die Einschränkung eines *uneingeschränkten Ausdrucks* (*Taqyīd al-Muṭlaq*), die Auslegung eines Ausdrucks der Anordnung als Empfehlung etc. oder die Verwendung eines der Texte in einem möglichen übertragenen / uneigentlichen Sinn (*Maʿnā madjāziyy*) anstelle seines wirklichen / eigentlichen Sinnes (*maʿnā ḥaqīqiyy*).

Bsp.: Der Oberschenkel des Mannes wird in manchen *ʾAḥādīth* (Überlieferungen) zur zu bedeckenden Aura gezählt, in anderen offensichtlich nicht. Es wird überliefert, dass der Prophet (sas) sagte: {Der Oberschenkel ist Aura – الفخذ

---

306 Vgl. Khallāf, 230 f.; al-Djudayʿ, *Taysīr ʿilm ʿuṣūl al-fiqh*, 320 ff.; al-Zuḥaylī, II, 455 ff., 460.

307 بتأويل أحد النصين بما يحتمله من المعاني

عورة} (Bu, I, 83; AD, IV, 40, # 4014 / Alb: s; …)[308] In einer anderen Überlieferung in der Sammlung von ʼAḥmad berichtet Aisha, »dass der Prophet Allahs (sas) saß und sein Oberschenkel sichtbar war, als ʼAbū Bakr um Erlaubnis bat einzutreten. So gewährte er ihm Eintritt, ohne seinen Zustand zu ändern [seinen Oberschenkel zu bedecken]. Dann bat ʻUmar um Erlaubnis einzutreten, so gewährte er ihm Eintritt, ohne seinen Zustand zu ändern. Daraufhin kam ʻUthmān und bat um Eintritt, woraufhin der Prophet (sas) seinen Oberschenkel bedeckte [und ihm dann Eintritt gewährte]. Als sie aufstanden [und gegangen waren], sagte ich: „O Gesandter Allahs, als ʼAbū Bakr und ʻUmar um Einlass baten, gewährtest du ihnen [Eintritt], ohne deinen Zustand [sichtbarer Oberschenkel] zu ändern. Als aber ʻUthmān um Einlass bat, zogst du dein Gewand darüber." Er erwiderte: {O Aisha, bin ich nicht vor einem schamhaft, vor dem, bei Allah, die Engel schamhaft sind?!}« (Ah, 40, 386, # 24330 / Arn: s; ähnlich bei Mu, IV, 1866, # 2401).[309]

Zwischen beiden Überlieferungen besteht scheinbare Widersprüchlichkeit, denn das Wort „*ʻAwrah* – (zu bedeckende Aura)" in den ersten Überlieferungen ist uneingeschränkt (*Muṭlaq*), also vordergründig darin, dass damit jede Art von Aura (auch die verpflichtend zu bedeckende Art) gemeint ist. In letzter Überlieferung hingegen ist offensichtlich, dass der Prophet (sas) seinen Oberschenkel in der Anwesenheit anderer Männer nicht bedeckte, und es ist nicht möglich, dass der Prophet (sas) dies machen würde, wenn es *ḥarām* (verboten) wäre. Beide Belege sind wahrscheinlich sichere (*ẓanniyy*) Belege, sowohl seitens der Au-

---

308 صحيح البخاري:
عَنِ ابْنِ عَبَّاسٍ، وَجَرْهَدٍ، وَمُحَمَّدِ بْنِ جَحْشٍ، عَنِ النَّبِيِّ صَلَّى اللهُ عَلَيْهِ وَسَلَّمَ: «الفَخِذُ عَوْرَةٌ» وَقَالَ أَنَسُ بْنُ مَالِكٍ: «حَسَرَ النَّبِيُّ صَلَّى اللهُ عَلَيْهِ وَسَلَّمَ عَنْ فَخِذِهِ» قَالَ أَبُو عَبْدِ اللَّهِ: «وَحَدِيثُ أَنَسٍ أَسْنَدُ، وَحَدِيثُ جَرْهَدٍ أَحْوَطُ حَتَّى يُخْرَجَ مِنَ اخْتِلاَفِهِمْ» وَقَالَ أَبُو مُوسَى: «غَطَّى النَّبِيُّ صَلَّى اللهُ عَلَيْهِ وَسَلَّمَ رُكْبَتَيْهِ حِينَ دَخَلَ عُثْمَانُ» وَقَالَ زَيْدُ بْنُ ثَابِتٍ: «أَنْزَلَ اللَّهُ عَلَى رَسُولِهِ صَلَّى اللهُ عَلَيْهِ وَسَلَّمَ وَفَخِذُهُ عَلَى
سنن أبي داود:
عَنْ زُرْعَةَ بْنِ عَبْدِ الرَّحْمَنِ بْنِ جَرْهَدٍ، عَنْ أَبِيهِ، قَالَ: كَانَ جَرْهَدٌ هَذَا مِنْ أَصْحَابِ الصُّفَّةِ قَالَ: جَلَسَ رَسُولُ اللَّهِ صَلَّى اللهُ عَلَيْهِ وَسَلَّمَ عِنْدَنَا وَفَخِذِي مُنْكَشِفَةٌ فَقَالَ: «أَمَا عَلِمْتَ أَنَّ الْفَخِذَ عَوْرَةٌ»

309 مسند أحمد بن حنبل:
عَنْ عَائِشَةَ أُمِّ الْمُؤْمِنِينَ، أَنَّ رَسُولَ اللهِ صَلَّى اللهُ عَلَيْهِ وَسَلَّمَ كَانَ جَالِسًا كَاشِفًا عَنْ فَخِذِهِ، فَاسْتَأْذَنَ أَبُو بَكْرٍ، فَأَذِنَ لَهُ، وَهُوَ عَلَى حَالِهِ، ثُمَّ اسْتَأْذَنَ عُمَرُ، فَأَذِنَ لَهُ، وَهُوَ عَلَى حَالِهِ، ثُمَّ اسْتَأْذَنَ عُثْمَانُ، فَأَرْخَى عَلَيْهِ ثِيَابَهُ، فَلَمَّا قَامُوا، قُلْتُ: يَا رَسُولَ اللهِ، اسْتَأْذَنَ عَلَيْكَ أَبُو بَكْرٍ وَعُمَرُ فَأَذِنْتَ لَهُمَا، وَأَنْتَ عَلَى حَالِكَ، فَلَمَّا اسْتَأْذَنَ عُثْمَانُ أَرْخَيْتَ عَلَيْكَ ثِيَابَكَ، فَقَالَ: " يَا عَائِشَةُ أَلَا أَسْتَحْيِي مِنْ رَجُلٍ، وَاللهِ إِنَّ الْمَلَائِكَةَ تَسْتَحِي (2) مِنْهُ " (3)
صحيح مسلم:
أَنَّ عَائِشَةَ، قَالَتْ: كَانَ رَسُولُ اللهِ صَلَّى اللهُ عَلَيْهِ وَسَلَّمَ مُضْطَجِعًا فِي بَيْتِي، كَاشِفًا عَنْ فَخِذَيْهِ، أَوْ سَاقَيْهِ، فَاسْتَأْذَنَ أَبُو بَكْرٍ فَأَذِنَ لَهُ، وَهُوَ عَلَى تِلْكَ الْحَالِ، فَتَحَدَّثَ، ثُمَّ اسْتَأْذَنَ عُمَرُ، فَأَذِنَ لَهُ، وَهُوَ كَذَلِكَ، فَتَحَدَّثَ، ثُمَّ اسْتَأْذَنَ عُثْمَانُ، فَجَلَسَ رَسُولُ اللهِ صَلَّى اللهُ عَلَيْهِ وَسَلَّمَ، وَسَوَّى ثِيَابَهُ - قَالَ مُحَمَّدٌ: وَلَا أَقُولُ ذَلِكَ فِي يَوْمٍ وَاحِدٍ - فَدَخَلَ فَتَحَدَّثَ، فَلَمَّا خَرَجَ قَالَتْ عَائِشَةُ: دَخَلَ أَبُو بَكْرٍ فَلَمْ تَهْتَشَّ لَهُ وَلَمْ تُبَالِهِ، ثُمَّ دَخَلَ عُمَرُ فَلَمْ تَهْتَشَّ لَهُ وَلَمْ تُبَالِهِ، ثُمَّ دَخَلَ عُثْمَانُ فَجَلَسْتَ وَسَوَّيْتَ ثِيَابَكَ فَقَالَ: «أَلَا أَسْتَحِي مِنْ رَجُلٍ تَسْتَحِي مِنْهُ الْمَلَائِكَةُ»

thentizitätsklassifizierung (*Thubūt*) als auch seitens der Klarheit der Ausdrucksweisen (*Dalālah*). Beide Überlieferungen sind überprüft verlässliche *'Āḥād*-Überlieferungen, hochwahrscheinlich authentisch (*ṣaḥīḥ*), jedoch nicht definitiv sichere *Mutawātir*-Überlieferungen. Beide Texte / Begebenheiten könnten auch spezifiziert oder eingeschränkt verstanden werden.

Ein möglicher Weg für *Djam'* – Zusammenführung (Berücksichtigung beider Belege) wäre die vordergründige uneingeschränkte Bedeutung von Aura in den ersten Überlieferungen einzuschränken, wie beispielsweise in der Bedeutung von „Aura, welche im edlen Verhalten zu bedecken ist" nicht „verpflichtend zu bedeckende Aura" oder zu unterscheiden zwischen der Aura vor Männern und vor fremden Frauen. Somit wäre der Oberschenkel verpflichtend zu verdeckende Aura vor fremden Frauen, aber nicht verpflichtend zu verdecken vor Männern.

4.2.2 B) *al-Tardjīḥ* / التَّرْجيح – Bevorzugung / Stärkung eines von anscheinend widersprüchlichen Schariabelegen durch einen stärkenden Aspekt / Beleg – *Muradjdjiḥ* / مُرَجِّح [310]

Es ist der zu bevorzugende / gestärkte Beleg (*al-Rādjiḥ* / الرَّاجِح) zu berücksichtigen und nach ihm zu handeln, während der ungestärkte Beleg (*al-Mardjūḥ* / المَرْجوح) fallen gelassen wird. Somit wird hierbei nur ein Beleg als der stärkere / gültige ohne den anderen in Betracht gezogen.

Dieser stärkende Aspekt / Beleg (*Muradjdjiḥ* / المرجِّح) kann verschiedener Natur sein:

4.2.2.1 Von Seiten des Inhalts (*Matn*) des Textes:

4.2.2.1.1 Die Favorisierung von unterschiedlichen Ausdrucksweisen des Textes – طرق دلالة الألفاظ [311]

Diese Favorisierung kommt zu tragen, wenn die Klarheit der Aussage im wahrscheinlich sicheren (*ẓanniyy* / ظني) Bereich liegt (nicht wenn es definitiv klar ist

310 Vgl. Khallāf, 231; al-Djuday', *Taysīr 'ilm 'uṣūl al-fiqh*, 337 f.; al-Zuḥaylī, II, 455, 461-476.

311 Vgl. A.K. Zaydān, 395 f.; 'Abū Zahrah, 135-138; al-Zuḥaylī, I, 344 ff.; al-Shinqīṭī, Teil 2, 605 f.

wie *naṣṣ* / نص beim *Ausgesprochenen* (*Manṭūq*), oder beim *verstandenen Unausgesprochenen* (*Mafhūm* / مفهوم): *Dalālah al-iltizām* / دلالة الالتزام – *Zwingend Verstandenes* oder *Dalālah al-iqtiḍā'* / دلالة الاقتضاء – *verlangt Verstandenes*).

Vorgezogen wird der Reihe nach gemäß der folgenden Tabelle:[312]

Bei Schafiiten	Bei Hanafiten, Malikiten
(A) *Ausgesprochenes* (*Manṭūq* / منطوق) (vordergründig klar (*ẓāhir* / ظاهر))	(A) *Ausgesprochenes* (*Manṭūq* / منطوق) (vordergründig klar) und *'Ibārah al-naṣṣ* /عبارة النص
(B.b) *Faḥwā al-khiṭāb* / فحوى الخطاب – Sinn der Ansprache (bei Hanafiten: *Dalālah al-naṣṣ* / دلالة النص – Hinweisung des Textes genannt)	(B.a.c) *Dalālah al-'ishārah* / دلالة الإشارة– *angedeutet Verstandenes* (bei H.: *'Ishārah al-naṣṣ* / إشارة النص – Andeutung des Textes)
(B.a.c) *Dalālah al-'ishārah* / دلالة الإشارة– *angedeutet Verstandenes* (bei H.: *'Ishārah al-naṣṣ*)	(B.b) *Faḥw al-khiṭāb* / فحوى الخطاب – Sinn der Ansprache (bei H.: *Dalālah al-naṣṣ*)
(B.c) *Mafhūm al-mukhālafah* / مفهوم المخالفة – *gegenteilig Verstandenes*	(B.c) *Mafhūm al-mukhālafah* / مفهوم المخالفة – *gegenteilig Verstandenes*; bei Hanafiten kein Argument in Schariatexten

4.2.2.1.2 Die Favorisierung des wirklichen / eigentlichen Sinnes (Ḥaqīqah) gegenüber einer übertragenen / uneigentlichen Verwendung (Madjāz); außer im Falle eines Beweises, der bestätigt, dass ein übertragener Sinn des Textes gemeint ist.

4.2.2.1.3 Als Vorsichtsmaßnahme, einen verbietenden Beleg gegenüber einem gestattenden vorzuziehen

4.2.2.2 Von Seiten der Überlieferung des Textes (Überlieferer – *Rāwī* und / oder Überlieferungskette – *Sanad*):

4.2.2.2.1 Anzahl der Überlieferer (Überlieferungsketten), ohne Tawātur (Viellinigkeit) zu erreichen

D.h.: dass ein *Ḥadīth ṣaḥīḥ* dem anderen gegenüber bevorzugt wird, da er über ein, zwei usw. vollständige Ketten mehr überliefert wurde.

Diese Art der Bevorzugung ist bei der Mehrheit der *Mutakallimūn* im Gegensatz zu den Hanafiten zulässig.[313]

---

312 Siehe die Erläuterung der Ausdrucksweisen unter der Nummerierung im entsprechenden Unterkapitel ab S. 73.

313 al-Zuḥaylī, II, 465 f.

4.2.2.2.2 Kürze der Überlieferungskette

4.2.2.2.3 Ein Überlieferer zeichnet sich durch besondere Frömmigkeit, Genauigkeit, Erinnerungsvermögen oder islamrechtliches Wissen aus.

4.2.2.2.4 Ein Überlieferer ist direkt vom Geschehen betroffen oder in es verwickelt.

Bsp.: In einem *Ḥadīth* bei Bukhārī und Muslim… überliefert Ibn ʿAbbās, dass der Prophet (sas) Maymūnah im *'Iḥrām*-Zustand (für Hadsch) heiratete.[314] Sie selbst berichtet in Muslim…, dass er sie heiratete, währen er im *ḥalāl*-Zustand war, und in der Sammlung von 'Abū Dāwūd…, dass sie beide im *ḥalāl*-Zustand waren.[315]

Maymūnah war selbst von dem Geschehen direkt betroffen, im Gegensatz zu Ibn ʿAbbās. Daher ist es naheliegend, dass sie besser über ihren Zustand und den ihres Mannes, dem Propheten (sas) bescheid weiß. Ibn ʿAbbās hingegen könnte sich in seiner Wahrnehmung eher geirrt haben.

Dies sind nur Beispiele von Aspekten, auf welchen Bevorzugung von Überlieferungen basieren kann.

4.2.2.3 Von Seiten eines äußeren, vom Text unabhängigen Arguments:

4.2.2.3.1 Die Bestätigung einer Überlieferung oder eines Qiyās durch ʿAmal 'ahl al-madīnah / عمل أهل المدينة – Die verbreitete Praxis der Leute von Medina (zur Zeit von Imam Mālik, d.h.: die Kinder und Enkel der Prophetengefährten), vor allem in der malikitischen Rechtsschule.

4.2.2.3.2 Stärkung einer Überlieferung durch einen Qiyās

4.2.2.3.3 Stärkung einer Überlieferung durch ihre Übereinstimmung mit einem Regelfall oder Grundprinzip in diesem Fiqh-Bereich – موافقته للأصول/ تشهد له الأصول

314 Bu, III, 15, # 1837: عَنِ ابْنِ عَبَّاسٍ رَضِيَ اللَّهُ عَنْهُمَا، «أَنَّ النَّبِيَّ صَلَّى اللهُ عَلَيْهِ وَسَلَّمَ تَزَوَّجَ مَيْمُونَةَ وَهُوَ مُحْرِمٌ

315 Mu, II, 1032, # 1411: حَدَّثَتْنِي مَيْمُونَةُ بِنْتُ الْحَارِثِ، «أَنَّ رَسُولَ اللهِ صَلَّى اللهُ عَلَيْهِ وَسَلَّمَ تَزَوَّجَهَا وَهُوَ حَلَالٌ»، قَالَ: «وَكَانَتْ خَالَتِي، وَخَالَةَ ابْنِ عَبَّاسٍ»»

AD, II, 169, # 1843 / Alb: s: عَنْ مَيْمُونَةَ، قَالَتْ: «تَزَوَّجَنِي رَسُولُ اللَّهِ صَلَّى اللهُ عَلَيْهِ وَسَلَّمَ وَنَحْنُ حَلَالَانِ بِسَرِفَ

4.2.3 C) *al-Naskh* / النَّسْخ – Abrogation / Aufhebung des zeitlich vorangegangenen Schariabelegs (*al-Mansūkh* / المَنْسُوخ) durch den späteren (*al-Nāsikh* / النَّاسِخ) [316]

Hier darf „*Ta'āruḍ* – Widersprüchlichkeit" nicht rein sprachlich verstanden werden, sondern als Fachbegriff mit der zuvor erwähnten Bedeutung mit dem Augenmerk auf „zur gleichen Zeit". Denn natürlich widerspricht der Inhalt einer vorgeschriebenen aufgehobenen Beurteilung dem Inhalt der sie aufhebenden Beurteilung. Jedoch verwirklicht sich dieser Widerspruch nicht, da jede der beiden Beurteilungen nur zu ihrer Zeit und nicht gleichzeitig Gültigkeit hat. Daher ist die Abrogation (welche nicht bereits im Text klar als solche deklariert wird) ein möglicher Weg, der eingeschlagen werden kann, um scheinbaren Widerspruch aufzuheben, wenn ermittelt werden kann, welche Beurteilung die zeitlich spätere ist.

Die Erläuterung dieses Themengebietes beschränkt sich hier nicht auf die Abrogation, welche nicht im Text klar als solche deklariert wird und als Möglichkeit zur Beseitigung von scheinbarem Widerspruch dient. Sie behandelt auch die Form der Abrogation, welche zweifelsfrei oder offensichtlich aus dem Text selbst oder dem Zusammenhang hervorgeht und daher erst gar keinen scheinbaren Widerspruch zustande kommen lässt.

4.2.3.1 Definition und Bedingungen für *Naskh* / نسخ – Abrogation:

Sprachlich bedeutet „*naskh* / نَسْخ" Aufhebung und Beseitigung; Ersetzung.[317]

Als Fachbegriff bedeutet es: »**Aufhebung einer praktischen Scharia-Einzelrechtsbeurteilung, welche durch Offenbarungstext (Koran oder *Sunnah*) bestimmt wurde (*Mansūkh* / المنسوخ), durch eine andere, spätere, ihr widersprechende, von erster (Beurteilung) unabhängige, praktische Scharia-Einzelrechtsbeurteilung, welche durch (einen später offenbarten) Offenbarungstext bestimmt wurde (*Nāsikh* / النَّاسِخ), während des Zeitraumes der Offenbarung**«[318]

Wie z.B. im *Ḥadīth*: »{Ich untersagte euch das Besuchen der Gräber, jedoch besucht sie jetzt […] – نهيتكم عن زيارة القبور، فزوروها [...]}« (Mu, II, 672, # 977; …).

316 Vgl. Khallāf, 231 f.; al-Djuday', *Taysīr 'ilm 'uṣūl al-fiqh*, 322-337; al-Zuḥaylī, II, 454 f., 457 f., 461.

317 Vgl. *Tādj al-'arūs* s. v. (نسخ).

318 al-Djuday', *Taysīr 'ilm 'uṣūl al-fiqh*, 322: "رفع حكمٍ شرعيٍ عمليٍ جُزْئيٍ ثبت بالنص؛ بحكم شرعي عملي جزئي ثبت بالنص، ورد على خلافه، متأخرٍ عنه في وقت تشريعه، ليس متصلا به"

4.2.3.1.1 Aus der vorangegangenen Definition ist zu entnehmen, dass beide Belege: al-Nāsikh / الناسخ – Abrogierender und al-Mansūkh / المنسوخ – Abrogierter folgende Bedingungen zu erfüllen haben, um eine gültige Aufhebung (Naskh / نسخ) darzustellen.

Sie müssen beide:

1) durch einen Offenbarungstext (Koran oder *Sunnah*) bestimmt sein.
2) annehmbar authentisch überliefert sein (*thābit al-wurūd* / ثابت الورود) (nicht „schwach" – *ḍa'īf* / ضعيف).
3) Scharia- / islamrechtlich sein.
4) praktisch sein, d.h. Handlungen betreffend (nicht die *'Aqīdah* / Glaubensüberzeugung)
5) Einzelrechtsbeurteilungen betreffend sein (nicht allgemeine Schariabelege oder Grundsätze).
6) gegensätzlich / widersprüchlich in der Bedeutung sein.
7) Sowie der Abrogierende nach dem Abrogierten mit einem zeitlichen Abstand offenbart sein muss.

4.2.3.1.2 Was(somit) nicht von Abrogation betroffen sein kann:

1) sämtliche *'Aqīdah*-Inhalte (Glaubensüberzeugung) wie *Tawḥīd* (reiner Monotheismus), … da es keine Änderung in den Glaubenswahrheiten und somit keine widersprüchlichen Informationen darüber in der Offenbarung geben kann, sowie sie auch keine Beurteilungen über praktische Handlungen darstellen.
2) Benachrichtigungen über Ereignisse.
3) Texte über edle Charakterzüge, denn einem edlen Charakterzug steht nichts gegenüber als ein Unedler, und eine Bedingung des *Naskh* ist Gegensätzlichkeit.
4) allgemeine Schariaprinzipien / -normen und höhere Ziele (*Maqāṣid*), denn *Naskh* betrifft Einzelrechtsbeurteilungen und hat zum Zweck, diese übergeordneten höheren Ziele der Scharia zu wahren.
5) Einzelrechtsbeurteilungen mit Hinweis im Text, dass sie nicht verändert werden, wie z.B. im *ṣaḥīḥ Ḥadīth* »{Die (Möglichkeit von) *Hidjrah* (Auswanderung um der Religion willen) bricht nicht ab, bis die (Möglichkeit zur) *Tawbah* (Reue) abbricht, und die Möglichkeit zur *Tawbah* bricht nicht ab, bis die Sonne vom Westen (ihrem Untergangsort) aufgeht}« (AD, III, 3, # 2479; Alb: s).[319]

---

319 عَنْ مُعَاوِيَةَ قَالَ: سَمِعْتُ رَسُولَ اللَّهِ صَلَّى اللهُ عَلَيْهِ وَسَلَّمَ يَقُولُ: «لَا تَنْقَطِعُ الْهِجْرَةُ حَتَّى تَنْقَطِعَ التَّوْبَةُ، وَلَا تَنْقَطِعُ التَّوْبَةُ حَتَّى تَطْلُعَ الشَّمْسُ مِنْ مَغْرِبِهَا»

4.2.3.1.3 Abrogation kann nicht festgelegt werden durch:

1) Aussage eines *Ṣaḥābī* „dieser Text ist abrogiert", ohne zu nennen durch was - durch welchen Offenbarungstext - (*al-Nāsikh* / الناسخ). Denn die Möglichkeit existiert, dass er mit der Bezeichnung *Naskh* etwas anderes meint, wie etwa Spezifizierung – *Takhṣīṣ* / تخصيص oder Einschränkung – *Taqyīd* / تقييد, was zu ihrer Zeit durchaus auch *Naskh* / نسخ genannt wurde, ohne seine später einheitliche Fachbedeutung zu meinen. Sowie es auch möglich ist, dass er es in seinem *'Idjtihād* (eigenständige geistige Ergründung) als abrogiert erachtet.
2) Die Mehrheit der Gelehrten vertritt diese Meinung.[320]
3) Angeblicher *'Idjmā'* / إجماع (Gelehrtenkonsens), was oft so bezeichnet wird, wenn kein *Mudjtahid* bekannt ist, der anderer Meinung ist. Zusätzlich ist der *'Idjmā'* kein Text, falls er nicht auf einem basiert. Bedingung von *Naskh* ist aber, dass ein Text durch einen anderen aufgehoben wird.
4) *Qiyās*

4.2.3.2 Auszug aus Belegen für *Naskh* / نسخ und seine Sinnhaftigkeit:

﴿ مَا نَنسَخْ مِنْ ءَايَةٍ أَوْ نُنسِهَا نَأْتِ بِخَيْرٍ مِّنْهَآ أَوْ مِثْلِهَآ ۗ أَلَمْ تَعْلَمْ أَنَّ ٱللَّهَ عَلَىٰ كُلِّ شَىْءٍ قَدِيرٌ ﴾

﴿Was Wir an Versen aufheben oder in Vergessenheit geraten lassen – Wir bringen bessere oder gleichwertige dafür [...]﴾ (2:106)

﴿ وَإِذَا بَدَّلْنَآ ءَايَةً مَّكَانَ ءَايَةٍ ۙ وَٱللَّهُ أَعْلَمُ بِمَا يُنَزِّلُ قَالُوٓا۟ إِنَّمَآ أَنتَ مُفْتَرٍۭ ۚ بَلْ أَكْثَرُهُمْ لَا يَعْلَمُونَ ﴾

﴿Und wenn Wir einen Vers anstelle eines (anderen) Verses austauschen – und Allah weiß sehr wohl, was Er offenbart -, sagen sie: „Du ersinnst nur Lügen." Aber nein! Die meisten von ihnen wissen nicht.﴾ (16:101)

Weiter ist das Vorkommen von *Naskh* von den *Ṣaḥābah mutawātir* (*viellinig*) überliefert worden.

Deshalb ist sich die absolute Mehrheit der Gelehrten einig, dass *Naskh* in der Scharia vom Propheten Muḥammad (sas) vorgekommen ist, auch wenn sich über die konkreten bekannten Fälle die Geister öfter scheiden.

In Realität entspringt *Naskh* aus der Berücksichtigung der höheren Ziele / Maximen (*Maqāṣid* / مقاصد) des Schariagebers Nutzen für die Geschöpfe / Diener zu erlangen und Schaden von ihnen abzuwenden.

Die Möglichkeit zur Reue bleibt auch gewahrt nach Beendung der Offenbarung durch das Ableben des Propheten (sas). Diese besteht laut mehrerer Überlieferungen bis zum Erscheinen der ersten großen Vorzeichen des Jüngsten Tages.

320 al-Djuday', *Taysīr 'ilm 'uṣūl al-fiqh*, 327.

So dient ein ursprünglich schwerer *Ḥukm* evtl. zur Prüfung, Erhöhung und Unterscheidung der Diener, bis ihre Ergebenheit sich klar in ihnen zeigt und festigt, worauf eine Erleichterung kommt.

Die Veränderung in *ʼAḥkām* kann eine stufenweise Änderung einer Situation unter Berücksichtigung des Tragbaren für Diener einbeziehen. So umfasste die Verpflichtung zum Fasten zu Beginn nur den Tag *ʻĀshūrāʼ* / عاشوراء, wurde dann aber ausgetauscht mit der Verpflichtung, den Monat Ramadan hindurch zu fasten.[321]

Also ist *Naskh* in Wirklichkeit die Veränderung von *ʼAḥkām* (Beurteilungen) mit der Veränderung von Situation und Umständen der Diener von Seiten des Allwissenden, der allumfassend und genau kennt, was den Geschöpfen nutzt und schadet. Auf Grund des diesbezüglich beschränkten Wissens und Verständnisses der Diener kann *Naskh* nicht durch *Idjtihād* (eigenständige geistige Beurteilungsergründung), sondern nur durch Allahs Offenbarung stattfinden, welche mit Prophet Muhammad (sas) aufhörte und für alle Zeit bis zum Jüngsten Tag vervollständigt wurde.

Jedoch kann der *Muftī* durch *Naskh* auch die höheren Ziele des Schariagebers besser erkennen und die zeitliche und örtliche Situation und Umstände im Rahmen der Scharia in seinen *Fatāwā* besser berücksichtigen.

4.2.3.3 Arten von *Naskh*:[322]

Unter der breiten Mehrzahl der Gelehrten ist es grundsätzlich unumstritten, dass Islamrechtsbeurteilungen (*ʼAḥkām*) aus Koranversen durch andere Koranverse abrogiert werden könnten, sowie Islamrechtsbeurteilungen aus der *Sunnah* durch nachfolgende *Sunnah*. Über das Ausmaß von betroffenen Versen und *ʼAḥādīth* mit ihren Beurteilungen scheiden sich jedoch die Geister, und man ist sich nur über eine geringe Anzahl von klaren Fällen einig.

Bezüglich der Abrogation von Koran und Sunnah sowie gegenseitig wird in folgende Arten unterschieden:

- Abrogation eines Koranverses durch einen andern – *Naskh al-Qurʼān bi-(a)l-Qurʼān* / نسخ القرآن بالقرآن

321 Bu, III, 24, # 1125; …:
عَنْ عَائِشَةَ رَضِيَ اللَّهُ عَنْهَا: أَنَّ قُرَيْشًا كَانَتْ تَصُومُ يَوْمَ عَاشُورَاءَ فِي الجَاهِلِيَّةِ، ثُمَّ أَمَرَ رَسُولُ اللَّهِ صَلَّى اللهُ عَلَيْهِ وَسَلَّمَ بِصِيَامِهِ حَتَّى فُرِضَ رَمَضَانُ، وَقَالَ رَسُولُ اللَّهِ صَلَّى اللهُ عَلَيْهِ وَسَلَّمَ: «مَنْ شَاءَ فَلْيَصُمْهُ وَمَنْ شَاءَ أَفْطَرَ»

322 Vgl. A.K. Zaydān, 391 f.; al-Djudayʻ, *Taysīr ʻilm ʻuṣūl al-fiqh*, 328-332. Zur näheren Erläuterung siehe auch unter entsprechendem Kapitel in Werken zur Koranwissenschaft (*ʻUlūm al-Qurʼān*).

- Abrogation von einer *Sunnah* durch eine andere – *Naskh al-Sunnah bi-(a)l-Sunnah* / نسخ السنة بالسنة
- Abrogation von Koranversen durch *Sunnah* – *Naskh al-Qur'ān bi-(a)l-Sunnah* / نسخ القرآن بالسنة
  Diese Art von *Naskh* kommt nach Meinung von al-Shāfiʿī und 'Aḥmad ibn Ḥanbal nicht vor, im Gegensatz zu vielen Hanafiten und Malikiten.
- Abrogation von *Sunnah* durch Koranverse – *Naskh al-Sunnah bi-(a)l-Qur'ān* / نسخ السنة بالقرآن
  Diese Art kommt nach al-Shāfiʿī ebenfalls nicht vor.

4.2.3.4 Wege zur Erkennung von *Naskh*:[323]

1) Durch wörtlich ausgesprochenen Ausdruck

Bsp.: im bereits erwähnten *Ḥadīth*: »{Ich untersagte euch das Besuchen der Gräber, jedoch besucht sie jetzt […] – [...] نهيتكم عن زيارة القبور، فزوروها}« (Mu, II, 672, # 977; …)

2) Durch die Kenntnis des zeitlich früheren und späteren Beleges bei bloßer gleichzeitiger Unvereinbarkeit der Belege

Bsp.: Das Verbot im Stehen zu trinken, im *Ḥadīth* überliefert von 'Anas und 'Abū Saʿīd al-Khudrī bei Muslim: »Der Prophet (sas) untersagte das Trinken im Stehen.« (Mu, III, 1601, # 2025)[324]

Dem offensichtlich widersprechend wird in Bukhārī und Muslim von Ibn ʿAbbās überliefert, dass der Prophet (sas) in der Abschieds-Hadsch (kurz vor seinem) Tod stehend Zamzam-Wasser trank. (Bu, II, 156, # 1637; Mu, III, 1601, # 2027)[325]

Hier könnte der *Ḥukm* im späteren *Ḥadīth* als *Nāsikh* (aufhebend) und ab dann als gültig erklärt werden, wenn die scheinbare Widersprüchlichkeit zwischen beiden Überlieferungen nicht durch andere Möglichkeiten aufgelöst würde. So können die Überlieferungen, wie als erster möglicher Schritt erklärt, durch unterschiedliche Interpretationen (*Ta'wīl*) zusammengeführt werden (*Djam*ʿ). Eine Möglichkeit der Zusammenführung wäre, sie dahingehend zu interpretiert, dass der Prophet (sas) durch seine Handlung erklärte, dass er mit seiner Untersagung nicht die vordergründige (*ẓāhir*) Bedeutung des Verbots meinte, sondern, dass es in der Regel unerwünscht *makrūh* ist im Stehen zu Trinken.

---

323 Vgl. A.K. Zaydān, 390; al-Djudayʿ, *Taysīr ʿilm ʿuṣūl al-fiqh*, 332 ff.

324 عَنْ أَبِي سَعِيدٍ الْخُدْرِيِّ، «أَنَّ النَّبِيَّ صَلَّى اللهُ عَلَيْهِ وَسَلَّمَ زَجَرَ عَنِ الشُّرْبِ قَائِمًا [...] عَنْ أَبِي سَعِيدٍ الْخُدْرِيِّ، «أَنَّ رَسُولَ اللهِ صَلَّى اللهُ عَلَيْهِ وَسَلَّمَ نَهَى عَنِ الشُّرْبِ قَائِمًا

325 عَنِ ابْنِ عَبَّاسٍ، قَالَ: «سَقَيْتُ رَسُولَ اللهِ صَلَّى اللهُ عَلَيْهِ وَسَلَّمَ مِنْ زَمْزَمَ فَشَرِبَ وَهُوَ قَائِمٌ»

4.2.4 D) *al-Tawaqquf* / التَّوَقُّف

Sollte kein Weg zur Zusammenführung (*Djam'*) beider Belege gefunden werden, keine Favorisierung (*Tardjīḥ*) möglich erscheinen und auch nicht ermittelt werden können, welche Beurteilung später und somit als abrogierend (*Nāsikh*) verkündet wurde, werden theoretisch beide sich scheinbar widersprechenden Belege in der Argumentation fallen gelassen. Dies wird als *Tawaqquf* / التَّوَقُّف – Ein / An-halten bezeichnet, was aber in der Realität des *Fiqh*, wenn überhaupt, äußerst selten Anwendung findet und ein theoretischer Schritt bleibt.

Reihenfolge der möglichen Schritte zur Auflösung / Abwendung scheinbarer Widersprüchlichkeit

In den Rechtsschulen ist man unterschiedlicher Auffassung über die zu wählende Reihenfolge der möglichen Schritte, was klarerweise zu unterschiedlichen Ergebnissen im *Fiqh* führt (Wie bei den zuletzt erwähnten Überlieferungen zum Trinken im Stehen).

a) Schafiiten und Malikiten, auch Zahiriten:
Die hier angeführte Reihenfolge ist zu verfolgen beginnend mit 1. *Djam'*, 2. *Tardjīḥ*, 3. *Naskh*, (4. *Tawaqquf*).[326]

b) Hanbaliten:
1. *Djam'*, 2. *Naskh*, 3. *Tardjīḥ*, (4. *Tawaqquf*).[327]

c) Hanafiten:
1. *Naskh*, 2. *Tardjīḥ*, 3. *Djam'*, (4. *Tawaqquf*).[328]

---

326 al-Zuḥāylī, II, 459 ff.; al-Shinqīṭī, Teil 2, 587 ff.

327 Ibn Qudāmah, III, 1029; al-Zuḥāylī, II, 459 f. unter Fußnote 3; vorzuziehen nach al-Djuday', *Taysīr 'ilm 'uṣūl al-fiqh*, 320.

328 al-Zuḥāylī, II, 454-458.

Literaturverzeichnis

(zitierte Literatur)

ʿAbd al-Ghanī, ʾAyman. *al-Naḥw al-kāfī*. 2 Bände. 3. Aufl. Kairo: Dār ibn al-khaldūn, 2002.

ʿAbd al-Khāliq, ʿAbd al-Ghanī. *Ḥudjdjiyyah al-sunnah*. 3. Aufl. Herndon (USA): al-Maʿhad al-ʿālamiyy li-(a)l-fikr al-ʾislāmiyy, 1997.

ʾAbū Dāwūd, Sulaymān al-Sadjsatānī. *Sunan ʾabī dāwūd* (mit Bewertungen der Überlieferungen durch Nāṣir al-Dīn al-ʾAlbānī). 4 Bände. Beirut: al-Maktabah al-ʿaṣriyyah. In Software: *al-Maktabah al-shāmilah*, Vers. 3.48, 2012.

ʾAbū Yaʿlā, ʾAḥmad, al-Tamīmī al-Mūṣalī. *Musnad ʾAbī Yaʿlā*. 13 Bände. Damaskus: Dār al-maʾmūn l(i)-al-turāth, 1984. E-Book in Software: *al-Maktabah al-shāmilah*, Vers. 3.48, 2012.

ʾAbū Zahrah, Muḥammad. *ʾUṣūl al-fiqh*. Kairo: Dār al-fikr al-ʿarabī, 2004.

al-ʿAlwānī, Ṭahā. *ʾUṣūl al-fiqh al-ʾislāmī*. 2. erw. Aufl. Riad: International Islamic Publishing House (IIPH), 1995.

al-ʾĀmidī, ʾAbū al-Ḥasan. *al-ʾIḥkām fī ʾUṣūl al-ʾaḥkām*. 4 Bände. Beirut: Dār al-kutub al-ʿarabiyyah, 1404h. In Software: *al-Maktabah al-shāmilah*, Vers. 1, 2005.

al-ʿAṭṭār, Ḥasan. *Ḥāshiyah al-ʿaṭṭār ʿalā djamʿ al-djawāmiʿ*. 2 Bände. Beirut: Dār al-kutub al-ʿilmiyyah. Faksimile auf http: / / www.archive.orgdetailsananesoubki (Download: 27. Juni 2010).

al-ʿAynī, Badr al-Dīn, Kommentator. *ʿUmdah al-qārī sharḥ ṣaḥīḥ al-bukhārī*. 25 Bände. Beirut: Dār iḥyāʾ al-turāth al-ʿarabī. E-Book in Software: *al-Maktabah al-shāmilah*, Vers. 3.48, 2012.

al-Bādjī, ʾAbū al-Walīd. *ʾIḥkām al-fuṣūl fī ʾaḥkām al-ʾuṣūl*. 2 Bände. 2. Aufl. Beirut: Dār al-gharb al-ʾislāmī, 1995.

Ballādjī, ʿAbd al-Salām. *Taṭawwur ʿilm ʾUṣūl al-fiqh wa tadjdīduh*. Beirut: Dār ibn Ḥazm, 2010.

Bauer, Wolfgang Johann. *ʾĀʾishahs Grundlagen der Islamrechtsergründung und Textinterpretation*. Band 6 aus *ROI – Reihe für Osnabrücker Islamstudien*, Hg. Bülent Ucar und Rauf Ceylan. Frankfurt am Main: Peter Lang, 2012.

- „The Theory of General Higher Objektives of Sharīʿah by Al-Ṭāhir Ibn-ʿĀshūr and its Additions and Differences to the Theory of Al-Shāṭibī“. MA-Theses, Loughborough University (GB), 2006.

al-Bayḍāwī, Nāṣir al-Dīn. *Minhādj al-wuṣūl fī ʿilm al-ʾuṣūl*. Mit Erläuterungen von Djamāl al-Dīn al-ʾIsnawī, *Nihāyah al-sūl* und von Muḥammad al-Badakhshī, *Minhādj al-ʿuqūl*. 3 Bände. Beirut: Dār al-Kutub al-ʿilmiyyah. Faksimile auf http: / / www.al-mostafa.infodataarabicdepot2gap.phpfile =015071.pdf (Download: 27. Juni 2010).

al-Bazzār, ʾAḥmad ʾAbū Bakr. *Musnad al-Bazzār / al-Baḥr al-Zakhkhār*. 18 Bände. Medina: Maktabah al-ʿulūm wa al-ḥikam, 2009. E-Book in Software: *al-Maktabah al-shāmilah*, Vers. 3.48, 2012.

al-Bughā, Muṣṭafā. *ʾAthar al-ʾAdillah al-mukhtalaf fī-hā fī al-fiqh al-ʾislāmī*. 4. Aufl. Damaskus: Dār al-qalʿ und Dār al-ʿulūm al-ʾinsāniyyah, 2007.

al-Bukhārī, Muḥammad ibn ʾIsmāʿīl. *Ṣaḥīḥ al-bukhārī / al-Djāmiʿ al-musnad*. 9 Bände. Dār ṭawq al-nadjāh, 1422. E-Book in Software: *al-Maktabah al-shāmilah*, Vers. 3.48, 2012.

al-Bukhārī, ʿAlāʾ al-Dīn. *Kashf al-ʾasrār ʿan ʾUṣūl al-bazdawī*. 4 Bände. Beirut: Dār al-kutub al-ʿilmiyyah, 1997. Faksimile auf http: / / ia700208.us. archive.org / 2 / items / kasfalhasrar / kshfasrr1.pdf (Download: 2. Mai 2010).

al-Būrnū, Muḥammad. *Mawsūʿah al-qawāʿid al-fiqhiyyah*. 13 Bände. Beirut: Muʾassasah al-risālah, 2003.

Burton, John. „Notes Towards a Fresh Perspective on the Islamic Sunna". In *Ḥadīth – Origins and Developments*, ed. Harald Motzki. Band 28 von *Formation of the Classical Islamic World*, ed. Lawrence Conrad, 39-53. Hants (GB): Ashgate Publishing Limited, 2004. Abhandlung ursprünglich präsentiert bei: First Conference of the School of Abbasid Studies, University of St Andrews, summer 1983.

Burton, John. *An Introduction to the Ḥadīth*. Edinburgh: Edinburgh University Press, 1994 (Nachdruck 2001).

al-Djārim, ʿAlī, und Muṣṭafā ʾAmīn. *al-Naḥw al-wāḍiḥ*. 3 Bände. Kairo: Dār al-maʿārif.

al-Djudayʿ, ʿAbd Allāh. *Taḥrīr ʿilm al-ḥadīth*. 2 Bände. Leeds (GB): Al Juday Research & Consultations, 2003.

- *Taysīr ʿilm ʾUṣūl al-fiqh*. 4. Aufl. Leeds (GB): Al Juday Research & Consultations, Beirut: Muʾassasah al-Rayyān, 2006.

Farghal, Yaḥyā Hāshim. *al-Firaq al-ʾislāmiyyah fī al-mīzān*. Kairo: Dār al-ʾafāq al-ʿarabiyyah, 2007.

al-Futūḥī, Ibn al-Nadjdjār. *Sharḥ al-kawkab al-munīr* (auch genannt *Mukhtaṣar al-taḥrīr*). 4 Bände. Riad: Maktabah al-ʿubaykān, 1993. Faksimile auf http: / / waqfeya.net / book.php?bid=1542 (Download: 28. Juni 2010).

al-Ghazālī, `Abū Ḥāmid. *al-Mustaṣfā min ʿilm al-`uṣūl*. 4 Bände. Dschidda: Sharikah al-madīnah al-munawwarah l-l-ṭibāʿah wa al-nashr.

al-Ḥākim, Muḥammad al-Naysābūrī. *al-Mustadrak ʿalā al-ṣaḥīḥayn* (mit Bewertungen der Überlieferungen durch Shams al-Dīn al-Dhahabī in *Taʿlīqāt al-dhahabī fī al-talkhīṣ*). 4 Bände. Beirut: Dār al-kutub al-ʿilmiyyah, 1990. In Software: *al-Maktabah al-shāmilah*, Vers. 3.48, 2012.

Heider, Ferid. *Einführung in die Ḥadīthwissenschaften*. Berlin, Karlsruhe: DIdI, 2007.

al-Ḥussaynī, Muḥammad. *Tādj al-ʿarūs min djawāhir al-qamūs*. . In Software: *al-Maktabah al-shāmilah*, Vers. 2, 2006.

Ibn `Amīr al-Ḥādjdj, Muḥammad. *Taqrīr al-taḥbīr ʿalā taḥrīr al-kamāl ibn humām*. 6 Bände. In Software: *al-Maktabah al-shāmilah*, Vers. 2, 2006.

Ibn Ashur (Ibn ʿĀshūr), al-Tahir (al-Ṭāhir). *Ibn Ashur – Treatise on Maqāṣid al-Shariʿah*. Übersetzung aus dem Arabischen von Mohamed el-Tahir. London, Washington: IIIT, Petaling Jaya (Malaysia): Islamic Book Trust, 2006.

- *Maqāṣid al-sharīʿah al-`islāmiyyah*. 2. Aufl. Amman: Dār al-nafā`is, 2001.

Ibn Djuzayy, Muḥammad al-Ghranāṭī. *al-Tashīl li-ʿulūm al-tanzīl* (Tafsīr Ibn Djuzayy). 2 Bände. Beirut: Sharikah dar al-'arqam ibn 'abī al-'arqam, 1416 h. E-Book in Software: *al-Maktabah al-shāmilah*, Vers. 3.48, 2012.

Ibn Ḥanbal, `Aḥmad. *Musnad al-`imām `aḥmad ibn ḥanbal*. Mit Bewertungen der Überlieferungen durch Shuʿayb al-`Arna`ūṭ. Mu`assasah al-risālah, 2001. In Software: *al-Maktabah al-shāmilah*, Vers. 3.48, 2012.

Ibn Ḥibbān, Muḥammad. *Ṣaḥīḥ ibn ḥibbān bi-tartīb ibn balbān*. Mit Bewertungen der Überlieferungen durch Shuʿayb al-`Arna`ūṭ. 18 Bände, 2. Aufl. Beirut: Mu`assasah al-risālah, 1993. In Software: *al-Maktabah al-shāmilah*, Vers. 3.48, 2012.

Ibn Khallikān, Shams al-Dīn. *Wafayāt al-`aʿyān*. 7 Bände. Beirut: Dār ṣādir. In Software: *al-Maktabah al-shāmilah*, Vers. 2, 2006.

Ibn Mādjah, Muḥammad ibn Yazīd. *Sunan ibn mādjah* (mit Bewertungen der Überlieferungen durch Nāṣir al-Dīn al-`Albānī). 2 Bände. Beirut: Dār 'iḥyā' al-kutub al-ʿarabiyyah. In Software: *al-Maktabah al-shāmilah*, Vers. 3.48, 2012.

Ibn Nudjaym, Zayn al-Dīn. *Fatḥ al-Ghaffār bi-sharḥ al-manār* bekannt als *Mishkāt al-`anwār fī `Uṣūl al-manār*. 3 Teile in einem Band. Kairo: Maṭbaʿah muṣṭafā al-ḥalabī, 1936. Faksimile auf http: / / www.al-mostafa.info / data / arabic / gap.php?file=nc / other / 0186.pdf (Download: 6. Juni 2010).

Ibn Qayyim, Muḥammad al-Djawziyyah. *'Ilām al-muwaqqi'īn 'an Rabb al-'ālamīn*. 4 Bände. Kairo: Maktabah al-kulliyyah al-`azhariyyah, 1968. E-Book auf http: / / www.almeshkat.net / books / open.php?cat=26&book=492 (Download: 11. August 2010).

Ibn Qudāmah, 'Abd Allāh al-Maqdasī. *Rawdah al-nāẓir*. 3 Bände. 5. Aufl. Riad: Maktabah al-rushd, 1997.

al-Karā[a]māsitī, Yūsuf. *al-Wadjīz fī `Uṣūl al-fiqh*. Kairo: Dār al-hudā li-l-ṭibā'ah, 1984. Faksimile auf http: / / al-mostafa.info / data / arabic / depot2 / gap.php?file=011390.pdf (Download: 6. Juni 2010).

Khallāf, 'Abd al-Wahhāb. *'Ilm `Uṣūl al-fiqh*. Kairo: Maktabah al-da'wah al-`islāmiyyah shabāb al-`azhar.

al-Khan, Muṣṭafā. *`Athar al-ikhtilāf fī al-qawā'id al-`uṣūliyyah fī ikhtilāf al-fuqahā`*. 10. Aufl. Beirut: Mu`assasah al-risālah, 2006.

al-Khaṭīb, Muḥammad 'Adjdjādj. *`Uṣūl al-ḥadīth*. Beirut: Dār al-fikr, 1999.

Koranübersetzung. Asad, Muhammad, Übersetzter und Kommentator. *Die Botschaft des Koran*. Übersetzt aus dem Englischen von Ahmad von Denffer und Yusuf Kuhn. Düsseldorf: Patmos, 2009. Englische Originalausgabe: *The Message of The Qur'an* (Bristol: The Book Foundation, 1980, 2003).

Koranübersetzung. Bubenheim, 'Abdullāh Frank und Nadeem Elyas, Übersetzter. *Der edle Qur'ān – und die Übersetzung seiner Bedeutung in die deutsche Sprache*. Medina: König-Fahd-Komplex zum Druck vom Qur'ān, 1422h.

Krüger, Hilmar. *Fetwa und Siyar*. Wiesbaden: Harrassowitz, 1978.

Lisān al-'arab (derartig zitiert). Ibn Manẓūr, Muḥammad. *Lisān al-'arab*. 15 Bände. Beirut: Dār al-ṣādir. In Software: *al-Maktabah al-shāmilah*, Vers. 2, 2006.

Lohlker, Rüdiger. *Islamisches Recht*. Wien: Facultas.wuv, UTB, 2012.

- *Schari'a und Moderne*. Stuttgart: Deutsche Morgenländische Gesellschaft, Steiner, 1996.

Lucas, Scott. *Constructive Critics, Ḥadīth Literature, and the Articulation of Sunnī Islam*. Band 51 aus *Islamic History and Civilization*, ed. Wadad Kadi und Rotraud Wielandt. Leiden, Boston: Brill, 2004.

al-Mu'allimī, 'Abd al-Raḥmān, al-Yamānī. *al-'Anwār al-kāshifah li-mā fī kitāb „'Aḍwā' 'alā al-sunnah" min al-zalal wa al-taḍlīl wa al-mudjāzafah*. Beirut: 'Ālam al-kutub, 1983.

al-Mardāwī, 'Alā' al-dīn. *al-Taḥbīr sharḥ al-taḥrīr*. 8 Bände. Riad: Maktabah al-rushd, 2000.

Melchert, Christopher. „The Formation of the Sunnī Schools of Law". In *The Formation of Islamic Law*, ed. von Wael Hallaq. Band 27 aus *Formation of the Classical Islamic World*, ed. von Lawrence Conrad, 351-366. Hants (GB): Ashgate Publishing Limited, 2004.

al-Miṣbāḥ al-munīr (derartig zitiert). al-Fayyūmī, `Aḥmad. *al-Miṣbāḥ al-munīr*. Kairo: Dār al-ḥadīth, 2000.

Motzki, Harald, Nicolet Boekhoff-van der Voort und Sean W. Anthony. *Analysing Muslim Traditions*. Band 78 aus *Islamic History and Civilization*, ed. von Sebastian Günther und Wadad Kadi. Leiden, Boston: Brill, 2010.

Muslim, ibn al-Ḥadjdjādj al-Naysābūrī. *Ṣaḥīḥ muslim / al-Musnad al-ṣaḥīḥ al-mukhtaṣar*. 5 Bände. Beirut: Dār 'iḥyā' al-turāth al-ʿarabī. E-Book in Software: *al-Maktabah al-shāmilah*, Vers. 3.48, 2012.

al-Muẓaffar, Muḥammad Riḍā. *'Uṣūl al-fiqh*. 2. Aufl. Ghom (Iran): Manshūrāt al-ʿazīzī, 2007. Faksimile auf: http://search.4shared.com/postDownload /3jYbiKHQ/__-____.html (Download: 23. August 2012).

al-Nakhlawī, ʿAbd al-ʿAlī. *Fawātiḥ al-raḥamūt bi-sharḥ al-Musallam al-thubūt*. 2 Bände. Beirut: Dār al-kutub al-ʿilmiyyah, 2002. Faksimile auf: http: / / ia700108.us.archive.org / 21 / items / fwrhfwrh / fwrh1.pdf (Download: 6. Juni 2010).

al-Nasā`ī, `Aḥmad ibn Shuʿayb. *Sunan al-Nasā'ī / al-Mudjtabā min al-sunan* (mit Bewertungen der Überlieferungen durch Nāṣir al-Dīn al-`Albānī). 9 Bände. 2. Aufl. Halab: Maktab al-maṭbūʿāt al-`islāmiyyah, 1986. In Software: *al-Maktabah al-shāmilah*, Vers. 3.48, 2012.

al-Qāmūs al-muḥīṭ (derartig zitiert). al-Fayrūz`ābādī, Madjd al-Dīn. *al-Qāmūs al-muḥīṭ*. Beirut: Dār `iḥyā` al-turāth al-ʿarabī, 1997.

al-Qaraḍāwī, Yūsuf. *Madkhal li-dirāsah al-sharīʿah al-`islāmiyyah*. Kairo: Maktabah wahbah, 1990.

al-Qarāfī, Shihāb al-Dīn. *Tanqīḥ al-fuṣūl fī ʿilm al-`uṣūl*, Einführung zu seinem Werk *al-Dhakhīrah*. Kuwait: Maṭbaʿah al-mawsūʿah al-fiqhiyyah, Wizārah al-`awqāf wa shu`ūn al-`islāmiyyah, 1982.

al-Qaṭṭān, Mannāʿ. *Mabāḥith fī ʿulūm al-ḥadīth*. 3. Aufl. Kairo: Maktabah wahbah, 2001.

- *Mabāḥith fī ʿulūm al-qur`ān*. 11. Aufl. Kairo: Maktabah wahbah, 2000.
- *Tārīkh al-tashrīʿ al-'islāmiyy*. 4. Aufl. Kairo: Maktabah wahbah, 2009.

al-Qurṭubī, 'Abū ʿAbdillāh. al-*Djāmiʿ li-'aḥkām al-Qur'ān / Tafsīr al-Qurṭubī*. 20 Teile in 10 Bänden. 2. Aufl. Kairo: Dār al-kutub al-miṣriyyah, 1964. E-Book in Software: *al-Maktabah al-shāmilah*, Vers. 3.48, 2012.

Ramadan, Tariq. *Der Islam und der Westen*. Köln: MSV – Verlag, 2000.

Al-Raysuni, Ahmad. *Imam Al-Shatibi's Theory of the Higher Objectives and Intents of Islamic Law*. Übersetzt aus dem Arabischen von Nancy Roberts. London, Washington: IIIT (The International Institute of Islamic Thought), 2005.

al-Rāzī, Muḥammad ibn ʿUmar. *al-Maḥṣūl fī ʿilm al-`uṣūl*. 6 Bände. Riad: Djāmiʿah al-`imām muḥammad ibn saʿūd al-`islāmī, 1400h. In Software: *al-Maktabah al-shāmilah*, Vers. 1, 2005.

al-Rāzī, Zayn al-Dīn `Abū Bakr. *Mukhtār al-ṣiḥāḥ*. Beirut: Mu`assasah al-risālah.

Sānū, Quṭb Muṣṭafā. *Muʿdjam muṣṭalaḥāt `Uṣūl al-fiqh ʿarabiyy- `inklīsiyy / Concorance of Jurisprudence Fundamentals Terminology*. Damaskus, Pittsburgh (USA): Dar al-Fikr, 2000.

al-Sarakhsī, Muḥammad. *`Uṣūl al-sarakhsī*. 2 Bände. Beirut: Dār al-maʿrifah. E-Book in Software: *al-Maktabah al-shāmilah*, Vers. 2, 2006.

Schacht, Joseph. „A Revaluation of Islamic Traditions." In *Ḥadīth – Origins and Developments*, ed. Harald Motzki. Band 28 aus *Formation of the Classical Islamic World*, ed. Lawrence Conrad, 27-38. Hants (GB): Ashgate Publishing Limited, 2004. Abhandlung ursprünglich verlesen bei: Section VIII(A) des 21st International Congress of Orientalists, Paris, July, 1948.

al-Shāfiʿī, Muḥammad ibn ʾIdrīs. *al-Risālah*. Ägypten (Miṣr): Maktabah al-ḥalabī, 1940. E-Book in Software: *al-Maktabah al-shāmilah*, Vers. 3.48, 2012.

al-Shāṭibī, `Abū `Isḥāq. *al-Muwāfaqāṭ fī `Uṣūl al-sharīʿah*. Mit Erläuterungen von ʿAbd Allāh Darāz. 4 Teile in 2 Bänden. Beirut: Dār al-kutub al-ʿilmiyyah.

al-Shawkānī, Muḥammad. *`Irshād al-fuḥūl - `ilā taḥqīq al-ḥaqq min ʿilm al-`uṣūl*. Riad: Dār al-faḍīlah, 2000. Faksimile: auf http: / / www.archive.org / details / ershadf (Download: 26. Oktober 2010).

al-Shinqīṭī, Muḥammad al-`Amīn. *Nathr al-wurūd ʿalā marāqi al-suʿūd*. 2 Teile in einem Band. 3. Aufl. Dschidda: Dār al-manārah li al-nashr wa al-tawzīʿ, 2002.

al-Sibāʿī, Muṣṭafā. *al-Sunnah wa makānatu-hā fī al-tashrīʿ al-ʾislāmiyy*. 4. Aufl. Beirut: al-Maktab al-ʾislāmiyy, 1985.

al-Subkī, ʿAlī, und Tādj al-Dīn al-Subkī. *al-`Ibhādj fī sharḥ al-minhādj* lī-al-Bayḍāwī. Kairo: Maktabah kulliyyah al-`azhar, 1981. Faksimile auf: http: / / www.archive.org / details / ibhaj (Download: 27 Juni 2010).

Ṭaḥḥān, Maḥmūd. *Taysīr muṣṭalaḥ al-ḥadīth*. 9. Aufl. Riad: Maktabh al-ma'ārif, 1996.

al-Tilimsānī, Muḥammad. *Miftāḥ al-wuṣūl `ilā binā` al-furū' 'alā al-`uṣūl*. Casablanca: Dār al-rashād al-ḥadīthah, 2004.

al-Tirmidhī, `Abū 'Īsā. *Sunan al-tirmidhī* (mit Bewertungen der Überlieferungen durch Nāṣir al-Dīn al-`Albānī). 5 Bände. Ägypten (Miṣr): Maktbah wa maṭba'ah muṣṭafā al-bābī al-ḥalabī, 1975. In Software: *al-Maktabah al-shāmilah*, Vers. 3.48, 2012.

al-Ṭūsī, al-Shaykh Muḥammad. *'Uddah al-'Uṣūl*. 3 Bände. Mu'assasah 'āl al-bayt l(i)-l-ṭibā'ah wa al-nashr. E-Book auf: http://lib.ahlolbait.ir/parvan/resource/38675/ /عدة-الأصول/#!resource (Zugriff: 23. August 2012).

Wehr, Hans. *Arabisches Wörterbuch für die Schriftsprache der Gegenwart und Supplement*. 4. Aufl. Beirut: Librairie du Liban, Wiesbaden: Otto Harrassowitz, 1977.

Yūsuf, `Aḥmad. *al-Fiqh al-`islāmiyy – taṭawwuru-h, `Uṣūlu-h, qawā'idu-h al-kulliyyah*. Kairo: Maktabah al-naṣr, 1992.

Zaidan, Amir. *Einführung in Usulul-fiqh*. Islamologisches Institut, 2006.
- *Fiqhul-'ibaadaat – Einführung in die Modalitäten der rituellen Handlungen*. Band 4 aus *Die Islamologische Enzyklopädie*. Wien: IBIZ, 2009.
- Zaidan, Amir und Barhoum, Ali. *Ernährungs und Bekleidungsgebote Ehe,- Scheidungs- und Erbschaftsrecht Kaffara und Waqf*. Islamologisches Institut, 2006.

al-Zarkashī, Badr al-Dīn. *al-Baḥr al-muḥīṭ*. 4 Bände. Beirut: Dār al-kutub al-'ilmiyyah, 2000.

Zaydān, 'Abd al-Karīm. *al-Wadjīz fī `Uṣūl al-fiqh*. Beirut: Mu`assasah al-risālah, 2003.

al-Ziriklī, Khayr al-Dīn. *al-`A'lām*. 8 Bände. In Software: *al-Maktabah al-shāmilah*, Vers. 2, 2006.

al-Zuḥaylī, Wahbah. *`Uṣūl al-fiqh al-`islāmiyy*. 2 Bände. 15. Aufl. Damaskus: Dār al-fikr, 2007.

Reihe für Osnabrücker Islamstudien

Herausgegeben von Bülent Ucar und Rauf Ceylan

Band 1 Bülent Ucar / Ismail H. Yavuzcan (Hg.): Die islamischen Wissenschaften aus Sicht muslimischer Theologen. Quellen, ihre Erfassung und neue Zugänge im Kontext kultureller Differenzen. 2010.

Band 2 Bülent Ucar (Hrsg.): Die Rolle der Religion im Integrationsprozess. Die deutsche Islamdebatte. 2010.

Band 3 Bülent Ucar (Hrsg.): Islamische Religionspädagogik zwischen authentischer Selbstverortung und dialogischer Öffnung. Perspektiven aus der Wissenschaft und dem Schulalltag der Lehrkräfte. 2011.

Band 4 Christiane Paulus (Hrsg.): Amīn al-Ḫūlī: Die Verbindung des Islam mit der christlichen Reformation. Übersetzung und Kommentar. 2011.

Band 5 Amir Dziri: Al-Ǧuwaynīs Position im Disput zwischen Traditionalisten und Rationalisten. 2011.

Band 6 Wolfgang Johann Bauer: Aishas Grundlagen der Islamrechtsgründung und Textinterpretation. Vergleichende Untersuchungen. 2012.

Band 7 Ali Türkmenoglu: Das Strafrecht des klassischen islamischen Rechts. Mit einem Vergleich zwischen der islamischen und der modernen deutschen Strafrechtslehre. 2012.

Band 8 Rauf Ceylan (Hrsg.): Islam und Diaspora. Analysen zum muslimischen Leben in Deutschland aus historischer, rechtlicher sowie migrations- und religionssoziologischer Perspektive. 2012.

Band 9 Bülent Ucar (Hrsg.): Islam im europäischen Kontext. Selbstwahrnehmungen und Außenansichten. 2013.

Band 10 Wolfgang Johann Bauer: Bausteine des Fiqh. Kernbereiche der *´Uṣūl al-Fiqh*. Quellen und Methodik der Ergründung islamischer Beurteilungen. 2013.

www.peterlang.de

www.ingramcontent.com/pod-product-compliance
Ingram Content Group UK Ltd.
Pitfield, Milton Keynes, MK11 3LW, UK
UKHW041140160426
5217IPUK00045B/18

9 783631 629994